21 世纪全国高校公共管理类规划教材

社区建设理论与实务

主　编　张韧韧　吴　华
副主编　徐院珍
主　审　黄立营

内容简介

本书基于工作过程系统化的设计理念，以社区建设的实际操作流程为主线，以促进工学结合及实施"教、学、做"一体的教学模式为目标而编写。本书可分为两个部分，第一部分是社区建设的理论，主要介绍了社区、城市社区、社区建设、城市社区建设的管理体制及运行机制等基本理论知识；第二部分是社区建设的实务操作，共设置了七个社区建设项目，每个项目下又有典型的工作任务。每个具体任务的讲解都包括基础知识、实务操作、任务实训、巩固提高四个环节，具体的实务操作都是以现实工作中社区建设的基本流程为主线的，即以"学习相关政策—调研建设现状—建设的策划与实施—建设的评估"为主线，中间穿插了案例示范、案例分析、经验借鉴等相关社区建设实例，理论联系实际，更有助于学生的理解与接受，真正做到学以致用。

本书可作为高等学校社区管理类专业"社区建设理论与实务"课程教材，也可作为社区工作者、社区管理人员的培训教材和参考工具书。

图书在版编目(CIP)数据

社区建设理论与实务/张韧韧，吴华主编．—北京：北京大学出版社，2011.3
（21世纪全国高校公共管理类规划教材）
ISBN 978-7-301-18606-0

Ⅰ．①社… Ⅱ．①张…②吴… Ⅲ．①社区建设—高等学校—教材 Ⅳ．①C912.8

中国版本图书馆 CIP 数据核字（2011）第 030979 号

书　　　名：	社区建设理论与实务
著作责任者：	张韧韧　吴　华　主编
策 划 编 辑：	傅　莉　葛昊晗
责 任 编 辑：	傅　莉　胡　雯
标 准 书 号：	ISBN 978-7-301-18606-0/C·0653
出 版 者：	北京大学出版社
地　　　址：	北京市海淀区成府路 205 号　100871
网　　　址：	http://www.pup.cn
电　　　话：	邮购部 62752015　发行部 62750672　编辑部 62754934　出版部 62754962
电 子 信 箱：	zyjy@pup.cn
印　　刷　　者：	三河市博文印刷有限公司
发 行 者：	北京大学出版社
经 销 者：	新华书店
	787 毫米×1092 毫米　16 开本　16 印张　389 千字
	2011 年 3 月第 1 版　2021 年 1 月第 4 次印刷
定　　　价：	32.00 元

未经许可，不得以任何方式复制或抄袭本书之部分或全部内容。
版权所有，侵权必究
举报电话：010-62752024；电子信箱：fd@pup.pku.edu.cn

前　言

推进城市社区建设是党中央、国务院为加强城市管理工作而做出的一项重大战略决策。2000年11月，中共中央办公厅、国务院办公厅联合下发的《中共中央办公厅、国务院办公厅关于转发〈民政部关于在全国推进城市社区建设的意见〉的通知》（中办发[2000]23号），标志着我国城市社区建设开始进入普及推广阶段。我国的社区建设目前已进入和谐社区建设新阶段。

社区建设的相关理论知识和实务操作技能是每一个社区工作者必须具备的。理论对实践具有指导作用，所以本书的第一个项目就比较系统地介绍了社区建设的相关理论知识，主要包括社区、城市社区、社区建设、城市社区建设的管理体制及运行机制等。在此基础上，实务操作部分设置了七个社区建设项目，即社区工作者队伍建设、社区组织建设、社区文化建设、社区服务建设、社区治安建设、社区环境建设以及新型社区建设。其中，新型社区建设又包括学习型社区、自治型社区、服务型社区、"绿色社区"和数字型社区建设。

本书以城市社区的建设理论与实务为主，在整体结构与材料内容的选取上具有以下特点。

第一，基于工作过程系统化的设计理念，以社区建设的实际操作流程为主线。社区建设是一个系统性的工程，同时实际操作中也具有很强的程序性，本书每个典型任务的具体操作都是以"学习相关政策—调研建设现状—建设的策划与实施—建设的评估"为基本流程的。

第二，理论与实务操作相结合，注重操作能力的提高。本书在具体任务的讲解中都包括基础知识、实务操作、任务实训、巩固提高四个环节，实务操作以基础知识为指导，同时通过任务实训又进一步巩固了操作技能的掌握。

第三，以典型案例为载体，坚持教学案例源于社会实际。具体任务的讲解中穿插了案例示范、案例分析、经验借鉴等相关社区建设实例，理论联系实际，更有助于学生的理解与接受，真正做到学以致用。

此外，本书在参考相关研究成果的基础上，构建了各类任务的建设指标体系和建设评估指标体系，对于实际工作具有很好的参考作用。

本书可作为高等学校社区管理类专业"社区建设理论与实务"课程教材，也可作为社区工作者、社区管理人员的培训教材和参考工具书。需要指出的是，社区建设的"任务实训"环节在课堂或者教室里是无法真正地完成的，需要组织学生带着具体任务走进社区，进行相关的任务实训。

本书由江苏建筑职业技术学院的张韧韧、吴华任主编，徐院珍任副主编。具体编写分工如下：张韧韧编写项目三之任务三，项目四，项目七之任务三，项目八；吴华编写项目一，项目二，项目三之任务一和任务二；徐院珍编写项目五，项目六，项目七之任务一和任务二。本书由江苏建筑职业技术学院的黄立营教授主审。

　　在本书的编写过程中，徐州市云龙区民政局曹焱胜副局长推荐了大量的社区建设相关书籍，介绍了各地社区建设的成果，特别是在社区建设实务流程的组织方面给予了实践性的帮助与指导；同时编者充分吸纳了同行专家的建议和意见，引用和摘录了不少社区的典型案例，借鉴吸收了最新的社区建设与管理的研究成果，在此一并表示衷心的感谢。

　　鉴于编写"教、学、做"一体化的教材对于编者来说是一种新的尝试与探索，加之水平有限，对于很多问题的研究还不够深入，不足之处在所难免，真诚地希望各位专家、学者、读者不吝赐教。

编　者

2011 年 1 月

目 录

项目一 社区建设理论 1
 任务一 学习社区及城市社区理论 2
  一、社区 2
  二、城市社区 8
  三、巩固提高 10
 任务二 学习城市社区建设理论 11
  一、社区建设的含义及特征 11
  二、城市社区建设的主要目标 12
  三、城市社区建设的原则与内容 13
  四、城市社区建设管理体制 13
  五、城市社区建设运行机制 17
  六、巩固提高 22

项目二 社区工作者队伍建设 23
 公共知识链接 24
  一、社区工作者的基本定义 24
  二、社区工作者的角色 24
  三、社区工作者的知识、基本
    素质与能力 25
 任务一 社区专职工作者队伍建设 29
  一、基础知识 29
  二、实务操作 30
  三、任务实训 39
  四、巩固提高 39
 任务二 社区兼职工作者队伍建设 40
  一、基础知识 40
  二、实务操作 40
  三、任务实训 44
  四、巩固提高 45
 任务三 社区志愿者队伍建设 46
  一、基础知识 46
  二、实务操作 47
  三、任务实训 54
  四、巩固提高 54

项目三 社区组织建设 55
 任务一 社区党组织建设 56
  一、基础知识 56
  二、实务操作 58
  三、任务实训 65
  四、巩固提高 65
 任务二 社区自治组织建设 66
  一、基础知识 66
  二、实务操作 68
  三、任务实训 75
  四、巩固提高 75
 任务三 社区中介组织建设 75
  一、基础知识 76
  二、实务操作 77
  三、任务实训 81
  四、巩固提高 81

项目四 社区文化建设 85
 公共知识链接 86
  一、社区文化的含义 86
  二、社区文化的特征 87
  三、社区文化在社区建设
    中的作用 88
 任务一 社区文化设施建设 89
  一、基础知识 90
  二、实务操作 90
  三、任务实训 95
  四、巩固提高 96
 任务二 社区文体活动建设 96
  一、基础知识 96
  二、实务操作 98
  三、任务实训 103
  四、巩固提高 103
 任务三 社区教育 104
  一、基础知识 104

二、实务操作 105
　　三、任务实训 112
　　四、巩固提高 113

项目五　社区服务建设 114

公共知识链接 115
　　一、社区服务的概念和特点 115
　　二、社区服务的功能 116
　　三、社区服务的对象和内容 117
任务一　社区福利性服务建设 118
　　一、基础知识 118
　　二、实务操作 119
　　三、任务实训 126
　　四、巩固提高 126
任务二　社区便民利民服务建设 127
　　一、基础知识 127
　　二、实务操作 128
　　三、任务实训 133
　　四、巩固提高 133

项目六　社区治安建设 134

公共知识链接 135
　　一、社区治安的含义与特点 135
　　二、社区治安的任务 136
　　三、社区治安的基本原则 136
任务一　社区人民调解建设 138
　　一、基础知识 138
　　二、实务操作 140
　　三、任务实训 149
　　四、巩固提高 149
任务二　社区矫治建设 150
　　一、基础知识 150
　　二、实务操作 153
　　三、任务实训 161
　　四、巩固提高 161
任务三　社区治安防控建设 161
　　一、基础知识 161
　　二、实务操作 162
　　三、任务实训 168
　　四、巩固提高 168

项目七　社区环境建设 169

公共知识链接 170
　　一、社区环境的界定 170
　　二、社区环境的特点 170
任务一　社区绿化建设 171
　　一、基础知识 171
　　二、实务操作 172
　　三、任务实训 178
　　四、巩固提高 178
任务二　社区环境保护 179
　　一、基础知识 179
　　二、实务操作 180
　　三、任务实训 186
　　四、巩固提高 186
任务三　社区环境污染防治 186
　　一、基础知识 186
　　二、实务操作 189
　　三、任务实训 196
　　四、巩固提高 196

项目八　新型社区建设 197

任务一　学习型社区建设 198
　　一、基础知识 198
　　二、实务操作 199
　　三、任务实训 207
　　四、巩固提高 207
任务二　自治型社区建设 207
　　一、基础知识 208
　　二、实务操作 210
　　三、任务实训 216
　　四、巩固提高 217
任务三　服务型社区建设 219
　　一、基础知识 219
　　二、实务操作 220
　　三、任务实训 226
　　四、巩固提高 226
任务四　"绿色社区"建设 227
　　一、基础知识 227
　　二、实务操作 228
　　三、任务实训 236

四、巩固提高 236
任务五　数字型社区建设 237
　　一、基础知识 237
　　二、实务操作 238
　　三、任务实训 244
　　四、巩固提高 244

参考文献 247

项目一　社区建设理论

项目简介

本书主要介绍城市社区建设的理论与实务,所以本项目在对社区基本知识进行讲解的基础上,系统地阐述了城市社区建设的相关理论,主要有城市社区的界定与发展、城市社区建设的管理体制和城市社区建设的运行机制。

理论对实践具有指导作用,掌握系统的社区建设相关理论是进行社区建设实务操作的基础。社区工作者从事社区管理与服务工作首先应掌握的就是社区及社区建设的相关理论知识。

学习目标

知识目标:通过学习,学生需要掌握社区的基本定义、特征、构成要素、分类、功能;掌握城市社区的含义及特点;掌握社区建设的含义、特征、主要目标、建设原则及主要内容,了解我国社区建设的发展历程;掌握街道管理体制的运行现状、社区管理体制的构建原则及方法;掌握社区参与、社区自治、行政推动等社区运行机制的相关理论知识。

技能目标:提高运用理论分析问题、解决问题的能力,真正体现理论对实践的指导作用。

学习导航

任务一　学习社区及城市社区理论
任务二　学习城市社区建设理论

任务一　学习社区及城市社区理论

一、社区

（一）社区概念的提出

社区自古以来就是人类生活的基本场所，但作为社会学的一个基本概念、学术用语使用则要归功于德国社会学家F·滕尼斯。F·滕尼斯在1887年出版了他的成名作《共同体与社会》（或译为《社区与社会》）。在这本书中，F·滕尼斯首次提出了"社区"一词，认为社区是指那些有着相同价值取向、较强人口同质性的社会共同体，其体现的人际关系是一种亲密无间、守望相助、服从权威且具有共同信仰和共同风俗习惯的人际关系；这种共同体的形式不是社会分工的结果，而是由传统的地缘和文化等自然造成的；这种共同体的外延主要限于传统的乡村社区。他还认为，"社区"的概念不同于"社会"，社会总是与劳动分工以及法理性的契约联系在一起，其体现的人际关系是一种自私自利的、缺乏感情交流与关怀照顾的人际关系，其外延则是指人口异质性特征鲜明、价值取向多元化的城市社会群体。

汉语的"社区"一词诞生的时间要稍晚一些，而其由来则与当代中国社会学大家费孝通先生不可分割。换句话说，汉语"社区"一词的诞生主要应归功于费孝通先生，因为其最初是由费孝通先生翻译英文Community一词而来。

1948年10月16日，费孝通在学术刊物《社会研究》第77期上发表了一篇论文《二十年来之中国社区研究》。在该论文中，费孝通谈到20世纪30年代初期翻译F·滕尼斯著作及汉译词汇"社区"的形成过程："当初，Community这个词介绍到中国来的时候，那时的译法是'地方社会'，而不是'社区'。当我们翻译F·滕尼斯的Community和Society两个不同概念时，感到Community不是Society，成了互相矛盾的不解之辞，因此，我们感到'地方社会'一词的不恰当，那时，我还在燕京大学读书，大家谈到如何找一个确切的概念。偶然间，我就想到了'社区'这么两个字样，最后大家援用了，慢慢流行。这就是'社区'一词的来由。"简单地说，社区是指以地区为范围，人们在地缘基础上结成的互助合作的群体，用以区别在血缘基础上形成的互助合作亲属群体。血缘群体最基本的是家庭、家族，地缘群体最基本的是邻里，邻里在农村发展成村和乡，在城市则发展成胡同、里弄和街道、居委会。

社区是指聚居在一定地域范围内的，具有互动关系的人们所组成的社会生活共同体。当然，社区地域上的界线，绝不像国境线那样分明。从实际情况上看，很少有人把一个国家、一个省定为一个社区，而通常都把一个村庄、一个城镇（或一个城市）、或者城市中某一地区定为一个社区。例如农村社区是指乡或村，城市社区是指街道或居委会。

社区主要以三种类型设置：一是以居民居住的自然地域设置，即依主要街巷、河流为自然界线划分的"地缘型社区"；二是以封闭性居民小区为单位设置的"单元型社区"；三是以职工居民小区为主体设置的"单位型社区"。新型社区管辖范围以1 000～3 000户或实有人口3 000～5 000人为宜。

（二）社区的基本特征

1. 地域性

社区是人群在一定的自然地域空间上的聚集。一方面，它并不是一个无限大的区域范围，而是具有有限的地域空间。另一方面，在地域范围上，社区还是居民群众的社会心理空间，人类在这一空间上，还创造出了社区的特有文化，形成人文空间。因此，社区是地域空间和人文空间的结合，它体现了人类活动的地理区域和社会心理的维系空间。

2. 共同性

居住在同一地域社区的居民具有共同的生活方式和习惯，有相同的利益，以共同的方式处理问题，形成传统上的行为规范。同时社区生活的共同性还在于，社区居民长此以往形成了共同的社区传统文化，形成了特别的地域社区居民的认同感和归属感等社区意识，形成了社区实体特有的内聚力，并以此作为社区居民相互之间社会关系的重要纽带。

3. 互动性

人们共同生活在同一个社区中，相互的协调和共性需要社区成员积极地往来、沟通与互动，才能形成一个良性的运行过程，才能为本社区的发展和功能的体现创造条件。社区的居民如果来往少，彼此缺乏感情的交流和沟通，相互间不了解，就无法形成社区的共同意识，也就不是社会学意义上的社区了。地域和人群构成了社区重要的基本要素，而人群的相互关系和互动则构成了社区的核心要素。

4. 社区是人们参与社会生活的基本场所

由于社区是最基本的社会实体，是绝大多数社会成员的生活基地，所以，人们的基本生活活动大多是在本社区范围内进行的。在本社区范围内，人们从事着生产劳动、商业经营、文化教育、科学技术、社会管理、社会服务等多种职业活动，并以此获取经济收入；在本社区范围内，人们大多以家庭为单位消费各种生活资料，解决吃、穿、住、用等日常生活需要；在本社区范围内，人们通过长期共同生活建立了多种人际关系，并且借助这些人际关系互通有无，交流感情，共同解决生活困难和思想难题。

（三）社区的构成要素

1. 人群要素

以一定社会关系为基础组织起来进行共同生活的人群，是构成基层法定社区的首要因素，是社区的主体。这主要体现在以下方面。

（1）社区居民是社区产生、存在的前提。按照马克思主义的观点，任何人类社会的第一个前提是人群的存在。这个基本原理也同样适用于社区。换句话说，一定数量和质量的人群也是社区存在的第一个前提。

（2）社区居民是社区生活的创造者。社区生活有丰富的内容和表现形式，其中，社区居民为了满足自身生活需要，世世代代进行各种经济活动、政治活动、文化娱乐活动等，构成了社区的经济生活、政治生活和精神文化生活。

(3) 社区居民是社区物质要素的创造者或使用者。任何社区生活都需要一定的物质要素。在这些物质要素中，有些是自然界赐予人类的天然物质，有些则是人类改造自然的成果。后者或者是社区居民的各种生产活动的直接创造物，或者是他们的"间接创造物"，同时自然物质能否成为或在多大程度上成为社区生活的物质要素，完全取决于社区居民的生产能力和活动范围，取决于他们对这些自然物质的使用程度。

(4) 社区居民是社区社会关系的承担者。社区居民在交互活动中形成了一定的社会关系，这些关系既是他们活动的结果，又是他们赖以进行活动的条件。由于社区具有多方面内容，社区内的社会关系也有多种形式。从一定意义上说，社区是社会关系的有机网络，而社区居民则是这张网上的"纽结"。

由于人口本身具有自然属性和社会属性，社区人群的构成也可以划分为自然构成和社会构成。社区人口的自然构成主要是指人口的性别构成和年龄构成。其中性别构成也叫性别比率，直接影响社区内一定人口的生理和社会需求的满足，也是决定结婚率、人口出生率高低的重要因素之一。例如在矿区型社区，往往成年人口中的男性较多，而在纺织企业比较集中的社区，往往成年人口中的女性比例偏高。这会影响社区服务和社区活动的项目、类型。社区人口的年龄构成是指各年龄组人口占社区总人口的比重。国际上通常用老年人口系数等标准将社会和社区人口类型划分为年轻型、成年型和老年型等。其中，60岁以上人口占总人口的比重在5%以下的为年轻型人口结构，在5%~10%之间的为成年型人口结构，在10%以上的为老年型人口结构（另一标准为65岁以上人口占总人口7%以上为老年型人口结构）。2000年，我国已进入老年型人口国家，许多城市基层法定社区的人口老龄化程度已相对较高。这就要求我们在和谐社区建设过程中，既要把老龄群体作为重点服务和管理对象，又要充分发挥老龄群体的积极作用。社区人口的社会构成主要是指社区内人口的民族构成，宗教信仰构成，文化、职业构成和阶层结构等，是社区工作者开展社区建设需要掌握的基本情况之一。

2. 地域要素

社区是地域性社会，必须占有一定地域范围，它是人们从事社会活动的区域。没有地域要素，社区就不可能存在。这里的地域要素，涵盖了其自然地理条件和人文地理条件，其中自然地理条件包括了所处方位、地貌特征、自然资源、空间形状与范围等，而人文地理条件则包括了人文景观、建筑设施等。因此，每一个社区总是和其特定的地理环境特征联系在一起的，例如山村社区、平原社区、河流地带的社区等。正是这些地理特征，使之与其他社区相区别。即使自然地理环境类似的社区，由于其人文地理的特征，也与其他社区相区别。问题是，社区的边界如何来确定？社区的范围多大才是合理的？事实上，相对于一个国家、一个省、一个大中型城市来说，社区是一个微观型的地域社会，尽管其界限是相对的，范围大小不等，人口多寡相异，但现代社会学的社区研究一般都选择某个中小城镇，或大中型城市中的某个居民区，或农村社会的某个乡、某个村落等。与此相应的是，无论是西方国家还是中国，一个街区、居民区、中小城镇、乡村群落等地域要素，往往又是同一定的行政区划相吻合的，因此这些都可以称为社区。总的原则是，社区的地域界限不能太大，应限制在居民日常生活能够发生互动的范围之内，或者限定在能够满足居民基本需要的生活服务设施、组织结构可以发挥作用的范围之内。就中国情况来看，农村中的一个乡镇、一个村庄或城市中的一个街道、一个居民小区等，皆可界定为范围大小不一的社区。

这里之所以强调社区的地域要素特征，一是为了更好地区别于人们发生互动关系的政治性社群、职业性社群（它们皆是跨区域的群体）等；二是为了在社区的外延上更好地区别于国家、城市等概念，从而更全面地把握社区的特征。

3. 组织结构要素

社区都有一定的组织形式。社区的组织结构主要指社区内部各种社会群体和组织之间的互相关系及其构成方式。社区内的社会群体和社会组织在不同的历史时期、不同的发展阶段，其种类、数量及其相互关系总是不同的。一般而言，在经济与社会发展水平较低的阶段，由于社会分工程度较低，故人口的同质性较强，社区内社会群体的种类相对较简单，整合社区各种资源的社会组织的门类及功能也就相对简单化。反之，经济与社会发展水平越高，社会分工就越细，社区内社会群体的种类就愈趋多样化，而整合社区资源的社会组织的门类就会越来越多，其功能也必然趋向多样化和复杂化。当前我国城市社区中的组织和群体主要有党组织、咨询中心、家庭、邻里、生产经营部门、商业单位、党政机关、村委会与居委会、社会团体、文化团体、学校和医院等。在经济、社会与文化比较发达的城镇社区，社会群体还包括以各种形式活动着的志愿者队伍，各种文化、体育与娱乐性群体，例如书画社、京剧票友会、舞蹈队、合唱团、读书会、拳操队等。一个社区，如果其居住环境舒适安逸、管理有序，居民的社区认同感强，则说明该社区的社会群体与组织之间的互动关系处于良性状态。

4. 社会文化要素

基层法定社区的社会文化要素包括许多内容。其中，社区行为规范和社区意识是这个要素中的重要内容。

社区行为规范是社区成员活动的规则、标准，包括习俗、道德、宗教、法律、制度、公约等。行为规范是人类社会特有的现象，根源于人们共同生活的需要。人们在进行共同生活的时候，客观上要求有一定的规范来统一大家的思想、行为，否则就不能协调、配合。这种客观要求导致了行为规范的产生，也使其成为社区的一个重要因素。如果根据行为规范对人们行为的制约方式，可以将其大致划分为两种类型：一类是强制性的行为规范，例如法律、命令等；另一类是非强制性的行为规范，例如习俗、道德等。一般说来，非强制性规范的作用范围要比强制性规范广泛得多。

社区行为规范发挥着以下两方面作用：一是提供行为模式，指导人们的活动，告诉人们应该这样做，而不要那样做；应该按照这样的模式行动，而不应违反这种模式；二是控制、制裁越轨行为。越轨行为主要是指偏离或违反社会规范的行为，也叫离轨行为或偏差行为。在当今我国城市社区生活中，严重的越轨行为对社区秩序起着破坏和瓦解的作用，因此，以维护和巩固现实社会制度为己任的国家政权和社会组织总是要对越轨行为予以控制和制裁，而控制、制裁越轨行为的标准就是一定的行为规范。行为规范的作用是通过教育、示范、舆论、权力等手段来实现的，这就意味着它是与社区的其他要素有机结合在一起的。

社区意识是指社区居民对自己所属的社区有一种认同、喜爱和依恋的思想及心理感觉。这种思想和心理感觉的形成是社区生活对其成员的思想观念长期影响的结果，它们也是构成社区的一个重要因素和衡量社区质量的标准之一。如若一个地方的居民毫无社区意识，就意味着他们毫无凝聚力，就很难形成共同生活。在传统社会时代，人们祖祖辈辈生活在一个固定的地方，在这个地方学到了一套行为模式，建立了一系列社会关系，从而养成了甚为浓厚的社区意识或"乡土观念"。进入社会现代化时期，人们的社会流动增加和交往范围扩大，确实不利于地域性社会关系的发展。但是，共同的基础设施、现代化的楼房居住格局等又大大缩小了各住户间的距离，乃至把人们联在了一起。在这种情况下，现代化都市居民的社区意识并没有消失，只是有待于增强。

社区构成的基本要素之间是相互依赖、有机统一的辨证关系。其中，地域是社区的地理环境条件，人群是社区生活的主体要件，组织是社区居民交往和整合得以实现的客观机制，而文化则是社区居民交往和整合得以实现的精神要件，四者紧密相关，缺一不可。

（四）社区的分类

分类研究是社区研究的一项重要内容，依据不同的标准，可将社区划分为不同的类型。不论社区的类型有多少，对社区的类型和标准的研究不管是过去还是现在，都具有十分重要的意义。

1. 以社区的发展状况为标准来划分

（1）传统社区。

传统社区是指进行传统即前资本主义的生产和生活方式的社区，例如我国农村的自然村等，这类社区在发达国家已很少见。

（2）发展中社区。

发展中社区是指传统社区向发达社区转型过程中的社区形式，它既保留有传统社区的特点，又吸收了现代社区的内容，我国目前的许多城镇和开放地区的乡村都属此种类型。

（3）现代社区。

现代社区也称发达社区，是指城乡融为一体的社区，是基本上具备了现代化的生活条件和完善的社会福利服务的社区。人们的日常生活穿梭往返于城乡之间，乡村生活十分方便，水平甚至高于城市。这类社区主要存在于一些发达国家。

在我国，传统社区存在于偏远落后的乡村，发展中社区是目前最主要的社区形式，发达社区主要存在于我国东部沿海城市和经济特区。

2. 按社区功能来划分

（1）经济社区。

经济社区是指社区内的劳动者多数从事生产经营活动，其外在主要是经济功能的社区，还可以根据经济活动的种类细分为工业、矿业社区，农业、林业、牧业、渔业社区，商业社区等。

（2）政治社区。

政治社区是指各级行政区域的领导机关、管理中心所在地。

(3) 文化社区。

文化社区是指教育、科研、文化艺术等单位比较集中的区域（例如北京市的中关村，英国的剑桥等）。

(4) 军事社区。

军事社区是指以军营、军事基地、军事院校或科研院所为主体的社区。

(5) 特殊社区。

特殊社区是指以实现社会某种特殊目的为活动内容的区域（例如福利社区、精神病院、监狱等）。

3. 按社区区域特征来划分

(1) 城市社区。

城市社区是指以非农产业即二、三产业为主的居民所聚居，达到一定人口密度和规模，由国家批准设立市建制的社区。城市社区的主要特点是：①人口集中，异质性强；②经济和其他活动频繁；③具有各种复杂的制度、信仰、语言和多样化的生活方式；④具有结构复杂的各种群体和组织；⑤家庭的规模和职能缩小，血缘关系淡化，人际关系松散；⑥思想、政治、文化相对发达。

一般从人口规模上可划分出大、中、小城市，从社区功能上可划分出政治城市、工业城市、港口城市等。

(2) 农村社区。

农村社区是指主要从事农业生产劳动为主，人口密度和规模较小的社区。农村社区有别于城市社区的特点是：①人口密度低，同质性强，较少流动；②经济活动简单；③风俗习惯和生活方式等受传统势力影响较大；④组织结构简单，职业分工远不如城市复杂；⑤家庭在生活中起着重要作用，血缘关系浓厚，人际关系密切。

(3) 城镇社区。

城镇社区（或者称为集镇社区）实际上是兼具农村社区和城市社区某些成分与特征的社区类型，是农村和城市相互影响的一个中介。按照费孝通先生的说法，它是一种比农村社区高一个层次的社会实体的存在，这种社会实体是以一批并不从事农业生产劳动的群体为主体组成的社区。无论是从地域、人口还是从经济、环境等因素看，它们既具有与农村社区相异的特点，又都与周围的农村保持着不可缺少的联系。这种社区分为建制的和非建制的两种。

4. 按社区形成方式来划分

(1) 自然性社区。

自然性社区是指人们在长期的共同生产和劳动中自然形成的定居区，其地域界限是自然形成的。例如农村中的自然村，城市中的回民聚居区，欧美国家的外来移民社区等。

(2) 法定性社区。

法定性社区是指人为规定的，主要是出于行政管理的需要而设置的，或者是和行政区划相一致的社区，其地域界限是以法律形式规定并标示于地图之上的。例如城市中的街道办事处辖区、居委会辖区，农村中的村民委员会辖区等。法定性社区一般都有相对规范的管理或服务机构,是党和政府推进经济建设和社会发展,实施社会管理和开展社区服务的基本单位。

(3) 专能性社区。

专能性社区是指人们从事某种专门活动而形成于一定地域空间上的聚集区。一所大学、一座军营、一个矿区等都是一种专能性社区。

5. 按社区建设实践特征来划分

社区建设工作开展以来,各地在改革和探索实践中因突出的重心不同,形成了不同的特征类型的社区。例如学习型社区、服务型社区、环境型社区、安全型社区和文化型社区等五种不同的类型。

二、城市社区

(一) 城市社区的含义

城市是指以非农业产业和非农业人口集聚为主的居民点,包括按国家行政建制设立的市、镇。

城市社区是指大多数人从事工商业及其他非农业劳动的社区,它是人类居住的基本形式之一,是一定区域内有特定生活方式并且具有成员归属感的人群所组成的相对独立的社会共同体。

在很多研究中,总是把城市整体本身作为一个社区来对待,例如当比较城市社区相对于乡村社区的特点时,我们研究的对象就是城市这个集合体,而不是它的某一部分(例如一个区、一条街道等)。从这个意义上说,乡村、集镇、城市构成了人们生活的三大社区形式。在今天,"大城市区域"又逐步成为一种普遍的社区形式。因此,上海和组成它的几个市辖区就构成了我国最大的"村庄"。一些国家的地方行政组织体系也确实体现了这个思想。例如在日本,市、町(相当于镇)和村是平等的地方基层自治组织,它们只接受所在的都、道、府或县(相当于我国的省级行政区)的指导,互不隶属。

在我国城市社区建设中,通常所称的"城市社区"并不是指城市这个整体,而是指城市内的某一特定地域。在 2000 年 11 月由中共中央办公厅和国务院办公厅转发的《民政部关于在全国推进城市社区建设的意见》(以下简称《意见》)一文中指出,目前城市社区的范围,是指经过社区体制改革后做了规模调整的社区居民委员会辖区。

(二) 城市社区的特征

1. 人口特征

就整个城市社区而言,人口特征与乡村社区相比在人口方面具有以下特征。

一是在社会容量上,城市社区人口聚居规模大,且人口密度高。这是城市社区有别于乡村社区的最显著和直观的特征。正是基于这个认识,世界上大多数国家都把居民点的人口规模作为划分城市社区和乡村社区的标准,即规定人口数量达到一定阈值的人口聚居区为城市社区。

在我国 1993 年调整的设市标准中，人口聚居规模和人口密度也是两个重要指标。例如规定人口密度在每平方公里 400 人以上的县要撤县设市，必须满足县驻地从事非农产业的人口不低于 12 万，县总人口中从事非农产业的人口不低于 30%，并不少于 15 万。

二是从人口的经济形态上来看，城市居民以从事工商服务业（第二、第三产业）为第一职业和主要谋生手段。城市化本身是经济发展的产物，城市人口的增长和工商人口的增长几乎是同步的。而在乡村社区，农业生产是农民的主要职业。这也使得城市的生活节奏比较快，对工作的精密性要求比较高。

三是城市人口的质量普遍高于农村和集镇的人口。城市集中了各类大中专院校、科研机构和文化艺术机构，城市的各种工作岗位对劳动者的专业技术要求也比农村要高，这使城市更容易集聚高素质的人才，对城市人口的受教育程度和文化素质的要求也高于乡村人口。另外，城市的医疗卫生保健条件较好，居民的生理素质也较好，人口的死亡率要低于乡村，平均预期寿命要更长。

四是城市人口的增长以机械增长为主。在城市化时代，人口由乡村向城市移动是个永恒的话题。在许多高度城市化地区，乡村人口的自然增长已经不能弥补因人口迁出引发的人口总量下降。而在城市地区，尤其是大城市区域，移民成为城市人口继续膨胀的支柱。例如上海的人口自然增长率已经为负值，它的人口总数的增加就是靠不断增加的外来人口支撑。

五是人口的异质化。由于城市人口来源不一，从事的职业和社会阶层相异，文化程度和技术水平各不相同，居民的观念和生活方式都会有较大差异，这使得城市成为一个大熔炉。作为一个开放系统，各种文化都可能在城市里找到一席之地，城市也很容易受外来文化的影响。

当然在城市的某一具体区域，这些特征会有不同的表现。例如在一条老式弄堂，所有的居民都相互认识，见面打招呼，但这种情况在一个新建的居民区几乎不可能存在。在大专院校密集、文化设施较丰富的上海市徐汇区，大专以上文化程度的居民占全区总人口的 20%强，但在一些城乡结合部就没有这样高的文化氛围。在人口流动的方向上，由于城市中心功能的转化和旧城的改造，原来的居民会向城郊结合部甚至更远的郊区地方迁移。这就使社区管理和社区工作的难度和工作重心要因地而异。

2. 生活方式特征

生活方式包括劳动生活方式、消费生活方式、文化娱乐方式、人际交往方式等方面。

（1）较高的生活质量和生活水平。

简单来看，城市居民的生活质量和生活水平要比乡村居民高。长期以来，我国城乡居民的收入和消费水平一直保持在 3 倍左右的差距。较高的生活质量和生活水平，正是城市社区的经济、社会综合事业发展水平较高的表现。

（2）匿名性、非个性化和以业缘关系为主的社会关系特征。

城市的大规模、高密度、文化异质性和流动性强这些人口学上的特征决定了城市社区居民的行为和态度，并由此产生了一种独特的"城市生活方式"。

在城市中，人际间的社会关系交往形成了匿名性、非个性化和以业缘关系为主的社会关系特征。城市居民的社会联系和交往多跨越城市街区且有很强的业缘性。人们多和同事、同学、朋友等固定圈子的人群进行交往，在这个圈子以外（即使邻居）的交往很少涉及情感的交流，程度很浅，对对方的了解和知悉程度都相当的低，因此交往具有很强的匿名性。在城市居民的互动中，个人基本上是作为一个社会角色的扮演者，而不是独立的个体。总之，城市生活就是一幅匿名大众的图景，邻居间只有当自己利益需要满足时才出现交往。

3. 社会组织特征

城市社区为很多有共同意向的人组织起来创造了条件。这些小组式的社会群体有两种产生方式：一是以地缘为基础产生的，同一社区的居民，由于在社区环境、社区卫生、社区治安、公共设施和维修等方面的共同利益而结合起来；二是基于相同的兴趣而产生的群体，包括各种各样的艺术团体、体育协会、文学会社和社会关怀团队等，并且随着我国社区建设的发展将越来越丰富。这些社会群体的出现有助于增进成员的感情交流，抵制人际关系的淡漠，提升社区意识和社区归属感。

社会组织是城市社会关系最重要的载体。由于城市人口和社会活动高度集中，社会分工精细，人口异质性强，管理任务很大，所以就形成了复杂的社会组织网络来整合社区居民的人际关系，化解冲突，组织和进行社区建设。这些复杂的社会组织大体包括政治组织（例如政党、立法和司法机构、政府机构等）、产业组织（例如生产、运输和通讯、商业和金融组织等）和社会整合组织（包括科研、教育、体育、卫生和社会慈善、公益组织）。

现代城市社会组织普遍表现为科层制的组织形式，采取金字塔式组织和管理方式。由于城市人口和社会活动高度集中，需要多样化的分工协作，于是，以科层制组织为基础形成了纵横交错的组织结构，其中既有按行业、部门划分的组织系统，又有按地域关系设置的组织系统，还有越来越多的跨行业、跨地域的新型组织，这就使城市变成了以科层组织为主体的纵横交错的组织网络，这个特点在一定程度上影响城市社区服务与社区管理模式的选择。

组织类型结构复杂化，组织功能专业化，组织体制科层化构成了现代城市社区社会组织的特征。

城市社区的各种特征是相互联系和影响的，在不同的城市社区之间，这些特征还有不同的表现。因此，对于社区工作者和管理者来说，一定要从实际出发，摸清本社区的具体情况，不宜搞"一刀切"的标准和要求。

三、巩固提高

（1）社区的基本定义、特征是什么？
（2）社区的分类有哪些？
（3）社区的构成要素有哪些？
（4）社区的功能是什么？
（5）城市社区的定义及基本特征是什么？

任务二　学习城市社区建设理论

一、社区建设的含义及特征

（一）社区建设的基本含义

从形成过程来看，中国的"社区建设"概念在一定程度上借鉴了国外、境外的"社区发展"概念，甚至可以说，我国学者和实际工作者所说的"社区建设"，在国外大多称之为"社区发展"。关于社区发展的基本含义，1955年联合国在《通过社区发展促进社会进步》的报告中指出：它是一种经由社区全体人民积极参与并充分发挥其创造力，以促进社区经济、社会进步的过程。1960年，联合国出版的《社区发展与经济发展》一书指出："社区发展是通过社区居民共同努力，且与政府合作，以促进社区经济、社会和文化发展，并进而促进社区协调和社区整合的过程。"这样的界定为中国城市"社区建设"概念的形成发挥了借鉴作用。

2000年11月，中共中央办公厅、国务院办公厅转发的《意见》指出："社区建设是指在党和政府的领导下，依靠社区力量，利用社区资源，强化社区功能，解决社区问题，促进社区政治、经济、文化、环境协调和健康发展，不断提高社区成员生活水平和生活质量的过程。"这是迄今为止对社区建设概念的最有影响、最具权威性的界定。

（二）社区建设的特征

1. 整合性

整合性是社区建设的本质属性，这是因为社区建设或社区发展特别强调社区成员共同努力，社区民间力量和政府组织通力合作，从这个角度来看，社区建设也可以说是整合社区资源和社区力量共同解决社区问题，合力推进社区发展的过程。社区资源、社区力量的整合质量和整合水平在很大程度上标志着社区建设的质量和水平，甚至可以说，未能整合社区资源和社区力量的活动，很难称为真正意义上的社区建设活动。

2. 综合性

社区建设是指整个社区的全方位建设，而不是特指某一方面的工作，是综合性极强的实践活动。从构成内容来看，社区建设包括社区服务和社区管理两大分支系统，而这两大分支系统内部又包括社区方方面面的内容，具有极强的综合性。从方法和手段来看，开展社区建设需要同时运用经济手段、行政手段、社会手段等，也具有极强的系统性、综合性。社区建设的综合性特征根源于社区要素的多样性和社区内容的复杂性，以及社区成员构成和需求的多样性。

3. 社会性

社区建设的社会性特征主要表现为：社区建设既包含政府行为，又不单纯是政府行为；既包含民间活动，又不单纯是民间活动。社区建设是各类社区主体、各种社会力量共同参与的过程。在社区工作高度发达的国家和地区，社区发展已经惠及各个阶层、各种类型的社区成员，具有广泛的社会性特征，并因此决定了社区建设社会化的必然性。

4. 地域性

地域性一是表现为每个社区的建设都是根据本社区成员的需求和愿望，解决本社区问题，为本社区成员提供多样性服务和管理；二是表现为每个社区的社区工作组织者和参与者主要是本社区内的居民、单位和群体、组织；三是表现为每个社区的社区工作的活动范围主要限于本社区之内，其管理服务对象主要是本社区的成员；四是表现为每个社区的社区建设都会受到本社区地理环境、文化条件、人口状况等要素的影响，在管理服务内容、方式等方面都会刻上这些要素的印迹。

5. 计划性

现代意义上的社区建设工作是人们在认识和掌握社会发展规律的基础上，自觉推动社区变迁的过程。这种自觉性的突出表现是有计划性。一般地说，要系统开展社区建设工作，需要从社区实际情况出发，制定切实可行的发展规划和工作计划，并按计划开展活动。因此，计划性是社区建设的一个主要特征。

二、城市社区建设的主要目标

2000年11月，《意见》对城市社区建设的主要目标作出了如下概括："今后五到十年城市社区建设的主要目标是：

（1）适应城市现代化的要求，加强社区党的组织和社区居民自治组织建设，建立起以地域性为特征、以认同感为纽带的新型社区，构建新的社区组织体系；

（2）以拓展社区服务为龙头，不断丰富社区建设的内容，增加服务的发展项目，促进社区服务网络化和产业化，努力提高居民生活质量，不断满足人民群众日益增长的物质文化需求；

（3）加强社区管理，理顺社区关系，完善社区功能，改革城市基层管理体制，建立与社会主义市场经济体制相适应的社区管理体制和运行机制；

（4）坚持政府指导与社会共同参与相结合，充分发挥社区力量，合理配置社区资源，大力发展社区事业，不断提高居民的素质和整个社区的文明程度，努力建设管理有序、服务完善、环境优美、治安良好、生活便利、人际关系和谐的新型现代化社区。"这是对我国城市现阶段社区建设主要目标的科学界定。

中国城市社区建设的总体目标是把社区建设成为管理有序、服务完善、文明祥和的现代化社会生活共同体。其中"管理有序"是指社区各类管理组织健全，职责明确，体制合理；社区党组织核心领导作用得到发挥，社区民主协商机制和各项民主制度健全规范，居民群众在基层社会、经济、政治、文化和其他公共事务中能够切实当家作主，形成党领导下的充满活力的居民自治机制；社区安全防控体系完善，群防群治网络和社会矛盾纠纷调处机制健全，政府行政管理和社区自我管理有效衔接，政府依法行政和居民依法自治良性互动，社区秩序井然，居民群众安居乐业。"服务完善"是指服务设施、服务项目、服务手段齐全，能够为社区成员多样化、个性化的需要提供满意的服务。"文明祥和"是指居民群众崇尚科学、崇尚学习,群众性精神文明建设活动普及深入,学习型家庭、学习型组织普遍建立,居民自觉遵纪守法,家庭、邻里团结和睦、文明礼貌,科学健康文明的生活方式普遍形成,居民群众具有较强的公德意识、环保意识,人人养成节约、环保、卫生的良好习惯。建成这样的现代化社区需要长期努力,从这个意义上说,这个总体目标也是长期目标。

三、城市社区建设的原则与内容

（一）社区建设的原则

根据《意见》,社区建设的基本原则如下。

（1）以人为本,服务居民。坚持以不断满足社区居民的社会需求、提高居民生活质量和文明程度为宗旨,把服务社区居民作为社区建设的根本出发点和归宿。

（2）资源共享,共驻共建。充分调动社区内机关、团体、部队、企业事业组织等一切力量广泛参与社区建设,最大限度地实现社区资源的共有、共享,营造共驻社区、共建社区的良好氛围。

（3）责权统一,管理有序。改革城市基层社会管理体制,建立健全社区组织,明确社区组织的职责和权利,改进社区的管理与服务,寓管理于服务之中,增强社区的凝聚力。

（4）扩大民主,居民自治。坚持按地域性、认同感等社区构成要素科学合理地划分社区;在社区内实行民主选举、民主决策、民主管理、民主监督,逐步实现社区居民自我管理、自我教育、自我服务、自我监督。

（5）因地制宜,循序渐进。坚持实事求是,一切从实际出发,突出地方特色,从居民群众热切关注和迫切要求解决的问题入手,有计划、有步骤地实现社区建设的发展目标。

（二）社区建设的内容

社区建设的内容是多方面的,只要是与社区内的单位和居民利益相关,以社区为载体开展的工作,都可以列在社区建设之中。社区建设是一项系统工作。社区居民的需求纷繁复杂,社区的经济、社会发展水平也千差万别,由此决定了社区建设的内容具有广泛性、系统性、区域性与动态性等特点。

从社区建设的实际操作层面看,社区建设主要有以下内容:社区工作者队伍建设、社区组织建设、社区文化建设、社区环境建设、社区服务（包括社区卫生服务）、社区治安建设以及新型社区建设。其中新型社区建设包括学习型社区、自治型社区、服务型社区、"绿色社区"和数字型社区。具体的内容在后面的项目中会具体介绍。

四、城市社区建设管理体制

我国现行的社区建设管理体制是在传统管理体制解体的基础上构建的。所谓传统管理体制,是指中国城市计划经济条件下的基层社会管理体制,比较流行的观点是将其概括为"单位体制"或"单位现象"、"单位文化",它是以单位体制为主体,以基层社区管理为补充的行政化过度管理体制,它同时具有单位体制是社会管理的主体模式、社区管理发挥补充功能、行政化运作和过度管理等基本特征。

（一）城市街道管理体制

1. 街道体制的产生

街道办事处是由解放初期城市接管委员会的派出机关演变而来。当时，为了把很多不属于工厂、企业、机关、学校的无组织街道居民组织起来，减轻政府和公安派出所负担，设立了街道办事处作为市区政府的派出机关。1954年12月，政务院总结了全国各地加强城市居民工作和建立街道组织的经验，经第一届全国人民代表大会常务委员会第四次会议通过，正式颁布了《城市街道办事处组织条例》（以下简称《街道办组织条例》），以法律形式确定了街道办事处的性质，即街道办事处是市辖区或不设区的市的人民委员会的派出机关，不是一级政权机关。街道办事处的管辖区域，一般应当同公安派出所的管辖区域相同。1955年，全国各城市都普遍建立健全了街道办事处组织。但在"大跃进"和"人民公社化"运动中，以天津为代表的全国一些大中城市的街道办事处纷纷改建为人民公社，并且实行政社合一的体制，实际上成了我国城市的基层政权。直到1962年后，各地的城市人民公社才先后恢复为街道办事处。"文化大革命"时期，各街道办事处改组为街道"革命委员会"，主要任务是抓"阶级斗争"，严重偏离了为居民服务的方向，未能正常发挥其积极职能。1978年后，按照全国五届人大一次会议通过的新宪法，撤消了"革命委员会"，恢复了街道办事处。此后20年，街道办事处获得了前所未有的发展。现行的《中华人民共和国地方各级人民代表大会和地方各级人民政府组织法》重申，"市辖区、不设区的市的人民政府，经上一级人民政府批准，可以设立若干街道办事处，作为它的派出机关，主要承办市辖区人民政府、不设区的市的人民政府交办的有关事务，指导居民委员会的工作，加强基层政权与居民的联系，反映居民的意见和要求"。

2. 街道体制的组织结构和特点

（1）街道体制的组织结构。

街道办事处具有完备的组织结构和干部队伍。如今，中国大部分城市的街道办事处的组织结构基本上都已"科室化"。街道一般都设有民政科、城市管理科、劳动管理科、文教卫生科、财政管理科、计划生育办公室、社会治安综合治理办公室等，每个科室都有自己严格的工作程序。而且，街道工作人员也颇具规模。1954年颁布的《街道办组织条例》规定，每个街道办事处设专职干部3~7人，其中主任1人，干事若干人，必要时可以设副主任1人。如今经过四十多年的演变，绝大多数城市街道办事处的人员编制都大大突破了上述规定，许多街道办事处的专职干部（工作人员）达数十人甚至超过了一百人。

（2）街道体制的特点。

第一，街道办事处是市或市辖区政府的派出机构。这个根本特点决定了街道办事处具有管理整个辖区的法定资格，可以根据法律、法规和上级政府赋予的权利，推动本社区的经济、社会发展，它在本街道辖区范围内肩负着上级政府赋予的指导、协调、组织、管理社区建设的重任。

第二，工作对象十分庞杂。就辖区居民而言，既有年过花甲的老人，又有天真活泼的儿童，还有大量的青壮年；既有党政干部和国有企事业单位职工，又有个体劳动者，还有私营业主；既有大学毕业生，又有目不识丁者，还有大量的中等文化水平者。就辖区单位而言，既有企事业单位，又有社会团体和党政机关。这些性质有别、特点各异的居民、单位，使街道办事处的工作对象呈现出十分庞杂的特点。

第三，工作任务涉及方方面面。按照 1954 年颁布的《街道办组织条例》的规定，街道办事处的工作任务只有三个方面。但改革开放以来，伴随着城市社区的大发展和居民需求的多样化，我国城市街道办事处的工作任务早已超出了上述三方面，达几十项乃至上百项。可以说，工作任务膨胀、功能负担过重是街道办事处面临的一个突出问题。

第四，街道办事处的经济职能增多，经济实力明显增强。

3. 街道体制的不足之处

鉴于街道办事处在社区建设中的重要地位，客观上要求它具有较强的权威性，具有在社区建设过程中组织协调辖区内不同级别、不同规模、不同隶属关系的机关，单位和不同层次的民群众的能力。但是，由于下述三个原因，街道办事处普遍存在着"责大权小"的问题。

（1）"单位体制"的长期运行大大影响了街道办事处的权威性。

"单位体制"的长期运行，一方面强化了许多人的单位归属感，只承认自己是本单位的一员，只接受本单位的管理，而没有意识到自己是所属街道、居委会管辖的对象；另一方面又使相当一部分单位的干部仅仅从行政级别的角度来理解本单位与所属街道办事处的关系，只要自己单位的行政级别不低于街道办事处，就不愿承担街道办事处布置的社区性工作，就不愿服从街道办事处的协调、监督。

（2）过分强调"条条"管理，大大制约了街道办事处的作用。

与"单位体制"相一致，许多城市政府一直沿用"条条"（部门）管理为主，"块块"（社区）管理为辅的社会管理方式。凡主要资源和主要权力都由"条条"拢着，各主要条口（例如公安、房管、工商、税务部门等）都在街道一级设有专门机构。这些机构从各自部门的角度出发，接受、完成所属部门下达的任务，街道办事处往往没有足够的能力协调他们的关系，遇有复杂的社区建设工作就容易互相扯皮。

（3）街道立法严重滞后，大大影响了街道办事处充分发挥其正常职能。

就全国而言，关于街道的基本法规仍然是 1954 年颁布的《街道办组织条例》。按照该条例的规定，街道办事处对辖区内单位和部门没有协调权，当然更谈不上主导社区建设了，从而意味着计划经济时期形成的街道管理体制很不适应转型时期社会管理和社区建设的新要求。

（二）社区建设管理体制的构建

1. 社区建设管理体制的构建原则

从社区建设的本质特征和上述实践经验来看，构筑社区建设的管理体制应该遵循以下几个基本原则。

（1）"重心下移，立足基层"的原则。

此处所谓"重心下移，立足基层"，是指立足街道办事处这个最基层的政权组织和居民委员会这个基层群众性自治组织来开展社区建设工作，把社区建设管理体制的重心下移至街道、居委会层次。这是因为：第一，社区建设要贴近居民群众，要对居民群众的多元化需求做出直接、灵敏的反应，而街道办事处和居民委员会恰恰具备直接面对居民群众，直接为他们提供服务和实施管理的明显优势；第二，社区建设内容丰富，任务繁重，大大超出了市、区两级政府所能承受的限度，因此，只有依托于街道办事处和居民委员会，充分调动他们的积极性和创造力，才能有效地推进社区建设工作；第三，计划经济体制下的城市管理体制是"倒金字塔"模式，这种体制显然不能适应社区建设的需要，因而必须从体制改革的角度实现管理重心的下移。

（2）"条块结合，以块为主"的原则。

此处所谓"条块结合，以块为主"，是指在社区建设管理体制中，行政部门的专业管理与街道办事处的综合管理相结合，以后者为主。这首先根源于社区建设的本质属性。社区建设是以一定的地域社会生活共同体（即以一定的社区）为对象的系统工程，从而客观上要求其管理主体必须是这个社区最具权威性的机构，具体到一个街道社区而言，自然是该街道办事处。其次根源于社区建设内容的多样性和工作的复杂性。社区建设涉及社区的方方面面，单靠几个部门的专业管理是难以奏效的。要改变这种状况，就必须在街道办事处的同意协调下充分发挥专业管理部门的作用，因为专业管理是社区建设专业化的客观要求。

（3）"党政主导，各方参与"的原则。

这个原则要求我们在构筑社区建设的管理体制时，一方面要维护社区党组织的领导核心地位和市辖区政府及街道办事处的主导地位，另一方面又要广泛吸收社区内单位和居民代表参与决策和管理过程，充分调动各方面的积极性。这是因为社区建设既不是单纯的政府行为，也不是单纯的民间活动，而是党和政府主导下的社会化活动，是在党和政府的领导下社区内企事业单位、居民群众和社会中介组织等各种力量共同建设社区的过程。

（4）"有利于扩大基层民主"的原则。

江泽民同志在党的十五大报告中指出："扩大基层民主，保证人民群众直接行使民主权利，依法管理自己的事情，创造自己的幸福生活，是社会主义民主最广泛的实践。"同时也是社区建设的题中应有之义，因为推动民主化进程，实现社区自治是社区建设的一个重要目标。所以，构筑社区建设的管理体制要与扩大基层民主相结合，要通过社区建设管理体制的构筑，健全民主选举制度，实行政务和财务分开，让群众参与讨论和决定基层公共事物和公益事业，对干部实行民主监督。

2. 社区建设管理体制的基本框架

遵循上述基本原则，综合各地的实践经验，社区建设管理体制的基本框架主要包括以下内容。

（1）市一级设立社区建设领导机构，由市委、市政府领导牵头，有关部门和单位参与。主要负责制定、审核全市范围的社区建设规划和工作计划；研究制定社区建设的方针、政策和重大措施；督促、检查全市范围内的社区建设工作；协助市委、市政府推进基层行政管理体制改革，理顺基层条块关系；努力解决社区建设中的政策保证和财力保障等问题；协调有关部门和单位之间的关系，为全市开展社区建设创造条件等。市、区两级社区建领导机构或协调组织，应依托民政部门负责日常事务。

（2）市辖区一级建立社区建设指导机构或协调组织，由区委、区政府主要领导牵头，有关部门负责人和驻区大单位代表参加。负责制定全区性的社区建设规划和工作计划；研究、决定全区性的社区建设的重大问题和决策、措施；协调有关部门和辖区内各种社会力量，积极参与社区建设活动；理顺街道条块关系，充分调动街道办事处开展社区建设工作的积极性；主持开展社区建设的"示范工程"等。同时，区委、区政府有关部门要结合自身职能，发挥各自优势，参与社区建设工作，并在区委、区政府的领导下承担社区专业管理任务。这些部门设在街道的派出机构或分支机构，要在本部门和街道办事处的双重领导或指导下，承担相应的社区专业管理任务。

（3）街道一级建立健全社区协调组织，由街道办事处党政主要负责人牵头，辖区内有关部门、企事业单位、社会中介组织和居民代表参加。主要职责是贯彻落实上级党委、政府有关社区建设的决定、决议和工作部署；研究、制定全街范围社区建设规划和工作计划，并付诸实施；发动、组织辖区各种社会力量积极参与社区建设工作，探索实现社区共建的新机制；指导居民委员会和社区中介组织开展灵活多样的社区建设活动等。

（4）居委会辖区共同体层次应根据社区建设的原则，探索社区自治与社区居民自治有机结合的新途径，可建设由居民选举产生的居民委员会和社区内单位代表共同组成的社区管理委员会，组织开展符合本社区特点的多样化的社区建设活动。加强社区党的建设，切实改善和保证对社区建设工作的领导。

五、城市社区建设运行机制

现阶段推进社区建设工作的运行机制是党委政府领导、民政部门牵头、有关部门配合、社区居民委员会主办、社会力量支持、群众广泛参与，主要包括社区参与、社区自治和行政推动三个方面。

（一）社区参与

1. 社区参与的概念

社区参与是一个动态的、历史的概念，在不同的时序空间，具有不同的含义。在当前我国城市社区建设中，社区参与泛指社区成员参与社区公共事务和社区公共活动，影响社区权力运作，分享社区建设成果的行为和过程。需要指出的是，这里的社区成员既包括社区居民个体也包括社区内的各类组织，除本社区民居外，还有机关、企事业单位等机构驻在其中。

2. 社区参与的意义

（1）社区参与是社区发展的动力和要义。

在社区建设和发展过程中，只有居民的直接参与和治理，才能培育居民的社区归属感、认同感和现代社区意识，才能有效地整合与发挥社区自身的各种资源。从这个意义上来说，居民的社区参与是社区发展的动力源泉，离开了居民的社区参与，就没有真正的或完整意义上的社区发展。

（2）广泛参与是社区建设的本质特征和必要条件。

社区的广泛参与主要包括两层含义。

一是指社区建设参与主体的广泛性。社区建设的参与主体不仅包括社区中的离退休人员和家庭妇女，而且包括社区全体居民和社区内的企事业单位、机关、团体、社会中介组织等。衡量一个社区的社区建设工作是否达到了广泛参与的程度，首先要看各类参与主体是否都参加了社区建设活动，亦即是否具有较高的参与率。

二是指参与活动的广泛性。也就是说，各类社区主体不仅参与社区服务活动，而且参与社区治安、社区环境、社区医疗卫生、社区文化等活动。

3. 社区居民参与

（1）我国社区居民的参与现状。

社区居民是社区参与的主体。总的来说，我国城市居民的社区参与状况还不适应社区建设的客观需要。突出表现在：一部分居民的社区参与意识比较薄弱；参与人数少，参与人员结构不合理；居民参与的内容不够深入、广泛，仅仅局限于出席居民会议、楼院卫生清扫、文体健身等一般性的社区活动。

（2）提高社区居民的参与积极性。

要想使社区居民的参与程度不断提高，就必须从以下几个方面入手。

第一，强化宣传教育，培养社区意识。增强居民社区意识的主要途径之一是强化宣传教育，形成"社区是我家，建设靠大家"的良好氛围。强化宣传教育，一是注意针对性，二是注意广泛性，三是注意采用多样性的宣传教育形式，强化居民的社区意识。

第二，坚持社区需求本位原则，注重用共同需求、共同利益来调动居民广泛参与的积极性。从本社区的客观需求出发，把解决各类社区成员（尤其是大多数群众）的实际需要放在首位，把解决社区群众普遍关心的热点、难点问题作为社区建设工作的重点。

第三，坚持先进性与广泛性相结合的原则，力求使每个参与者都找到自己的位置。社区建设活动，具有突出的先进性，但要使这种先进行为发展成居民群众广泛参与的行动，就必须从居民群众的实际承受能力出发，做到尽力而为与量力而行相结合，无偿服务与低偿服务、有偿服务相结合。

第四，建立与完善参与机制。要使居民参与不断发展，就必须将其推向规范化、制度化阶段。这就意味着要依据有关法规、政策，通过民主程序和法定程序制定相应的规章制度，形成一套参与机制。城市社区可以制定"社区居民参与社区活动制度"，并制定相应的考核、奖惩办法，以推动居民参与向制度化发展。

4. 社区内单位的参与

（1）社区内单位参与的意义。

社区内单位广泛参与，是社区建设的客观需要，有利于解决社区建设所需人力、智力、财力、物力和场地问题。同时，社区内单位参与社区建设，有利于单位自身的发展。一方面，对于大多数尤其是以周边居民和相邻单位为主要客户的企业来说，自己所在社区是最需要占领的市场；另一方面，不论何种性质、何种类型的单位，所在地社区都是它们正常运行的微观环境。从这个意义上说，共同参与社区建设，共创生活便利、治安良好、环境优美、人际关系和谐的文明社区，不仅是每个社区单位应尽的义务，而且符合社区内单位的共同利益。

（2）提高社区内单位参与社区建设的积极性。

目前，还有相当多的单位缺乏社区参与意识和参与行动，为了鼓励社区内单位进行社区共建，应该从以下几方面入手：第一，通过多种形式营造社区共建的氛围，使企事业单位认识到，在经济转轨和社会转型时期，企事业单位把许多社会职能转移给社会，是通过依托、参与、支持社区，来充分利用良好的社会和社区环境促进自身的发展；第二，坚持"互利互惠，成果共享"的原则，使企事业单位通过参与社区建设，能够分享建设成果，解决自身的部分需求，促进自身事业的发展；第三，在不断探索、总结共建经验的基础上，逐步构建企事业单位参与社区建设的机制体系，把社区共建逐步推向制度化阶段。只有这样，才能保证社区共建持续发展。

5. 社区中介组织的参与

（1）社区中介组织的界定。

我国的社区中介组织是介于政府与民众（社区居民）之间的非官方组织，主要包括自下而上形成的和自上而下建构的中介组织。自下而上形成的社区中介组织是基于社区成员的生活需要而形成的团体式组织，它们常常带有非正式组织的特点，例如老人联谊组织、新建小区的业主委员会等，它们的首要功能是自助和自我约束，其次是反映和向外（主要是政府）争取自身利益。自上而下建构的社区中介组织是由政府倡导、扶持成立的，例如计划生育协会、市民学校等，这类组织基本上是为协助政府发挥社区管理职能而建立的，因而具有较多官方的组织、服务和管理功能。

（2）社区中介组织参与社区建设的意义。

社区中介组织都承担着联系政府与民众、依法进行社区治理和服务等多种职能。从本质上讲，它要承担从政府集权式管理向政府与社区居民共同治理过渡的职能。社区中介组织在提高社区居民的参与意识和社区治理能力方面也发挥着重要作用。社会冷漠症被认为是当代社会最严重的社会问题之一，要想消除人与人之间的冷漠，提高社区居民的参与意识，就要通过各种各样的活动把居民们组织在一起，加强社区的社会团结。社区中介组织正好为这些活动提供了载体，社区居民在各种中介组织中相互熟识，解决在生活中遇到的问题，寻求心理支持，从而提高了对社区的归属感和认同感。社区中介组织的重要价值取向是构建社区可持续发展的环境以及与政府合作实现社区的共同治理以满足社区居民的需要，显而易见，这种建立在相互信任和积极参与基础上的中介组织将会在社区治理中发挥重要作用。

（二）社区自治

社区能否实现自治，社区是否有能力自治，这是现代城市新型社区建设和发展的重要标准。

按照目前学术界、理论界通行的解释，所谓自治，是指"民族、团体、地区等除了受所隶属的国家、政府或上级单位的领导或指导外,对自己的事务行使一定的权利"。这一自治的概念,包含两层意义:第一,自治的主体是民族、团体、地区等特定的对象,例如我国现行的民族自治区、特别行政区、农村的村民委员会、城市的居民委员会等;第二,自治的主体在接受所隶属的国家、政府、上级单位领导或指导下,享有一定的管理自己事物的能力。

由自治的含义引申,我们今天所建立的社区,属于自治对象中团体的范畴。社区居委会是自治主体之一,应当享有一定的自治权利,其主要根据有二:一是我们所建立的社区居委会,是在借鉴国外社区发展理论和实践的基础上,适应中国社会转轨时期加强基层民主政治建设和社会管理的需要,再对居委会组织规模进行调整,按照《中华人民共和国宪法》(以下简称《宪法》)和《中华人民共和国居委会组织法》的原则规定改革组成的新型基层群众自治组织,其自治的性质和自我教育、自我管理、自我服务的职能仍然没有改变,它具有法定自治组织的性质,属于法定的自治主体组织的范畴;二是社区既然是法定的自治组织,其自治的内涵则应当是在国家法律的规范之内,在党的领导、政府指导下,在广大人民群众的参与下,享有一定的民主自治的权利。

社区达到自治形态的基本表现是社区居民及社区自治组织享有民主选举、民主决策、民主管理、民主监督的权利,真正实现自我管理、自我教育、自我服务、自我监督。

具体的社区自治内容可以参考社区自治组织建设和自治型社区建设相关内容。

(三)行政推动

行政推动就是政府主导。社区建设是一项综合性的工作,推进城市社区建设是城市工作的重要内容,关系改革、发展与稳定的大局,因此各级党委和政府应切实加强领导。政府在社区范围内是最具权威的正式组织,掌握着本社区发展的主要经济和政治资源,能够有效地运用行政、经济和法律手段协调社区各种力量,沟通社区各方面关系,控制社区发展方向。

1. 组织发动

政府的组织发动作用主要表现在以下三个方面。

(1)运用大众传媒等多种手段宣传社区建设的重要意义和基本知识,创造有利于社区建设的舆论氛围,培养、提高社区成员对社区建设的责任意识和参与意识。

(2)发动各类社区主体积极参加社区建设活动。

(3)建立一整套社区建设的组织体系。政府通过建立区域所有成员参加的社区建设联席会议等组织形式,整合区域社会所有成员和资源的力量,使辖区内社区建设的行为趋向和谐统一,促进社区建设目标的实现。

2. 指导评估

政府的指导作用主要表现在以下几个方面。

(1)宏观政策规划指导。政府通过制定长短结合的社区建设规划和一系列社区建设的政策、法规,明确社区建设的目标,规范社区的行为。

（2）服务指导。政府根据国家的相应法规，指导、帮助社区依法建立社区自治组织，指导社区依法履行自治组织的职能，指导社区依法制定自治规章制度，指导社区管理步入规范化、法制化的轨道。

（3）通过兴办全区性的社区建设骨干项目和启动社区建设的示范工程，引导、带动全区性的社区建设向纵深发展。

（4）政府的评估作用主要表现为通过调查研究，及时发现问题、解决问题。

3. 管理控制

政府对社区建设的管理，是其发挥主导作用的重要表现。政府应建立一个社会化的、统一的、规范的、有序的社区管理系统。

（1）统一。统一就是以城市街道为中心，组建一个具有综合性管理职能的社区组织机构（例如政府负责人挂帅，多部门参与组成的社区管理办公室等），统筹规划居民社区建设的一系列问题。

（2）规范。规范就是把社区的活动和各个机关、团体、组织的活动纳入规范化、法制化轨道，做到有法可依，按章办事，使基层群众自治与政府职能部门的工作相协调。

（3）有序。有序就是不断完善社区组织系统，形成社区建设的合力，优化社区资源配置，力争资源共享，建立一个高效率的、社会化的、运行灵活的社区发展软环境系统。

同时，城区政府还要对社区建设过程中可能发生的偏差行为实施有效的预防、控制。

4. 资金保障

随着城市居民生活水平的不断提高，社区建设越来越需要更多、更好的"硬件"设施来为居民群众服务，这就需要更多的资金投入。因此，深化社区建设，必须建立起相应的资金投入体系，需要政府在资金保障上做足工作。

（1）政府应建立起以政府财政为主导的社区建设投入体系。社区具有协助政府管理社区事物的义务，但社区自治组织在社区建设的视野中不再只是政府的下级部门，因此，政府需要社区协助完成其自治职能之外的工作时，要维护社区自治组织的利益，确定"费随事转"的范围，即在要求社区自治组织协管的工作中，有一些项目政府部门要"付费"。

（2）政府应通过积极倡导，帮助社区建立起社会捐助多元化的社区建设资金投入体系。可以采取合资、合股、合伙、股份制等形式，创办一些示范性强、社会效益好的福利机构，吸引更多的资金投入，推动社会福利社会化进程；还可以通过发行彩票或通过税收杠杆政策调节投资方向，动员、鼓励企事业单位，社会团体和个人以投资、捐资等方式，多种渠道筹集资金，为社区建设提供财政资金支持。

总之，社区建设是一项综合性的系统工程，涉及新旧体制的更新、利益的调整，困难多、难度大、责任重，必须上下左右协调联动。只有建立起"党委政府领导、民政部门牵头、有关部门配合、社区居委会主办、社会力量支持、群众广泛参与"的工作运行机制，才能把城市社区建设工作扎扎实实地推向前进。

六、巩固提高

1. 知识回顾

（1）社区建设的含义及基本特征。
（2）社区建设的原则、目标及主要内容。
（3）社区建设管理体制的构建原则。
（4）社区参与、社区自治及行政推动的基本含义。

2. 思考与理论探讨

（1）如何分析我国社区建设产生与发展的历程？
（2）如何看待目前街道管理体制的现状？
（3）如何认识目前社区建设管理体制的改革？

项目二　社区工作者队伍建设

项目简介

社区工作者包括社区专职工作者、社区兼职工作者、社区志愿者。社区工作者是社区工作的主体,是研究、制定社区工作方法,执行党和国家方针政策的重要载体,是上级政府联系群众的桥梁和纽带。从某种意义上说,社区工作者的工作特点、工作水平、工作方式和综合素质对于推进社区工作具有重要的、甚至是决定性的作用。在加强建设和谐社区的今天,加强社区工作者队伍建设,提高其业务水平和综合素质,具有格外重要的意义。本项目主要按照社区工作者建设的基本流程,从三个方面的任务即社区工作者专职队伍、兼职队伍以及志愿者队伍的建设来介绍社区工作者的队伍建设。

学习目标

知识目标：通过本项目的学习,学生需要掌握社区工作者的基本含义及一名合格的社区工作者应具备的基本素质和能力；掌握社区专职工作者、社区兼职工作者、社区志愿者的基本定义及其特点。

技能目标：通过本项目的学习,学生需要全面系统地掌握各建设任务的基本流程,以及每一环节的技能技巧,能够在此基础上学以致用,具有对某一具体社区或街道的社区工作者队伍建设进行调研、策划方案以及辅助实施的实际操作能力。

学习导航

公共知识链接
任务一　社区专职工作者队伍建设
任务二　社区兼职工作者队伍建设
任务三　社区志愿者队伍建设

公共知识链接

一、社区工作者的基本定义

在中国,社区工作者是一个相对开放的概念。社区工作者既包括职业化、半职业化的居委会成员,也包括其他以社区及居民群体为服务对象的专业或行政人员。《中国社区工作》一书认为,中国社区服务业的工作者由三部分人组成:

(1) 义务服务(志愿者)队伍,如包户服务组、送暖小组等;

(2) 专职服务队伍,包括分工专管社区服务业的民政干部,从其他单位借调或聘用的服务人员;

(3) 兼职服务队伍,主要指居委会干部以及党政机关分管干部。

民政部《全国社区建设实验区工作实施方案》(1999年)提到的"社区建设的工作队伍"包括:

(1) 职业化的工作者队伍,即居委会干部队伍;

(2) 社区志愿者队伍;

(3) 社会中介组织;

(4) 专职、兼职相结合的理论工作者队伍。

以上界定的共同特点是将民政部门主管或指导的社区建设工作(包括社区服务)作为社区工作的一个重要组成部分,社区工作者主要是指这些领域或部门的工作人员,即在社区内从事特定社会服务和管理的工作人员。一般而言,确定社区工作者身份的标准有三项:①工作内容或对象;②职业身份;③社会工作认证制度。

目前社区工作者的构成包括:社区专职工作者、社区兼职工作者和社区志愿者。

二、社区工作者的角色

根据中外社区工作的发展历史和实践,社区工作者在工作中所需扮演的角色,是由其承担的工作职能和任务所决定的,主要可以包括以下几种。

1. 服务者

为社区和社区居民提供服务是社区工作的基本目标,也是社区工作者的基本职能,因此一个社区工作者首先就应该是一个社会服务的提供者。社区工作者提供的服务可以是直接的,也可以是间接的。

2. 社区权益维护者

社区工作者应当是社区合法权益的维护者和社区利益的代言人,通过正当途径使社区和社区居民的合法权益得到维护。使社区居民得到他们应有的利益与服务是社区工作的重要内容,也是社区发展的必要条件。

3. 组织者

社区组织工作是社区工作的传统方法和内容,社区工作者按照一定的工作目标把社区居民组织起来,集中利用资源,在有组织的活动中形成合力,更有效地解决社区问题,满足社区需要，促进社区发展。在这个过程中，社区工作者要对群众进行宣传，倡导他们自觉组织起来，要和群众一起确定组织目标，建立和完善组织工作制度，开展各项有组织的社区发展和建设活动。

4. 管理者

要做好社区工作，使政策切合实际，社区行政者的角色是不可或缺的，高级行政角色还应由经验丰富的实务工作者担任，他既有合格的专业教育背景和相当程度的管理技巧，又熟悉机构的功能与社会政策，才能更好地将社会福利政策转化为社区的服务目标。在我国的社区工作中，行政者、组织者和管理者的角色往往是融为一体的。

5. 调解者

社区工作者要本着公平的原则，为矛盾冲突的双方，建立沟通的桥梁，为双方寻找彼此共同的基础，努力提出兼顾双方利益的解决方案，使双方认识到在社区中彼此的相互依存、相互促进的关系，在推动社区与自我发展的前提下消除分歧，使双方的权利能得到公平的实现。我国在社区中实行的"人民调解制度"，就要求社区工作者依据有关法规肩负起人民调解员的职责。

6. 教育者

社区工作者通过开展社区教育可以帮助社区居民学习如何更有效地完成生活与生命中一般性与特殊性的任务。社区工作者在社区发挥的教育功能是多层次的，这种教育活动可以服务于社区居民个人，但更多的则是要服务于社区和群体，例如开办社区学校，开展社区公民道德教育、法制教育、科普教育，进行下岗职工的再就业培训，展开残疾人康复辅导、老年人保健知识讲座、青少年社区教育等。

7. 研究者

一个社区工作者，对于社区内的问题与社区的发展要做深入的研究，开展全面的调查，广泛地收集资料，征求意见，做出正确的分析，尽量完善地提出解决方案与规划，以有效地解决问题，促进社区的协调发展。

在实际工作中，上述这些角色往往是交叉、复合地体现在一个社区工作者的身上。

三、社区工作者的知识、基本素质与能力

（一）知识

文化知识对于社区工作者来说，是宝贵的精神食粮，它可以帮助社区工作者在工作过程中，充分发挥聪明才智，是社区工作者完成社区工作、提高工作效能的基础。

1. 理论知识

理论知识是指马克思主义的基本理论。马列主义，毛泽东思想，特别是邓小平理论，是指导我们事业的理论基础，是各项工作的指南。在我国，社区工作是社会主义现代化事业的一部分，社区工作必须服从于社会主义现代化建设这个大局。

2. 专业知识

社区工作者应是本身所从事工作的行家里手,这是干部专业化的要求。要成为分管工作的行家里手,社区工作者必须从以下方面着手:一是要对整个社会工作的有关大政方针必须明确,以便掌握全局,正确处理局部与全局的关系;二是要熟悉分管的那部分业务工作,包括那部分工作的理论、工作方针、政策、法规及工作程序和方法;三是要熟练地从事实际工作,不仅会说(懂理论、懂政策),而且会做(会操作、能实践)。同时,作为职业社区工作者还应当具备系统的社区工作专业理论与知识,能够运用社区工作理论说明和处理社区工作中所遇到的实际问题;掌握比较系统的社会工作方法,比较熟练地运用社会工作专业方法分析、处理社区工作中的实际问题;具备一定程度的社会工作专业基本能力;具备一定程度的社区工作相关知识。

3. 现代科学管理知识

这部分知识包括社会行政管理、组织行为管理、社区经济管理等内容。我国现代化建设事业的发展、社会主义市场经济的逐步建立、国民经济和社会工作事业的发展以及社区经济的快速发展客观要求社区社会工作者在这些学科方面都应有一定的深度。

4. 法律知识

国家制定的社区工作法规是社会主义法律体系中的重要组成部分,是社区工作部门及其工作人员进行各项社区工作的法律依据,也是国家机关、社会团体及全国人民参与社区工作时必须遵循的行为规范和基本准则。社区工作是把社会财富的一部分用于帮助那些失调的社区和有缺陷的社会弱者进行基本的生产、交换和消费的一种特殊形式,是协调处理劳动力、社会产品和生产关系三者相互作用的社会事务。这些社会事务只有运用法律的手段调节和控制,才能解决得好。

5. 公共关系知识

公共关系是指社会组织以现代传播沟通为手段,以建立互利合作的公众关系为重点,以塑造良好的组织形象为目标的管理科学与经营艺术。为提高政府组织、社区在社区居民中的形象,社区工作者应掌握一些公共关系学理论,以有助于更好地开展工作。另外,社区工作需要通过公共关系来提高它的知名度,社区工作者与社区工作服务对象之间的联系度需要通过公共关系来增强,提高社区工作的社会效益和经济效益需要通过公共关系取得有关方面的协作和合作。

(二)基本素质

社区工作者素质是指在先天禀赋的生理素质基础上,通过后天的实践锻炼、学习而成的,在从事社区工作过程中经常起作用的那些内在要素的总和,是社区工作的基本条件。

1. 政治素质

政治素质是指一个人所特有的世界观,以及建立在这个世界观基础之上的政治立场,代表一定阶级的思想观念。社区工作是为国家的政治制度服务的。政治素质是社区工作者必须具备的首要素质。在我国，社区工作者的政治素质主要包括以下几方面内容：要有坚定的政治信念，坚持正确的政治方向；要自觉地坚持党的群众路线；要以"三个代表"重要思想作为社区工作的指南；要具有良好的工作作风。

2. 思想素质

思想素质通常是指人的思维方式及其能力、思想境界和行为准则。社区工作者的思想素质应主要包括：具有马克思主义的世界观、人生观和价值观；具有全心全意为人民服务的奉献精神和社会责任感；具有一切从实际出发、实事求是的思维方式或思想路线；具有创新思维和创新精神。

3. 职业道德素质

所谓职业道德，是指人们在从事其正当的社会职业中所应遵循的行为规范的总和。社区工作者的职业道德是社区工作者在实际工作中所应该遵循的社会规范，是指从事社区工作的人员在履行其本职工作中，从思想到行为所应遵循的与社会职业特点相适应的道德规范和准则，是调整社区工作者与各类服务对象之间、社区工作者之间以及社区工作者与社区之间相互关系的行业规范的总和。社区工作者的职业道德的最高境界是为人民服务，它主要包括"爱岗敬业、诚实守信、办事公道、服务群众、奉献社会"等方面。

4. 心理生理素质

健康的心理和健全的体魄，是社区工作者做好工作的最基本条件，主要包括以下几点：稳定乐观的情绪、坚韧不拔的意志、健康的身体素质。

（三）能力

能力是一个人顺利地进行某种活动的一种个性心理特征。通俗地说，能力就是运用知识解决实际问题的本领。

1. 对服务对象的工作能力

社区工作者对服务对象的工作方面应具备以下几种基本能力。

（1）洞察力。

洞察力是一种敏锐的、全面的、准确的抓住问题要害的能力。社区工作是基层的社会工作，面对的是方方面面看似普遍、琐碎但又复杂的社会现象和具体问题，透过现象抓住事物的本质、区分轻重缓急抓要害是社区工作者应具备的能力之一。

（2）组织协调能力。

社区工作者的任务就是善于发现、调动和发挥每个人的特点和积极性，把社区内不同要求的居民和单位恰当地组织起来，保证社区这个大系统内的各个要素都处于良好的配合状态，以获得高一层次的整体合力，有效地实现社区建设的整体目标。

（3）人际交往能力。

社区工作者的组织协调能力，很大程度上就是其人际交往能力的外在表现。社区工作者直接面对的是基层群众，主要是做人的工作，因此，具有关心人、理解人、说服人、温暖人的与人交往能力，是社区工作者的业务基本功之一。

（4）应变创新能力。

具有创新能力的社区工作者，能够从别人习以为常的事物中发现矛盾，提出问题，进而产生强烈的探索动机，经过联想、反思、推理，获得新颖而独特的认识，以这种认识指导社区工作，使工作突破常规、别开生面。

（5）专业技术能力。

专业技术能力是指在掌握一定的专业技术知识的基础上，运用这些知识去解决实践过程中遇到的专业技术难题的能力。社区工作者的专业技术能力，包括科学技术方面的硬技术和管理工作方面的软技术，两种技术同样重要，必须一起抓，切忌"一手硬、一手软"。

（6）社会调查能力。

作为社区工作者应该具备的社会调查能力，具体表现在三个方面：一是社会调查研究课题的设计与组织能力；二是运用社会调查方式的能力；三是收集资料和整理资料的能力。

（7）文字表达能力。

社区工作者具有较高的文字写作能力，能帮助自己更好地总结经验教训，抓好正、反两方面的典型，推动社区的工作；同时也能使自己比别人更迅速地处理各种公文和群众申诉的材料，可以使群众更好地理解党和政府的政策，从而提高工作效率。

（8）口头表达能力。

社区工作者面对的是不同职业、不同年龄、不同层次的社区居民，在与这些复杂人群打交道的过程中，社区工作者绝大多数时间都是通过自己的语言来宣传政策、阐明观点、教育群众的。口头表达这种能力包括三方面内容：一是在各种会议上的演讲能力，二是对不同对象的说服能力，三是在面对复杂情况的答辩能力。

（9）运用现代信息技术的能力。

新技术革命的浪潮已将人类社会推入信息时代。以微电子技术为基础，作为信息时代支柱的计算机技术，已经成为现代办公的主要手段。掌握现代信息技术，具备使用计算机技术的能力，对社区工作者有特别重大的意义。

2. 对主体的自我完善能力

社区工作者的自我完善能力是加强自我修养，弥补自己的缺陷和不足，确保自己立于不败之地的根本保证。社区工作者的自我完善能力是其充分做好社区工作的必要条件，主要体现在以下三个方面。

（1）自学能力。

自学能力是指在认识世界、改造世界的过程中，主要通过自己的创造性努力，不断学习和掌握更多方面的知识。社区工作千头万绪，这就要求社区工作者要掌握多方面的知识，但社区工作的复杂性、繁琐性和动态性使社区工作者不可能经常地坐在教室里接受专门的教育。因此，除以往从学校、课本中学得的知识外，更多的知识来源于社区工作者的自学，其中包括学习领会党的路线方针、更新业务知识以及获取各种信息等。

（2）自省能力。

自省能力是指在具体实践过程中，通过自我检查、自我思索，不断扬长避短，提高自身素质的能力。社区工作者具有自省能力,不仅能及时发现和克服工作中的缺点和不足,而且能够及时总结和发扬工作中的优点和长处。这一方面可以迅速提高自己的内在素质,另一方面也使社区工作能够健康有序地发展。

(3)自控能力。

自控能力是指人在极其复杂的情况下,排除不良外在因素的刺激和干扰,运用理智控制情感的能力。社区工作者应具备出色的自控能力,即面对成绩不沾沾自喜,遇到挫折不垂头丧气,遭受委屈不暴跳如雷,受到奖励不骄不躁,解决易事不掉以轻心,处理难题不忧心忡忡,见到领导不低三下四,对待群众不懒散傲慢。具有较强的自我控制能力,有助于提高社区工作者的应变能力和组织协调能力,增强和完善自身修养。

任务一 社区专职工作者队伍建设

新时期,全国掀起了建设和谐社区的新高潮,新形势、新任务也对社区专职工作者提出了新的更高的要求。当前,认真探索多种方式,运用多种途径,吸引、留住一批政治素质好、文化程度高、协调能力强又热爱社区工作的专职工作者,对促进社区专职工作者队伍稳定,推进社区建设和管理,具有重要的现实意义。

一、基础知识

(一)社区专职工作者的基本含义

关于"社区专职工作者"的界定,在学术界没有形成一致的看法。有学者从广义和狭义两个层面来界定,广义的概念是指从事社区建设和服务的专职和兼职人员;狭义的概念专指社区居民委员会人员。这种界定,广义的太过宽泛,狭义的又过于狭窄,都不利于社区工作者职业身份的确定以及将来工作者队伍的建设和发展。还有些政府部门在相关文件中也规定了社区专职工作者的范围,例如所谓社区专职工作者是指专门从事社区居委会工作的主任、副主任和委员。这一定义排除了向社会公开招考取得社区工作者执业资格的人员,也不符合社区建设和发展的需要。

职业的或是专业的社区工作者较之以前的社区居委会干部具有以下特点:
(1)经社会公开招聘产生;
(2)可以突破居住属地限制;
(3)人数无法定限制,应根据工作需要确定;
(4)具有一定的专业知识或水平;
(5)是一种职业,领取受聘工资。

广义的社区工作者应指所有参与社区工作的人员,包括社区党组织和社区居民自治组织成员、职业社区工作者、社区志愿者、社区中介组织人员以及高校或科研院所的社区理论工作者。狭义的社区工作者主要包括社区党组织、居民委员会干部和专职的社区工作者。本书所指的社区专职工作者专指狭义的社区工作者。

综上所述,所谓社区专职工作者,是指以社区居民为服务对象、以从事专门社区工作为职业的人;其由两类人员构成:一是原来城市居委会干部,二是通过向社会公开招考取得社区工作者执业资格从事社区工作的人员;它不包括社区志愿者,也不包括公共服务机构（例如社区服务中心、卫生站、文化站、治保会、老年公寓等）在社区内提供服务的工作人员。这样定义，使职业的社区工作者与专业的社区工作者两者相结合，既强调了社区工作是一门职业，有利于消除人们对社区工作的社会偏见，又明确了社区专职工作者的职业身份，有利于从法律上寻求权利保障。

（二）社区专职工作者的条件

关于社区专职工作者的条件，不同地区的具体要求是有区别的，但基本的有以下几点：

（1）遵守国家的法律、法规，政治素质好，责任心强，热心为居民服务，具有一定的组织管理能力；

（2）具有社区专职工作者执业资格，高中、中专以上学历，身体健康，年龄一般在25～49岁；

（3）离退休人员年龄一般不超过65周岁；

（4）具有本市常住城镇户口，原则上长期居住在本社区。

案例示范 2-1

绍兴市越城区社区专职工作者任选条件

新任或任职不到3年的现职社区党组织书记、副书记或居委会主任、副主任，年龄应在50周岁以下，学历应在高中及以上；连续任职3年以上的现职社区党组织副书记或居委会副主任，年龄应在54周岁以下，学历应在初中及以上；连续任职3年以上的现职社区党组织书记或居委会主任，年龄应在60周岁以下，学历应在初中及以上。选聘条件为上一年度社区专职工作者，具有初中及以上文化程度，年龄女在50周岁以下、男在60周岁以下。在上届社区专职工作者范围内招考的，条件与选聘条件一致。向社会公开招考的，基本条件为大专及以上文化程度、年龄在35周岁以下。

（资料来源：绍兴市越城区人民政府网）

二、实务操作

具体流程：学习社区专职工作者队伍建设的相关政策→调研社区专职工作者队伍建设现状→社区专职工作者队伍建设的策划与实施→社区专职工作者队伍建设的评估。

（一）学习社区专职工作者队伍建设的相关政策

方法提示：搜集社区专职队伍建设的相关政策，学习领会其精神。

各地关于社区专职工作者队伍建设的相关政策相对还是比较多的，并且体现出了与时俱进的特点。例如北京市根据社区建设的发展就先后出台了几项关于社区专职工作者队伍建设与管理的相关文件：2008年以前有《北京市社区专职工作者管理意见》（京人发〔2002〕89号）和《关于进一步加强社区专职工作者队伍建设的指导意见》（京民基发〔2005〕298号）；2008年9月，中共北京市委办公厅、北京市人民政府下发了《关于印发<北京市社区工作者管理办法（试行）>的通知》，而自本办法试行之日起，（京人发〔2002〕89号）

和（京民基发〔2005〕298号）两个文件自行废止。

所有这些相关文件都强调了加强社区专职工作者队伍建设的必要性与重要性，对社区专职工作者的管理方法、激励措施、责、权、利范围以及待遇保障等方面都做了不同程度的规定。

（二）调研社区专职工作者队伍建设现状

方法提示：组织一个调研小组，采用问卷调查、实地访谈、查阅文献资料等方法调研拟建设社区的专职工作者队伍建设情况，主要包括社区专职工作者队伍的基本信息、社区专职工作者队伍建设已经取得的成绩、社区专职工作者队伍建设中存在的问题等。

案例示范 2-2

社区专职工作者队伍的建设现状（节选）

一、调研概况

本课题调研历时半年（2006年12月—2007年6月），采取问卷调查、个案访谈、集体访谈和文献研究等研究方法。问卷调查采用的是结构式问卷的方式，内容主要是了解社区工作者的现状和存在哪些问题。本次调查共发放问卷43份，回收有效问卷43份，实施的时间为2007年3—4月。个案访谈为无结构访谈，访谈前对被访者的年龄、性别、文化程度、家庭情况等进行了有关了解后按照约定的时间、地点与被访者面对面单独交谈，我们采访了5位较有代表性的访谈对象，访谈的内容为被访者对社区工作的认识、感受等。集体访谈为结构式访谈，每次参加访谈的人数为3～5人，对人员的选择注意到了年龄结构、性别、文化程度等方面的搭配，按照被访者提供的时间和地点进行，内容涉及社区工作者的职业身份、福利待遇、工作压力、规范化管理等方面。文献调查主要是通过走访政府相关部门以及通过网络收集国家出台的有关社区建设方面的法律法规和政策文件、常州市出台的有关社区专职工作者规范化管理的政策和文件，并通过网络收集有关社区工作者研究的文献资料。

在调查对象的选择上，选择了钟楼区较有代表性的永红街道所辖10个社区居委会。永红街道地处常州城区西南，于2003年10月由原永红乡政府、原清潭街道合并组建而成。2006年，永红街道完成工业销售43.23亿元，实现工业利税29 380万元，实现财政收入6 690万元。街道占地面积9.98平方公里，常住人口10万，户籍人数8.7万，辖10个社区居委会（另有9个村民委员会），有社区居委会干部43人。街道现注册登记的志愿者人数达9 100人，占户籍人数的10.2%，便民服务队、文艺表演队、治安巡逻队、保洁护绿队、义务宣讲队、医疗卫生队等各类志愿者服务队有119支。现有健身广场55个，社会体育指导员63名，社区文体团队68支。永红街道先后获得全国城市体育先进街道、全国社区侨务工作先进单位、江苏省社区建设示范街道、省文明单位、省平安街道、省卫生街道等多项荣誉称号，形成了健康文明、团结和谐的社区文化。

二、社区专职工作者的基本情况

1. 性别构成：在调查的永红街道43名社区专职工作者当中，女性占绝大多数，有40人,占93.03%;男性3人,占6.97%。

2. 年龄结构:2005年5月,常州市社区专职工作者的平均年龄42.3岁,大专以上文化程度占30%。2007年5月,常州市社区专职工作者的平均年龄39.8岁,高中以上文化程度占89.9%。被调查者的年龄结构以30～50岁为主,其中20～29岁的6人,占13.9%;30～39岁的12人,占27.9%;40～49岁的18人,占41.8%;50岁及以上的7人,占16.4%。情况和全国社区居委会的年龄结构基本相同。

3. 文化程度:被调查的社区专职工作者的文化程度以高中的居多,有22人,占51.1%;大专文化程度的19人,占44.2%;大学本科及以上的2人,占4.7%;目前还没有研究生学历的人才加入到社区专职工作者队伍中来。

4. 政治面貌:在永红街道的43名社区专职工作者中,有党员17人,共青团员6人,非党员20人。

三、社区专职工作者队伍建设已经取得的成绩

本调研报告主要从社区专职工作者选拔任用机制(职数和职位的设置、社区专职工作者的应聘条件、社区专职工作者的选聘、社区专职工作者的解聘)、社区专职工作者职业身份的认同、社区专职工作者的教育培训状况、社区专职工作者的工作机制、社区专职工作者的福利待遇等方面介绍了社区专职工作者队伍建设已经取得的成绩(具体内容略)。

四、调查结论

1. 常州市各级政府对社区专职工作者队伍的规范化管理非常重视,近年来出台了一系列政府文件对社区专职工作者队伍的管理进行规范。

2. 目前,社区专职工作者队伍存在以下问题:

第一,年龄结构相对老化、文化程度偏低;

第二,职业身份不明确,收入水平偏低;

第三,工作任务繁重,创新意识薄弱;

第四,专业知识缺乏,工作效率偏低,但整体素质基本能适应时代发展的需要。

(资料来源:节选自钟楼区《社区专职工作者规范化建设课题组》,刘俊清、潘悠佳,《关于对探索社区专职工作者队伍规范化管理的新途径》)

(三)社区专职工作者队伍建设的策划与实施

基本流程:构建社区专职工作者队伍建设的指标体系→策划社区专职工作者队伍建设方案→实施具体的建设措施。

1. 构建社区专职工作者队伍建设的指标体系

方法提示:参考国家政策规定→联系本社区实际。

社区专职工作者队伍建设指标体系的设定,可以根据本社区的实际情况,主要包括以下几个方面:岗位及职数、年龄、学历、知识结构、政治面貌、工作经验等。指标体系的构建一方面可参考相关部门的政策规定,另一方面应立足本社区实际,确定的建设指标体系要具有可操作性,同时有利于后期评估工作的开展。

2. 策划社区专职工作者队伍建设方案

方法提示：充分调研，合理策划。

策划方案对于具体的建设措施具有直接的指导作用，所以一定要建立在建设指标体系及本社区实际充分调研的基础上。方案的设计要相对具体明确，真正具有指导实践的作用；科学合理，具有可操作性、针对性、连续性与创新性，更要具有实效性。

建设方案主要包括背景意义、指导思想、建设目标、主要建设任务、建设步骤或流程、保障措施、建设机构、注意事项及附件说明等基本内容。

案例示范 2-3

越秀区加强专职社区工作者队伍建设"六个一"活动实施方案（节选）

为了打造我区一支作风优良、业务素质过硬的专职社区工作者队伍，为建设广东省"六好"平安和谐社区奠定扎实基础，结合社区党风廉政建设活动的开展，今年我局与区纪委共同组织开展"六个一"活动，从社区的党风廉政建设入手，建设示范社区，着力培养专职社工的社会工作专业技能，增加社会服务意识，提升专职社工队伍的整体素质，特制订本方案。

一、主题：打造一个社区党风廉政建设示范点

实施时间：2009 年 3—7 月

选取六榕街道旧南海县社区居委会作示范点，以区纪委的动员和要求为标准，充分发挥社区"两委一站"的核心和示范效用，以构建有越秀特色的惩治和预防腐败体系为目标，为党风廉政建设提供载体和互动平台，实现以下三个重要效果，探索出一条社区党风廉政建设的示范路子，为我区的社区居委会起带头示范作用：

效 果	实施计划
制度立廉	1.在办公场所显眼处张贴工作流程、管理规范、人员配备等内容 2.对常规业务派发相应的工作小册子 3.实现制度上墙，政务公开，流程规范，办事方便
监督保廉	1.设置意见箱，采集居民对社区工作的建议 2.每半年采用群众评议方式，纳入工作绩效考评标准，发挥民主效应 逐步建立长效的监督机制
文化弘廉	1.利用社区文化长廊、宣传板，每季度出一期廉政教育学习墙报 2.绿地标志、灯箱、广告牌等各类宣传工具，宣传各类型廉政格言警句

二、主题：组织一次专业技能提升培训活动

时间：2009 年 4 月下旬

结合省市对社会工作人才队伍建设的要求，举办一期专业技能提升培训班。

（一）学员组成：各社区居委书记、主任。

（二）培训承接单位：区社会工作人才孵化基地、广州阳光社会事务中心。

（三）培训内容：聘请资深的社工和学者进行业务培训，同时邀请区纪委对社

党风廉政建设相关内容进行讲解。

三、主题：制定一本专职社区工作者工作守则

时间：2009年6—9月

实施进度：

（一）6—7月中旬：根据社区工作的特点和目标，制定社区工作守则，确定从业标准和章程，提供策划、组织、沟通等相关工作技巧，制定实务操作的通用流程、监督规范。

（二）7月下旬—8月：征求相关街道和社区工作者的意见，对工作守则进行相应的修订。

（三）9月：由区民政局统一印制和发放工作守则，做到社区专职社工人手一本，方便学习和掌握各项工作制度，敦促专职社工密切联系群众、认真履行工作职责，树立和弘扬守纪律、重形象的良好风气。

四、主题：开展一次专职社区工作者"为民之星"评选活动。

五、主题：策划一次专职社区工作者文艺汇演。

六、主题：组织一次专职社区工作者"为民之星"专题报告会。

（资料来源：越秀区政府信息公开服务系统网站）

3. 建立健全社区专职工作者队伍建设的基本机制

方法提示： 参考国家政策规定→联系本社区实际。

社区专职工作者队伍建设的基本机制主要包括选拔任用机制、教育培训机制、考核约束机制、待遇保障机制等。就我国而言，社区专职工作者队伍建设总体来讲还处在初步探索阶段，各级组织可以通过建立健全资格认证制度、注册登记制度、教育培训制度、目标考核制度、评选表彰制度等在内的较为完整的职业体系，不断规范这支队伍的管理和使用，进一步优化社区工作者的年龄和知识结构，提升整体素质。

（1）建立选拔任用机制。

严格、规范社区专职工作者队伍的"入口"，即推行职业资质准入制度。采取面向社会公开招聘社区专职工作者，规范笔试、面试、考核、聘任等法定民主程序，优先录用相关专业的大中专院校毕业生，吸纳一批年富力强的高素质的社会人才充实到社区工作者队伍中去。

具体方法：社区专职工作者实行聘用制，主要通过四种方式聘用。一是选任：当选或被任命为社区党组织书记、副书记，及当选的社区居民委员会主任、副主任，街道可直接聘用为社区专职工作者。二是选聘：经选任产生的社区专职工作者少于区核定的社区专职工作者职数的，街道可择优选聘，程序包括公开报名、资格审查、考试考核、民主测评、综合评定、择优聘用、结果公示。三是招考：经选任和选聘后社区专职工作者的职数仍缺额的，可以组织统一招考聘用，程序为公开报名、资格审查、笔试面试、公布成绩、组织考察、健康体检、择优录用、结果公示。四是安置：按照上级有关政策，被安置到社区工作的随军家属等，可直接聘用为社区专职工作者。

案例示范 2-4

中共城南街道委员会城南街道办事处关于做好社区专职工作者聘用工作的通知
城委【2010】41号

各社区、机关各办：

为切实加强社区专职工作者队伍建设，优化整体结构，提高综合素质，提升社区建设水平，根据越委办〔2010〕24号文件精神，结合街道实际，现就新一届社区专职工作者聘用工作通知如下。

一、职数核定

各社区专职工作者的职数根据《越城区社区专职工作者聘用管理办法》（越委办〔2010〕24号）第一条规定（以社区在册户数为准核定）、本届社区换届选举结果情况核定。

二、聘用办法

新一届社区专职工作者实行聘用制，通过选任、选聘、安置和招考四种方式聘用。

（一）选任。当选或被任命为社区党组织书记、副书记，及当选的社区居民委员会主任、副主任，且符合《越城区社区专职工作者聘用管理办法》第三条第（一）、（二）款，本人自愿报名，街道可直接聘用为社区专职工作者。

（二）选聘。

1. 选聘范围。除经选举产生的新一届社区专职书记、主任、副主任以外的，本街道符合《越城区社区专职工作者聘用管理办法》第三条第（一）、（三）款的上一年度社区专职工作者（包括劳动保障平台人员，下同）。

2. 选聘方法。在自愿报名的基础上，街道将组织力量对符合条件的报名对象进行严格考评。考评采取百分制，采用笔试加民主测评的方式选聘录用。

（1）笔试：占50%。委托有关单位统一出题，统一阅卷。

（2）民主测评：占50%。其中本社区党员、居民代表（不少于50人）测评占50%；街道班子成员、社区指导员和本社区党组织书记测评占50%。

（3）录用：按照笔试和民主测评综合得分高低择优录用，末位淘汰2名。

3. 人员确定。

（1）双向选择。根据各社区工作者职数，由社区和录用的工作者进行双向选择。

（2）党委决定。街道党委根据双向选择情况、社区实际需要和本人特长等进行研究，确定社区工作者岗位。

（三）安置。按照上级有关政策，被安置到社区工作的随军家属，可直接聘用为社区专职工作者。

（四）招考。经上述办法聘用后社区专职工作者的缺额职数，适时按《越城区社区专职工作者聘用管理办法》规定组织统一招考聘用。

三、有关要求

1. 加强领导。新一届社区专职工作者聘用工作在街道党委统一领导下组织实施。街道党委成立领导小组，由党委书记、办事处主任任组长，成员由党群、纪委、人大、民政等分管领导及党政办人员组成，切实加强对这项工作的组织领导和实施。

2. 周密组织。街道根据实际，按照"公正、公开、公平"原则，精心制订工作方案，保证聘用工作有条不紊地进行。新一届社区专职工作者选聘录用于5月底基本完成。

3. 严肃纪律。社区专职工作者选聘录用期间，严肃相关纪律，例如出现违纪违规等行为，一经查实，严肃处理。

4. 加强管理。新一届社区专职工作者实行一年一聘，由街道与工作者签订聘用合同，首期试用期半年。以后每年进行一次综合考评，考评结果与是否续聘直接挂钩。

城南街道党政综合办公室
二〇一〇年五月二十四日

（资料来源：绍兴市越城区人民政府网站）

（2）建立教育培训机制。

强化学习培训，加强社区专职工作者的培养教育，是建设高质量社区专职工作者队伍的主要途径。要根据社区工作实际需要，逐步建立和完善社区专职工作者培训制度，搞好经常化、系统化、规范化培训。

具体方法：按照理论联系实际、学用一致、按需施教和讲究实效的原则，制定社区专职工作者教育培养的短、中、长期培训规划；针对新的形势和培训对象，精心制定培训内容，增强培训的针对性；充分利用党校、社区学院、社区课堂等载体，通过市、区、街道联合培训，邀请党校专家培训，外出学习考察，电化教育，集中培训和个人自学相结合等形式，正规教育和短期培训相结合。

（3）建立考核约束机制。

强化对社区专职工作者的考核评议，是强化社区专职工作者队伍建设的重要手段。通过考核可以有效地提高社区专职工作者的工作责任意识和效率意识，增强创造力、拓展思维空间，进而提升社区工作质量。

具体方法：制定考核目标、完善考核形式是社区专职工作者的考核评议的重点，可采取岗位目标管理责任制的考核办法。考核以社区专职工作者的岗位职责和所承担的工作任务为基本依据，可通过对社区的中心工作、重点工作、日常工作进行分层分类，按比例进行量化考核。对党务工作，可对党建工作责任、思想建设、组织建设、作风建设、其他工作和争先创优等方面进行专项考核。内容主要包括德、能、勤、绩、廉等五个方面，重点考核工作实绩。考核可以召开居民议事会、评议会、座谈会，也可以采取随机抽样调查和问卷调查等方式进行，实行组织考核和群众评议相结合，量化考评，结果分为优秀、合格、基本合格、不合格。被确定为不合格的社区专职工作者，不予续聘。

（4）落实待遇保障机制。

健全完善的经济补贴保障制度，是加强社区专职工作者队伍建设的基础。近年来，随着社区建设的发展，社区专职工作者的社会地位不断提高，工资补贴也逐年增加。但是，相对社会其他行业来说，社区专职工作者的生活待遇仍处在低水平上，这与他们所从事的工作不相适应。因此各级政府在政治和生活上给予社区专职工作者及时关心和照顾的同时，要采取措施，认真研究生活补贴的办法，提高社区专职工作者的基本生活待遇，建立社区专职工作者生活补贴自然增长机制。

具体方法：建立社区工作者年收入自然增长机制，逐步提高他们的工资报酬和福利，确保社区工作者的年收入不低于本地职工上一年度的人均收入水平；进一步加大对社区建设的投入，不断改善社区办公条件和服务设施；落实社会保障政策等。

4. 推进社区专职工作者队伍建设的知识化、专业化、年轻化

从近年社区建设的实践看，建立一支知识结构、年龄结构合理，综合素质能力较高的职业化、专业化社区专职工作者队伍，是推动社区建设不断深化创新和发展的关键。

（1）知识化。

建设一支高素质的社区专职工作者队伍，是加强社区管理、加快社区事业发展的重要保证。推进社区专职工作者的知识化建设主要有两个途径：一是公开招聘具有专业知识和执业资格的社区工作者；二是通过制定教育培训体系，全面提高社区专职工作者的基本素质、工作能力和专业水平。具体的方式方法可参考前面的相关内容。

（2）专业化、职业化。

目前，在社区建设的实践中存在着因社区专职工作者身份不清、界定不明确而导致的责、权、利不相称现象，这与社区居委会的角色定位以及专职工作者目前所承担的实际任务不相一致。社区居委会是群众自治组织，但由于没有明确的法律定位，其专职工作者身份并没有得到全社会的认可，相应地带来了社区工作职责定位不清以及责、权、利不一致的问题，给深化社区建设带来一定难度。因此，有必要对现行的《中华人民共和国城市居民委员会组织法》（以下简称《城市居民委员会组织法》）进行修改，在法律上明确社区专职工作者的地位和职责，规定社区居委会干部和社区专职工作者都是社区工作者，以增强社区专职工作者的职业认同感和社会公众的认知感。这样，既不违背我国《宪法》对居民委员会的性质规定，又可突破《城市居民委员会组织法》规定的地域限制。社区居民委员会干部仍然由本居住地居民（而非本社区居民）选举产生，社区专职工作者便可向社会公开招聘。

（3）年轻化。

长期以来，我国的社区专职工作者年龄普遍较高，随着社区工作的任务加重，在体力与精力等方面都表现出了力不从心，建设一支老、中、青结合的结构合理的社区专职工作者队伍是必然要求。目前，主要的是向社区专职队伍中输入年轻的血液，促使社区干部的年轻化。例如2009年北京市计划选聘2 000名高校毕业生到社区党支部、社区居委会、社区服务站、商务楼宇社会服务站工作，进入专职的社区工作者队伍，进一步提高社会工作队伍专业化、职业化、年轻化水平。

（四）社区专职工作者队伍建设的评估

方法提示：确定评估主体→确定评估内容→确定评估标准→确定评估方式。

社区建设评估是对社区建设工作进行实事求是的评判，是检验社区建设工作是否达到居民群众满意的方式方法，更是一项推进基层居民民主性、自治性的途径。通过评估可以发现在社区建设中存在的问题和不足；可以明确社区今后需要努力发展的方向；可以改变过去的、以往的、旧的管理模式和管理方法，从而促进社区建设走向一个规范化、制度化、科学化的道路。

社区专职工作者队伍建设工作的评估主要从以下几方面着手进行。

1. 确定评估主体

在整个评估体系的评估过程中，应设立"评估工作小组"，一般主要是由区民政主管部门代表、街道有关部门代表、居民部分代表、驻区单位部分代表和社区工作人员代表组成的。

2. 确定评估内容

社区专职工作者队伍建设的评估要遵循客观、全面、公正公平的原则，以社区专职工作者队伍建设的指标体系为主要内容。

3. 确定评估标准

社区专职工作者队伍建设的主要标准有以下两点。

（1）居民的满意度。

可以通过走访调研、开座谈会、问卷调查等形式了解居民对本阶段社区专职工作者工作的认可程度，可以一定程度上反映出建设成效。

（2）社区专职工作者的工作积极程度。

了解各项激励措施是否真正提高了社区专职工作者的工作积极性和创造性。

4. 确定评估方式

评估方式可以采用自评和有关单位组织评估相结合的方式，具体的评估方法主要有三种。

（1）现场打分。

例如社区专职工作者的岗位职数情况、文化教育程度、年龄、学历等方面都是可以通过直接观察就立刻得出结果的，都属于现场打分范围。

（2）通过查阅资料打分。

这是指要通过查阅大量的有关资料才能评估的指标。例如社区专职工作者选拔任用情况、教育培训开展情况、考核体系、待遇保障落实情况以及在社区专职工作者知识化、年轻化、专业化建设方面的实际工作等，这些指标都需要查阅大量的工作资料才能得出结果。此种方法打分可以同时检查社区专职工作者队伍建设方面的实际工作情况和台账记录情况。

（3）民意调查。

民意调查是一项最能反映社区建设状况的调查。社区建设工作的出发点和落脚点都是群众满意不满意、赞成不赞成、拥护不拥护，那么工作好坏的关键是要看居民群众和驻区单位的认可程度。

实践是检验真理的唯一标准。社区专职工作者队伍的建设是否有成效，需要在实际工作中接受检验。社区专职工作者的工作对象是指社区居民。随着社会的迅猛发展，社区居民的思想、生活方式、心理需求等都会随之变化，这就对社区专职工作者提出了更高的要求,所以社区专职工作者的队伍建设也要不断顺应时代的需求与时俱进,社区专职工作者队伍建设是一个长期的系统性工程。

三、任务实训

1. 实训案例

某一具体社区专职工作者队伍建设的调研。

2. 操作流程与方法

组建学生小组;拟订实训计划;联系实训社区,向社区讲明本次实训任务,提交实训计划;按照建设流程实施工作;写一份比较详细的调研报告,并协助相关部门做好建设方案的策划工作。

四、巩固提高

1. 知识回顾

(1) 社区专职工作者的基本含义、条件。
(2) 社区专职工作者队伍建设的基本流程。
(3) 社区专职工作者队伍建设的基本机制。
(4) 社区专职工作者队伍建设的总趋势。

2. 案例实训

请为以下资料所提街道的社区专职工作者队伍建设拟订切实可行的建设方案。

某街道现有的五十多名社区专职工作者特征表现在:(1)性别比例严重失调:男性工作者不到总数的20%,不利于社会群众工作的开展;(2)年龄结构不合理:呈现"两头小中间大"(40～50岁居多),平均年龄45.5岁,新生力量相当薄弱;(3)知识结构不如人意:虽然大专以上学历的近70%,但绝大多数不是在校文凭,没有社会工作专业的学科背景,而且知识更新的进度不理想;(4)社工来源单一:大多为中小企业下岗内退人员、个体经营者、随军家属,没有从事过管理工作的经历,普遍缺乏社区工作专业知识和技能,尤其是社区党务工作者严重缺乏,社区党组织领导核心作用难以实现。由于社区工作者工资待遇偏低,社会认知度不高,难以吸收高层次的人才,制约了社区工作水平和创新能力的提高。目前我国在行业分类和职业分类中,没有将社区工作者列入其中,因此,专业社区工作者的职业身份还处于辩识之中,对大多数社工而言,他们不知道自己所从事工作的专业归属。还有少数不具备要求的工作者,进社区工作的目的,只是找一份安稳的收入贴补家用,没有把社区工作作为一项职业对待,开拓进取意识不强,工作标准不高,积极性、主动性和创造性欠缺。这些问题和现象的存在,在很大程度上影响了队伍综合素质的提高,制约了社区建设和社区党建工作的深化和拓展,削弱了社区工作的创新和发展能力。

(资料来源:2008.和谐中国网)

任务二 社区兼职工作者队伍建设

一、基础知识

（一）社区兼职工作者的基本含义

兼职，区别于全职，是指职工在本职工作之外兼任其他工作职务。兼职者除可以领取本职工作的工资外，还可以按标准领取所兼任工作职务的工资。兼职在西方国家指有较高专业知识和实际经验的专家、学者、实业家同时兼任两个或两个以上的职业。兼职制度无论对个人、社会都有益。

社区兼职工作者是指那些有正当职业或正常收入来源的人员，经常或定期地利用完成本职工作任务以外的业余时间或节假日时间，以自己的智力或体力的支出为社区居民提供低偿或微利服务。

兼职人员大多来自行政机关、企事业单位或社会团体中的工作人员，他们一般都有较高的政策水平和专业知识，是社区工作中的重要人力资源。

（二）社区兼职工作者队伍的构成

社区工作的兼职队伍，一般由四部分人员构成：一是社区居民中有正当职业且愿意利用业余时间为社区提供低偿微利服务的人员；二是辖区内机关、企事业单位所属的利用业余时间为所在社区提供低偿微利服务的人员；三是社区聘请的定期到社区参加管理或各类专业技术咨询的社会知名人士、专家、学者等；四是社区内离退休的干部职工和专业技术人员等。离退休人员由于有正常稳定的收入来源，他们出来做社区服务工作并且取得适当补助的话，也应属于兼职队伍之列。

二、实务操作

基本流程：学习社区兼职工作者队伍建设的相关政策→调研社区兼职工作者队伍建设现状→社区兼职工作者队伍建设的策划与实施→社区兼职工作者队伍建设的评估。

（一）学习社区兼职工作者队伍建设的相关政策

方法提示：搜集、学习相关部门社区兼职工作者队伍建设的相关政策，领会其指导精神。

目前我国关于社区兼职工作者队伍建设的相关规定不是很多，相对来讲理论较匮乏，但也为进一步的理论研究提供了空间。2009年6月，为充分发挥社区兼职工作者的积极性，阿勒泰市出台了《社区兼职工作者管理办法》（后文简称《办法》）。《办法》规定：在社区党组织、社区居委会和社区服务站兼职从事社区管理和服务的工作人员都属于社区兼职工作者。《办法》也明确了社区兼职工作者的职责任务，制定了考核办法，完善了教育培训制度、档案管理制度、居民评议制度；尤其是表彰奖励机制明确规定，在社区建设中成绩显著的优秀兼职工作者将给予表彰奖励。

（二）调研社区兼职工作者队伍建设现状

方法提示：采用问卷调查、实地访谈、查阅文献资料等方法调研拟建设社区兼职工作者队伍建设情况，主要包括社区兼职工作者队伍的基本信息、社区兼职工作者队伍建设已经取得的成绩及建设中存在的问题。

社区兼职工作者队伍的建设实践在很多城市的街道、社区都相继涌现，社区兼职工作者涉及了社区管理、社区教育、社区服务、社区消防治安等各个领域，为社区兼职工作者队伍的进一步建设提供了宝贵的经验。

案例示范 2-5

樟木头镇打造专业的社区兼职消防队伍（节选）

为进一步加强樟木头镇兼职消防队业务知识水平，熟练掌握消防器材的使用，提高灭火、救援的实战能力，使社区消防队能更好地履行灭火救援职责，8月19日起，东莞市樟木头镇举办了第一期社区兼职消防队员岗前实战训练班。

2009年8月19日上午，全镇9个社区各派出一个消防战斗班参加训练，每班6人，共54人。本期培训由理论课开始，课上，由消防中队的教官给队员们详细讲述了实战训练前的注意事项、消防器材性能及日常维护保养常识、灭火及救援理论和各战斗班分工及内务管理等。

下午，队员们顶着烈日来到操场，开展实战训练。在教官的指导下，队员们从着装开始，学习、操练了全身消防防护服及随身设备的配备，消防摩托车、金属切割机、手抬机动泵等消防专业设备的使用。在操练过程中，全体参练同志精神抖擞、行动迅速、配合默契，队形演练紧张有序、程序清晰，达到了较好的训练效果。

通过举办此次社区兼职消防队岗前实战训练班，提高了樟木头镇各社区消防实战能力，强化了消防、公安及社区的协同作战意识，为该镇能迅速反应、及时处置各类火灾事故提供了保障。

（案例来源：广东省公安厅门户网站）

案例示范 2-6

闸北区社区教育兼职工作者队伍建设（节选）

闸北区社区教育兼职工作者队伍分别由街道文教科、居委会、社区学校教师及管理人员、教育局、两个中心等有关人员组成，共1 303人。在社区教育中承担着管理、教育、教学、培训、课题研究、教材开发等任务，在社区教育中发挥了重要的作用。

（案例来源：上海市闸北区社区教育网）

（三）社区兼职工作者队伍建设的策划与实施

基本流程：构建社区兼职工作者队伍建设的指标体系→策划社区兼职工作者队伍的建设方案→实施具体的建设措施。

1. 构建社区兼职工作者队伍建设的指标体系和建设方案

方法提示：根据相关政策的规定以及社区兼职工作者建设的现状，制定兼职工作者队伍建设指标体系，并策划建设方案。

具体的指标体系应包括以下内容：

（1）兼职工作者队伍的类型，例如社区服务队伍、社区治安队伍、社区环境保护队伍、社区兼职教师队伍等；

（2）兼职工作者的数量，这个要根据每个具体社区的实际需要确定相应的人数；

（3）学历、年龄、健康状况等基本要求。

2. 多渠道吸纳社区兼职工作者

方法提示：资源储备→调研需求→对口服务。

社区工作中需要的兼职工作者涉及方方面面，凡是具有社区工作的热情，愿意为社区居民服务的人员，在条件允许的情况下都可以吸纳到社区兼职工作者队伍中来。

具体方法：社区服务机构（例如服务中心、服务站等）根据自身的资源和居民的需求，有计划、有组织地进行的人力资源储备。主要通过调查摸底，把驻在本辖区内愿意兼职从事社区服务人员的有关情况，例如可提供的服务内容、服务方式、服务时间、服务地点等进行登记，建立服务信息档案，使他们利用业余时间在群众有相应的服务需要时，就近上门开展"对口服务"。

 案例示范 2-7

大学生可当"兼职社工"

2009 年 7 月 22 日上午，北塘团区委与南京工业大学结对共建项目——大学生社区见习计划正式启动。今后，北塘将聘请南京工业大学的优秀大学生提前进入社区担任大学生村官，做"兼职社工"。

根据计划部署，双方将通过双向建基地、互动与人才、项目共培植、资源通有无等四项内容展开合作。例如南京工业大学在北塘区建立各类学生思想教育基地、社会实践基地、勤工俭学基地、素质拓展基地。在条件许可的情况下，北塘团区委也可以在学校建立各类就业培训基地、技术培训基地。南京工业大学团组织将选派团干部、学生干部到北塘区任青少年事务"兼职社工"，北塘团区委定期组织团干部到学校培训学习。学校团组织还将充分发挥学科优势和专业特色，紧密结合基层实际，积极协调，选派合适的青年学生到社区见习；北塘团组织则主动发现、准确掌握本地社区的情况，主动向学校推介。此外，学校团组织将依托学校教育教学资源聚少成多，捐建图书室、捐建共青林、资助贫困生、开展义务家教；北塘团组织则动员组织相关企业和单位，为学校经济困难大学生提供经济资助、勤工助学岗位或就业见习岗位，帮助在校学生提高就业创业能力，缓解大学毕业生就业压力。

（资料来源：无锡新传媒网）

案例示范 2-8

泗阳：探索设立社区党组织"兼职委员"（节选）

为了破解社区人才难引进、资源难整合等问题，泗阳县在城市社区探索设立"兼职委员"，进一步整合了城市基层组织资源，畅通了社区组织资源参与社区共建渠道，实现了社区建设与地方建设的有机对接。目前，通过聘任、选任等方式，该县已有 27 名同志担任城市社区党组织兼职委员。

城市社区党组织"兼职委员"主要由驻区单位党组织负责人、业主委员会成员、物业管理等人员组成，平时参与社区重大决策和重要活动，并利用自身资源优势，组织动员驻区单位或其他社会资源帮助解决社区难题。

（资料来源：泗阳党建网）

3. 做好社区兼职工作者的档案记录及管理工作

社区或街道要做好社区兼职工作者的档案记录，一是为查找方便，二是为保证长效机制，三是褒奖的依据。

一般的记录表包括以下基本内容：

序 号	姓 名	性 别	工作单位	职 务	联系方式	兼职社区

4. 重点要解决好兼职兼薪、多劳多得的政策问题

兼职兼薪是指专业技术人员和管理人员在完成本职工作，不侵犯本单位经济、技术的权益的前提下，根据有关法律、法规，在与所在单位签订协议后，兼职从事技术创新、高新技术成果转化、技术开发、咨询、服务等工作，并获取报酬的业余活动。

对于社区兼职工作者目前需要解决的是为兼职的行为提供法律、法规的保护问题。例如单位实行岗位八小时工作制，个人完全利用业余时间从事兼职活动，或单位不实行岗位八小时工作制，个人在保证全面完成本职工作任务情况下从事兼职活动，且又未使用本单位物质条件和技术资料的，其兼职收入依法纳税后，应归个人所有。

案例示范 2-9

哈巴河县阿克齐镇 181 名社区兼职工作者领"工资"

"真没想到为社区做了一点力所能及的事情，还能领到'工资'，党和政府的政策真是太好了。"5 月 12 日上午，在哈巴河县阿克齐镇解放中路社区一站式服务大厅，

刚刚领到"工资"的社区兼职工作者激动地告诉笔者。

为及时了解掌握社情动态，推进"四知四清四掌握"工作机制的有效落实，建设一支政治素质好、业务能力强、服务水平高的社区兼职工作者队伍，提高社区管理和服务水平，哈巴河县委、政府高度重视此项工作，拿出一定资金对社区兼职工作者进行奖励。

2009年，阿克齐镇经过广泛宣传，认真酝酿，选聘出了189名社区兼职工作者，并结合哈巴河县委组织部出台的《哈巴河县社区兼职工作者队伍管理办法》，对社区兼职工作者的工作职责、教育培训、管理制度及考核评价做出了严格规定，并明确待遇标准及补助金发放办法。各社区通过每月考核、半年测评、年度评价等方式对兼职工作者进行了考核，按照优秀、合格、不合格三个等次评定。在首次奖励金发放仪式上，对2009年度考核评定为优秀、合格的181名社区兼职工作者发放了奖励金，对年度考核评定为不合格的8名兼职工作者进行了解聘。

据悉，从今年开始，阿克齐镇为了更好地发挥兼职工作者参与社区建设的积极性，采取优者上、劣者下的"流动式"管理办法，将奖金发放由一年发放一次改为半年发放一次，预计全年发放奖励金在10万元左右。

（资料来源：阿勒泰新闻网）

5. 制定相应的管理规范

方法提示：制定规范，加强监督。

社区管理相关部门可以根据本社区的基本情况制定相关的社区兼职工作者管理办法，明确社区兼职工作者的基本职责、监督约束机制，对社区兼职工作者的具体工作规范化管理。例如可以每季度召开一次兼职工作者会议，及时通报社情民意和群众需求，研究社区工作和涉及社区民生的重大事项，整合社会资源为社区居民做好事、办实事。每年年底，社区兼职工作者要向社区工作者考评和监督委员会述职，接受群众评议，评议结果通过"社区兼职工作者工作情况反馈单"及时反馈到原单位，作为其年度考核和评先评优的重要依据。

（四）社区兼职工作者队伍建设的评估

方法提示：确定评估主体→确定评估内容→确定评估标准→确定评估方式。

社区兼职工作者队伍建设的评估原则上应以建设指标体系为依据及主要内容，结合本地区的实际情况，客观、全面的进行评估工作。

具体的评估程序和具体评估主体、标准、方法等可以参考社区专职工作者队伍建设的评估事项。

三、任务实训

调研某一具体社区的兼职工作者队伍建设情况，写一份详细的调研报告。

四、巩固提高

1. 知识回顾

（1）社区兼职工作者的基本含义。
（2）社区兼职工作者的构成。
（3）社区兼职工作者建设的基本流程及各个环节的具体方法。

2. 经验借鉴

重庆万州区1574名村（社区）兼职民政工作者履行为民服务之责

今年，万州区民政局加大村（社区）基层民政工作站建设，采取先行试点的办法，从民政工作站管理、人员设置、制度建设和档案规范"四个"方面规范了民政工作站的设置。民政工作站的建立，为基层民政工作的开展搭建起了有效的平台，为及时了解和有效解决群众的困难和问题提供了可靠的载体，为充分发挥民政在构建和谐社会中的重要基础作用创造了有利条件。

1574名村（社区）兼职民政者上岗。截止10月30日，全区448个村184个社区全部完成了民政工作站设置工作。共设兼职站长632名，其中主任459名、书记92名、会计81名。全区共有村（社区）兼职民政工作者1574名。民政工作站的全面建立，延伸和拓展了民政工作职能，有效加强了基层民政工作，取得了明显成效。

管理规范、制度完善。全区共投入33.9877万元制作民政工作站站牌632块、落实民政工作站站长职责等管理及工作制度3132块。为提高民政工作站服务质量，民政工作站落实建立了民政为民服务代办承诺制度，对群众申办的民政工作事项，按照便民利民、依法办事的原则，合理确定代办承诺服务内容，实行"进一道门、办一切事"的"一站式"服务，并承诺办理时限。为切实方便群众办事，将民政站服务内容、办理程序、服务人员、工作职责、办结时间、投诉方式"六公开"，公开接受群众监督。

规范民政工作站档案为"12种"台卡，即最低生活保障对象、城镇医疗救助对象、农村其他社会救济对象、农村医疗救助对象、革命伤残军人、"三属"对象、在乡复员军人、在乡退伍军人、现役军人家庭、灾民倒房重建和农村特困户危房改建统计卡、灾民救济款物发放领取花名册、民政事业统计台账。民政工作站台账的建立规范了村级民政工作，为全区全面系统地做好民政工作奠定了坚实基础。

规训村（社区）民政工作者。各街道、镇乡在成立民政工作站的同时，采取以会代训的形式对村（社区）民政工作者进行了一次民政法律法规、办事流程、档案制作等方面的业务培训。据统计，全区共培训53次（天），村（社区）民政工作者参训率达99.8%。通过培训有效提高了基层民政工作者的为民服务水平。

万州区民政局着眼于解决当前民政工作事业发展的薄弱环节，着眼于增强民政事业发展的后劲，抓住了加强新时期民政工作的关键，适应了新形势对民政工作的要求，找到了从根本上提升民政工作的手段和能力，夯实了民政事业发展基础，充分发挥了民政在构建和谐社会中的重要基础作用的有效途径。村（社区）民政工作站的完善表现在以下几点。

一是信息反馈更加及时快捷。民政工作站建立后，民政工作者第一时间深入灾害现场，灾情预报更加及时准确，同时民政工作站各种台账一应俱全，实现了民政信息资源共享，并及时准确、快捷传输。二是服务对象底数更清、情况更明。民政工作站建立后普遍开展了服务对象核查，建立了工作台账，做到了情况清、底数明。三是安抚安置工作落实到位，上访现象明显减少。民政工作站普遍建立了首问责任制、谈心制度，通过设立信访绿色通道，使民政服务对象的困难和问题得到及时解决，化解了矛盾，60%的村（社区）实现了民政工作"零上访"。

（资料来源：2007年11月5日万州民政网）

任务三 社区志愿者队伍建设

社区志愿者队伍是社会志愿服务体系的重要组成部分，是造就一支结构合理、素质优良的社会工作人才队伍的重要力量，也是有效推进我国社区社会工作深入开展的现实需要。

一、基础知识

（一）社区志愿者的基本含义

1. 志愿者

志愿服务起源于19世纪初西方国家宗教性的慈善服务。志愿者和志愿活动已在世界上存在和发展了一百多年，为解决各种社会乃至全球性问题，维护人类的共同利益做出了突出贡献。联合国秘书长安南这样定义志愿者和志愿服务：志愿者是指在不为物质报酬的情况下，基于道义、信念、良知、同情心和责任，为改进社会而提供服务，贡献个人的时间及精力的人和人群。志愿服务是指利用自己的时间、自己的技能、自己的资源、自己的善心，为邻居、社区、社会提供非盈利、非职业化援助的行为。

根据中国的具体情况来说，志愿者是这样定义的：自愿参加相关团体组织，在自身条件许可的情况下，在不谋求任何物质、金钱及相关利益回报的前提下，合理运用社会现有的资源，志愿奉献个人可以奉献的东西，为帮助一定需要的人士，开展力所能及的，切合实际的，具有一定专业性、技能性、长期性服务活动的人。

2. 社区志愿者

20世纪80年代中期，民政部号召推进社区志愿服务，天津和平区新兴街道就是早期开展社区服务的典型，成立了全国第一家社区志愿者协会。经过近二十年的发展，我国社区志愿者组织日益完善、队伍日渐壮大，已成为我国目前最大的两支志愿队伍之一。

所谓社区志愿者，是指出于奉献、友爱、互助和社会责任感，经社区志愿者服务组织内登记注册，自愿、无偿地以自己的时间、技能等资源，进行社会服务和公益活动的人员。社区志愿者服务范围包括助老扶弱、扶贫济困、课余辅导、环境保护、社区服务以及其他社会公益性活动。

（二）社区志愿者队伍的特点

（1）自觉自愿，主动参与；
（2）互帮互助，互利互惠；
（3）义务服务，不计报酬；
（4）自我组织，自我管理。

（三）社区志愿者的招募

社区志愿者的招募分为集体招募和社会招募。集体招募是指依托一定的党政机关、社会团体、企事业单位，采取整建制的方式参与社区志愿者活动。集体招募的志愿者称为团体志愿者。社会招募是指面向全社会，通过组织发动、宣传发动等形式，动员社区居民自觉参加志愿者服务活动。凡志愿从事志愿者服务的人员，应当向社区志愿者服务组织提出申请，并提供自己的姓名、年龄、特长、职业、住址、联系方式及可参加活动的内容、时间等基本情况。社区志愿者服务组织在确认申请人具备社区志愿者的条件后，应立即通知申请人，并颁发社区志愿者证书，发放标志和社区志愿者序列号，并将申请人的资料报志愿者联合会备案。

二、实务操作

以北京市朝阳区酒仙桥街道"小红帽"社区党员志愿者队伍建设为例。

基本流程： 学习社区志愿者队伍建设的相关政策→调研社区志愿者队伍建设现状→社区志愿者队伍建设的策划与实施→社区志愿者队伍建设的评估。

（一）学习社区志愿者队伍建设的相关政策

方法提示： 搜集社区志愿者队伍建设的相关政策，学习领会其精神。

为了深入贯彻国务院《国务院关于加强和改进社区服务工作的意见》和民政部等九个部门《关于进一步做好新形势下社区志愿服务工作的意见》文件精神，进一步培育社区志愿服务意识，弘扬社区志愿服务精神，加强志愿者队伍的建设和管理，促进志愿者队伍的规范发展，酒仙桥街道在构建社区志愿者服务管理体系方面深入研究，不断探索，精心组织，积极开展了相关工作。

（二）调研社区志愿者队伍建设现状

方法提示： 组织一个调研小组，采用问卷调查、实地访谈、查阅文献资料等方法调研拟建设社区的志愿者队伍建设情况，主要包括社区志愿者队伍的基本信息、社区志愿者队伍建设已经取得的成绩及建设中存在的问题。

北京市朝阳区酒仙桥街道社区志愿者队伍的建设现状如下：

酒仙桥街道地处朝阳区东北部，始建于 1957 年，与电子工业区同时起步和建设。辖区面积 5.3 平方公里，常住人口 7.5 万余人。目前辖区有党员 8 898 名（其中自管党员 2 700 名，社会单位在职、离退休党员 6 012 名，非公经济组织党员 125 名，流动党员 61 名）。

由于该地区是老工业区，下岗失业人员多，孤老残疾等弱势群体多，有的社区失业者及弱势群体达到30%以上。再加上，该地区处于城乡结合部，外来人口多，社会治安、环境整治需要下更多力量。早先，街道就十分重视开展社区志愿活动，共组建了11支志愿者队伍，例如青少年雏鹰小队、妇女三八志愿者服务队、民兵志愿者服务队和社会单位为主体的党员志愿者队伍等。但在开展志愿活动的过程中，总会出现领导不力、管理不顺的问题，同时共产党员的作用也发挥得不十分充分。

（资料来源：酒仙桥为民服务信息网）

（三）社区志愿者队伍建设的实施

基本流程：构建社区志愿者队伍建设的指标体系→策划社区志愿者队伍建设的方案→实施具体的建设措施。

1. 构建社区志愿者队伍建设的指标体系，并策划建设方案

方法提示：根据相关政策的规定以及社区志愿者建设的现状，构建建设指标体系，策划建设方案。

具体的指标体系应包括以下内容：

（1）志愿者队伍的类型，例如社区志愿者服务队伍、社区志愿者治安队伍、社区志愿者环保队伍、社区志愿者教师队伍等；

（2）社区志愿者的数量，这个要根据每个具体社区的实际需要确定相应的人数；

（3）学历、年龄、健康状况等基本要求。

2. 重点解决好规范建设、组织和管理的问题

方法提示：规范建设，规范组织，规范管理。

"小红帽"社区党员志愿者队伍建设的具体做法如下。

（1）设置党员志愿者责任岗和标识。

街道工委经过充分的调研论证，广泛征询意见，于2002年6月，制定下发了"酒仙桥街道开展党员责任岗实施意见"，明确了党员责任岗工作的指导思想、组织领导、目标任务、制度保障。对活动的宗旨、活动目标、活动方式和组织形式等进行了详尽的阐述。按群众需求设岗成为开展"小红帽"共产党员责任岗活动的重要原则。共设立16个党员责任岗，明确规定了每一岗位的职责要求，它们包括：政策宣传岗、科学知识普及岗、治安巡逻岗、卫生保洁岗、绿化养护岗、民事调解岗、消防安全岗、敬老助残岗、扶贫帮困岗、双拥工作岗、青少年教育岗、帮教工作岗、计生监督岗、维权服务岗、文体活动岗、志愿者联络站工作岗，基本反映了群众生活的需要。

党员责任岗以"小红帽"为标识，小红帽主体色调与党旗颜色一致，标识为一颗红心两只相握的手，体现人性化特点和人文关怀。标识颜色为黄色，与党徽颜色一致。红心象征党员的爱心无私奉献给社区，两只相握的手表示大家关爱互相共同建设美好家园，引申为党和人民心连心，党员和群众手拉手。

（2）规范党员志愿者认岗流程。

党员经自愿申请或推荐认岗，签订《认岗责任书》，举行认岗仪式，可以一人一岗、

一岗一责，亦可以一人多岗，或一岗多人。并明确了两条认岗办法：一是把党员的岗位职责与社区干部工作职责区分开来，防止出现"行政化"倾向，只能作为社区工作的有益补充和依托；二是规定上岗党员不给报酬，防止出现经济利益驱动。

（3）构建组织管理网络体系。

为保证该项社区志愿活动能长期有序进行，街道工委，依托社区党建协调指导委员会，构建了组织管理网络体系。社区党委作为工作执行主体，根据社区的实际，全面负责共产党员责任岗活动的组织协调工作，成立了活动指导委员会，各支部书记为委员会成员，实行层级责任制，明确社区各党支部的职责。建立活动规范、责任分工、岗位责任、活动考评等各项规章制度。到2004年，进一步完善了认岗、双向管理、检查汇报、评星等制度，还总结归纳出小红帽活动操作法。社区党建协调委员会分会，在社区范围内发挥协调指导作用，工作重点立足于社会单位参与活动的组织协调上，逐步构建起横向协调党建管理网络，将社会党委的党支部也纳入这一组织体系。在纵横相连的组织网络的支撑下，"小红帽"党员责任岗活动取得了显著成效。

（4）建设工作的连续性。

每年初，街道各级党组织根据上级党建工作安排和社区建设情况，制订全年党员责任岗工作计划，每季度都有活动安排，做到天天有活动，月月有主题，季季有高潮，年年有新意。以"小红帽"为标识的党员责任岗活动，依托社区党建，把社区志愿者服务做到了实处，使社区居民真正成为志愿服务的受益者，进而成为志愿活动的参与者，开创了社区志愿服务发展的新思路。

（资料来源：酒仙桥为民服务信息网）

案例评析："小红帽"社区党员责任岗活动是社区志愿活动的创新。单纯志愿者的行为和活动，往往因为缺乏完善的组织领导和足够的资金支持而无法实现可持续发展。"小红帽"社区党员责任岗活动依托党组织的力量，很好地解决了困扰社区志愿活动发展的主要障碍。

目前我国的社区志愿者队伍建设主要是规范建设、组织和管理的问题，建设的重点是规范化、制度化。

（1）大力发展社区志愿者组织。

具体方法如下。

① 大力提升舆论宣传力度，抓住典型、注重形式、适度宣传。应充分利用社区的各种会议、市民学校、黑板报、橱窗、社区出版物、网络等渠道宣传志愿服务精神，普及志愿服务知识，最大限度地营造社会舆论环境。同时，要努力培育社区志愿服务意识，弘扬社区志愿服务精神。建议在学校开展义务教育课程，从小学教育做起，加强终身志愿服务意识。

② 健全队伍招募制度与人才开发制度。志愿者招募要遵循唯才是用、按能录用、能职结合的原则，通过职位招募与目标招募的方式进行。要注重对志愿者信息的采集，编册登记，逐一核对，认真筛选。

③ 创建社区志愿者服务站。目前我国社区志愿服务站按"六有"标准建设，即有经常性的志愿服务项目、有稳定的志愿者队伍、有必要的投入经费和运行经费、有适于开展工作的场所并配备办公设备、有专（兼）职志愿服务管理工作者、有规范的组织管理制度。

案例示范 2-10

社区志愿者服务站建设的基本工作流程

第一步：确定社区。

充分调动社区积极性，采取组织动员和自行报名两种方式。

操作方式：两种方式相结合，①区（市）县、街道、社区团组织向社区进行动员；②社区自愿报名。

第二步：确定服务站场地与硬件配备。

有工作场所和办公桌椅、电话、电脑等办公设备。

操作方式：由区（市）县、街道、社区团组织与社区充分沟通确定。

第三步：确定服务站专、兼职管理工作者。

社区指定社区工作人员（可以是一村/社区一名大学生志愿者）为社区志愿服务站专职管理工作者；通过社会招募、自愿报名，选拔兼职管理工作者（一般不少于2名），要求具备一定的组织管理能力和经验、有热情，有一定的时间和精力。

操作方式：

① 指定专职管理工作者；

② 在社区张贴海报或在媒体上发布兼职管理工作者招募消息，公布招募热线；

③ 面试选拔。

第四步：服务站管理工作者培训。

培训内容包括志愿服务工作的基本理念、社区志愿服务工作的基本要求、社区志愿服务站建设和管理的基本内容等。经培训后的管理人员方可正式上岗。

第五步：确定服务项目。

围绕社区建设，充分听取社区居委会意见，在调查研究的基础上确定服务站的服务项目。

操作方式：

① 在社区开展调查，了解社区居委会在社区建设中的要求，了解社区居民的需求；

② 召开会议，进行讨论，邀请社区居委会有关领导、社区团组织负责人参加，充分征求社区居委会意见，确定最后项目。

第六步：搭建服务站组织机构，明确职责分工，确定管理制度。

（1）服务站组织机构由站长、组织委员、宣传委员、服务队队长组成，产生初期由社区居委会任命，以后可逐步过渡到志愿者民主选举产生。各岗位职能如下：

站长：主持服务站日常全面工作，主要是提出服务站发展思路、指导各服务队制订全年工作计划、重点活动的组织协调等。

组织委员：主要负责服务站的日常管理工作，包括志愿者招募、培训、表彰工作，服务站各种档案建立。

宣传委员：负责服务站工作的对外宣传，向居委会及上级团组织（志愿者组织）报送信息。

服务队队长：负责服务队的全面工作，包括提出服务队发展思路、制订工作计划、组织日常服务活动；做好本队志愿者日常服务情况记录；协助做好本队志愿者的招募、培训、表彰工作，建立好本队有关档案。

（2）管理制度主要包括志愿服务站工作制度、志愿者管理制度、志愿服务项目管理制度、志愿服务需求申报制度等。

操作方式：

① 召开会议，明确服务站成员分工和职责；

② 制订服务站制度草案；

③ 充分讨论制度草案，征求社区居委会意见后确定管理制度；

④ 有条件的社区制度应上墙。

第七步：按照项目招募志愿者，建立志愿者档案、对志愿者进行培训。

操作方式：

① 明确招募条件，准备招募公告，在社区广泛张贴，公布招募电话，也可以现场招募；

③ 招募完毕后，按照服务项目分类，建立志愿者名册；

④ 志愿者培训：包括基础培训和岗位培训，基础培训主要包括志愿服务理念、社区志愿服务工作的内容、意义等。岗位培训主要包括服务内容、时间安排、注意事项等。

第八步：制订服务站工作计划，常年开展活动，并长期招募志愿者。

以年度为单位制订服务站全年活动计划，站长牵头召开会议，充分讨论，征求社区居委会有关领导后确定。活动中注意事项：

① 志愿者统一佩带帽子（室外），或悬挂"志愿者服务证"（各区按样本制作）；

② 做好活动宣传；

③ 做好档案收集：包括制度、工作计划、志愿者名册、总结宣传资料等。

（资料来源：温州公众信息网）

（2）建立健全社区志愿者队伍建设的登记注册制度。

具体方法如下。

① 积极推进有关社区志愿者队伍建设的全国性立法，尤其是登记注册制度立法。切实结合实际，统一规范社区志愿者登记注册的机关、内容、程序，整合志愿服务注册的不同性质，明确注册中社区志愿者应有的权利与必须履行的义务，有力地提供社区志愿服务的法律保证。同时，积极支持、协助地方出台地方性法规或者规范性文件，待条件成熟时，及时制定志愿服务的法律法规及相关政策，促进社区志愿服务管理工作走向规范化、制度化、法制化。

② 成立专门的登记注册机关。在街道、社区建立志愿者指导中心，条件成熟的地区应逐步建立志愿服务站或服务总站，安排专人负责志愿者注册管理工作，并主动招募注册志愿者为该服务站服务。发挥志愿者指导中心的核心作用，促进由服务站、服务队构成的基层组织网络建设。

③ 建立注册登记制度，规范执行注册登记程序。注册登记制度的主要内容包括：注册登记机构、注册登记条件、注册登记程序、注册登记结果。凡是想成为社区志愿者、有志于为社区做贡献的人士，都应该严格遵循注册申请、审核以及颁发中国社区志愿者证的程序进行申请注册，程序结束后，注册登记机构应颁发具有统一编号的注册登记证书。注册登记证书是受服务对象和公众识别的标志，要求注册志愿者在提供志愿服务时佩戴。

(3) 建立健全社区志愿者队伍建设的培训制度。

具体方法如下。

① 在培训对象与内容上要分门别类,对新招募的社区志愿者,进行有关社区志愿者基本概念,志愿者活动发展情况,志愿服务宗旨、发展目标、信念,志愿服务的有关规定、管理制度、相关道德法规等知识的培训。对于一般成员在培训基础知识的同时,应加强对社区志愿者文化理念、人际交往能力、专业服务技能等方面的专业培训和系统培训。志愿者培训导师以资深志愿者担任为主,同时邀请相关专业人士和专家、学者、领导担任志愿者培训导师。

② 培训方式要不拘一格,注重对志愿者开展服务前和服务中的跟踪培训。培训方式可以灵活多样,包括举办培训班、介绍经验、分析案例、观摩考察等。有条件的地方应建立志愿服务的专门培训阵地,同时依托各种培训基地进行培训,提高社区志愿者综合素质。坚持培训的经常化和规范化,对培训次数、培训时间进行合理的硬性规定,把社区志愿者初次培训、阶段性培训和临时性技能培训结合起来,不断改进服务态度,提高服务水平,促进社区志愿服务队伍向正规化、专业化。

(4) 建立健全社区志愿者队伍建设的服务制度。

具体方法如下。

① 不断完善个性化的项目支撑和对特定群体的服务力度。在巩固原有服务项目的基础上,努力拓展新的服务项目,完善社区志愿服务内容,扩大服务的覆盖面与受益面。坚持"社区所需、志愿者所能"的原则,确定"扶贫解困"、"引领就业"、"助学"等一批适合街道、社区特点的社区志愿服务项目,建立具有区域特点的社区志愿服务项目库,增强社区志愿服务的实效性。同时,要把志愿服务与弱势群体需求相结合,开展结对求助、就业培训与咨询服务。

② 细化具体事宜工作,例如社区志愿者组织应根据社区实际需求,设定适当的志愿服务岗位;完善社区志愿服务承诺制度,明确服务内容、时间和各方的权利、义务;社区志愿者组织开展各项社区志愿服务时,不得从事营利性活动;规定社区志愿者每月或每年的最低义务服务次数或小时数,例如每月义务服务不少于2次,每年至少参加15小时以上的志愿服务等。

(5) 建立健全社区志愿服务的激励制度。

具体方法如下。

① 强化社区志愿者的自我激励机制,主要有四个方面:自我价值激励、自我成就激励、自我提升激励、自我快乐激励。惟有让志愿者真正感受到受人尊重和被人需要的自我价值所在,才能保持志愿者参与行为的内在动力。

② 建立多层次、多样式的志愿者表彰奖励制度。对志愿者的贡献,应当给予适当的嘉许或奖励,嘉许方式可以通过正式或者非正式的制度进行。例如获得荣誉称号、受到某一级表彰,舆论宣传,成为晋级、升学、求职、信贷的重要依据等。

③ 建立志愿者服务"储蓄"制度。积极推广"志愿服务时间银行"、"互助服务"、"服务转换"等有效形式,把提供志愿服务与优先享受志愿服务结合起来,在志愿者自身需要社会提供帮助时可以优先得到志愿服务,从而使志愿者服务成为"付出、积累、回报"的爱心储蓄,以吸引更多的人参与社区志愿者队伍中来。

（6）加强党对社区志愿者队伍建设的领导。

具体方法如下。

① 进一步提高各级政府和领导干部对于加强社区志愿者队伍建设的认识，不断提升对社区志愿者队伍建设的督导能力。各级党委和政府都应将发展社区志愿者服务事业纳入全局工作日程，成立科学高效的社区志愿者队伍建设的领导机制和工作机制，明确分工，各司其职。组织部门和街道（镇）组织，要经常深入社区，调查了解社区志愿者服务开展工作的情况，强化督促指导，并将此纳入各级党委和政府政绩考核之中。

② 协调各类志愿者队伍的领导，建立统一的主管部门与一定数量的志愿服务岗位。按照因地制宜、统一管理、保持相对独立的原则，创造条件建立统一的志愿者服务主管部门，改变目前政出多门、缺乏管理的混乱状况，集中管理与协调。根据各个社区自身特点，设立数量合适的志愿服务岗位（例如应急岗位等），派专业性的志愿者担任。

③ 各级财政部门积极配合，建立相应的公共财政体制，加强对社区志愿者队伍建设所需的财政支撑。

④ 要加强对社区志愿者队伍建设的文化环境领导。要紧紧围绕"奉献、友爱、互助、进步"的志愿精神，充分利用大众传媒和社区文化宣传设施，广泛宣传社区志愿服务的知识、技巧、意义以及在实践中涌现出来的先进经验与典型，使志愿服务的价值得到认同，劳动得到肯定，精神得到弘扬，人们价值观得到改变。力争在全国范围内形成开展社区志愿服务的良好氛围，塑造新时代的志愿文化。

（四）社区志愿者队伍建设的评估

方法提示：确定评估主体→确定评估内容→确定评估标准→确定评估方式。

社区志愿者队伍建设的评估应以建设指标体系为依据及主要内容，结合本地区的实际情况，客观、全面地进行评估工作。

具体的评估程序和具体的评估主体、标准、方法等可以参考社区专职工作者队伍建设的评估事项。

经过以上建设，"小红帽"党员志愿者工作取得了很大的成效。实践证明，以组织为依托进行社区志愿者队伍建设是一个实际有效的方法，是社区志愿者队伍建设的一个成功典范。

"小红帽"社区党员志愿者建设的成果如下。

自 2002 年，"小红帽"党员责任岗活动开展以来，到 2005 年 3 月，酒仙桥地区认领"小红帽"社区党员责任岗的人员共有 12 307 人，其中，直管党员 1 961 人，离退休党员 2 536 人，社会单位党员 888 人，群众 6 922 人。开展"小红帽"党员责任岗活动以来，共捐款 89 万元，助残 389 人，助学 658 人，助贫 890 人，拾金不昧 589 起，折合人民币 23 万元，共收到合理化建议 560 条，为群众办好事、办实事 1 700 件，解决纠纷 360 起。社区志愿者服务在酒仙桥街道取得了长足的发展，各种志愿服务的先进典型和感人事迹层出不穷。在党员志愿者的带动下，越来越多的居民群众和社区单位也投身到志愿者活动中，积极参与社区建设。

（资料来源：酒仙桥为民服务信息网）

三、任务实训

1. 实训案例：某一具体社区志愿者队伍建设的策划

按照上面所述的基本流程进行某一具体社区的志愿者队伍建设的现状调查与策划工作。

2. 操作流程与方法

组建学生小组；拟定实训计划；联系实训社区，向社区讲明本次实训任务，提交实训计划；按照建设流程实施工作；写一份比较详细的调研报告，并协助相关部门做好方案的策划与实施工作。

四、巩固提高

1. 知识回顾

（1）社区志愿者的基本含义。
（2）社区志愿者队伍的特点。
（3）社区志愿者队伍建设的基本流程及每个环节的具体实施方法。

2. 课后阅读

中国社区志愿者服务守则

社区志愿服务事业，是一个平凡而又伟大的事业，是一个深受党和政府支持、深受群众拥护的事业。作为参与这项崇高事业的一名成员，应自觉执行以下守则。

一、弘扬无私奉献精神，不计个人名利得失。
二、为社会尽一份责任，为他人送一片爱心。
三、出入相友，守望相助。
四、急困难者之所急，帮困难者之所需。
五、服从组织需要，加强团队合作。
六、待人以情，待人以诚。
七、尊重受助者人格，严守受助人隐私。
八、不断提高服务质量，不断增强服务技能。
九、通过志愿服务，提升自身素质。
十、接受监督，加强自律。

（资料来源：中国社区志愿者网）

项目三　社区组织建设

项目简介

社区组织建设是一项新的工作，大力推进社区组织建设是我国城市经济和社会发展到一定阶段的必然要求。随着改革开放的不断深入，我国社区组织建设面临着新问题、新情况，这些需要进一步加强社区组织建设的管理，提升社区管理的功能，从而更加有力地促进社区的全面发展。

本项目所说的社区组织主要包括社区党组织、社区自治组织、社区中介组织等。社区组织建设是社区建设的核心和基础，是社区建设的重要载体，也是构建和谐社区的结构性要素，对社区建设承担着指导、策划、协调、管理的重要职能，是社区建设的组织保障，也是面向新世纪我国城市现代化建设的重要途径。

学习目标

知识目标：通过本项目学习，学生需要掌握社区党组织、社区自治组织、社区中介组织的基本含义界定以及组织建设的原则、要求等基础知识，对当前的社区组织建设有一个总体认识及准确把握。

技能目标：通过社区组织建设相关理论知识的运用以及典型案例的分析，系统掌握社区党组织、社区自治组织、社区中介组织建设的基本流程以及每个环节具体的技能技巧。

学习导航

任务一　社区党组织建设
任务二　社区自治组织建设
任务三　社区中介组织建设

任务一　社区党组织建设

社区党组织作为新形势下党的基层组织，是党在社会基层组织中的战斗堡垒，是党的全部工作和战斗力的基础。只有坚持以党组织为核心才能协调各方形成社区建设的合力，才能保证社区工作的健康发展。

一、基础知识

（一）社区党组织的基本含义

社区党组织是指按照《中国共产党章程》（以下简称《党章》）的规定，在社区之中成立的、以全体社区党员为组织对象的中国共产党的基层组织。社区党组织是社区各类组织和各项工作的领导核心，也是做好街道、社区党建工作的基础。

（二）社区党组织的作用

社区党组织作为领导核心，其作用主要体现在以下几方面。

1. 政策宣传

政策宣传是指宣传和执行党的路线、方针、政策，宣传和执行党中央、上级组织和本组织的决议，充分发挥党员的先锋模范作用，团结、组织党内外的干部和群众，努力完成该基层组织所担负的任务。

2. 理论学习

理论学习是指组织党员认真学习马列主义、毛泽东思想、邓小平理论和"三个代表"重要思想，学习党的路线、方针、政策及决议，学习党的基本知识及创新理论，学习科学、文化知识。社区党组织应号召党员在工作中以科学发展观为统领，将创新理论活学活用，动员社区党员充分发挥先锋模范作用，营造和谐社区，保证社区事务的顺利推进。

3. 监督教育

监督教育是指对党员进行教育、管理和监督，提高党员素质，增强党性，严格党的组织生活，广泛开展批评和自我批评，维护和执行党的纪律，监督党员切实履行义务，同时保障党员的权利使之不受侵犯。监督党员干部和其他工作人员严格遵守国法政纪，不得以任何名义侵占国家、集体和群众的利益。同时教育党员和群众自觉抵制不良倾向，坚决同各种违法犯罪行为作斗争。

4. 联系群众

联系群众是指经常了解社区群众对党员、社区党组织工作的批评和意见，维护群众的正当权利和利益，采用群众易于接受的方式做好群众的思想政治工作。充分发挥党员和群众的积极性和创造性,发现、培养和推荐他们中间的优秀人才,鼓励和支持他们在新的形势下更好地发挥聪明才智,为社会作贡献。

5. 发展培养

发展培养是指对要求入党的积极分子进行教育和培养,做好发展党员工作,重视在社区工作的实践中吸纳培养符合入党条件的人员,特别是在有志向的青年人中发展党员。

(三)社区党组织的设置和职责[①]

社区党组织在不同层次有不同的组织形式,街道层次的党组织是街道中国共产党工作委员会(以下简称街道党工委),它是区委的下属机构,是社区工作的领导核心。街道党工委还在所辖的社区居民委员会各设一个党支部,即"一居一支"。此外,社区各种经济组织、事业单位、社会团体及中介组织中也设有党组织,归街道党工委领导。

1. 街道党委

街道党委是区委的派出机构,发挥核心领导作用。中央组织部 1996 年 9 月下发的《关于加强街道党的建设工作的意见》中规定:"街道党委是街道各种组织和各项工作的领导核心。"

街道党委的主要职责是:街道党委负责领导本辖区的党的工作、经济工作、政治思想建设、精神文明建设、城市管理、社区建设和社会治安综合治理等重大问题。

街道党委的具体职责是:认真贯彻执行党的路线、方针、政策和上级党组织的指示,保证上级党委、政府的指示在本辖区的贯彻落实。对本辖区的重大问题进行决策;领导街道所属机关、企事业单位和社区党组织、社区居委会及区委委托管理的党组织,负责抓好其思想建设,组织建设和党风廉政建设,做好党的纪律检查工作;组织制定党的建设规划,指导和协调辖区各类党组织和全体党员参加社区党的工作;按照干部管理权限,做好本街道干部的培养、选拔、教育培训、考核监督工作,并按有关规定程序任免干部;领导街道工会、共青团、妇联等群众组织,协调其党政群各组织的活动和关系;负责本辖区内人员的思想、宣传、统战、信访、保密、武装、精神文明建设和民主法制建设等工作;支持街道办事处依法行使各项行政管理职权,保证各项工作任务的改革措施在本辖区的贯彻落实;协助上级人大、政协,组织好辖区内人大代表和政协委员的学习、观察等活动,积极支持人大代表和政协委员依法行使权利,完成上级党委交办的其他任务。

2. 社区党总支/社区党支部

社区党总支/社区党支部是党在社区最基层的组织。在居民区这一层面,居民区党总支/党支部是居民区各种组织和各项工作的领导核心。作为执政党体系的有机组成部分,基层党组织也承接了执政党的行政权威,进而在所在的社会单位里居于领导地位。

社区党总支/党支部在街道党组织的领导下开展工作,主要职责是:宣传贯彻党的路线方针政策和国家的法律法规,执行上级党组织的决议。团结组织党员和群众完成本居民区所担负的各项任务;加强党总支自身建设,搞好党员的教育、管理和监督,做好发展党员

[①] 王玉兰,唐忠新. 社区管理实务[M]. 北京大学出版社,2009 年.

的工作，发挥本社区党员的先锋模范作用；支持和保证居委会依照《中华人民共和国城市居民委员会组织法》（以下简称《居组法》）履行职责；按照街道工委的要求做好居委会工作人员的教育、培养、考核、监督工作；密切联系群众，反映群众的意见和要求，做好群众工作，搞好各项服务；搞好精神文明建设，教育居民遵纪守法，保证和促进辖区经济发展和社会稳定。

二、实务操作

基本流程： 学习社区党组织建设的相关政策→调研社区党组织建设现状→社区党组织建设的策划与实施→社区党组织建设的评估。

（一）学习社区党组织建设的相关政策

方法提示： 搜集、学习相关部门社区党组织建设的相关政策，领会社区党组织建设的指导精神。

《意见》中就明确提出了加强社区党组织建设的任务，提出要按照《党章》的有关规定，结合社区党员的分布情况，及时建立健全社区党的组织，开展党的工作。社区党组织是社区组织的领导核心，在街道党组织的领导下开展工作，主要职责是：宣传贯彻党的路线、方针、政策和国家的法律法规，团结、组织党支部成员和居民群众完成本社区所担负的各项任务；支持和保证社区居民委员会依法自治，履行职责；加强党组织的自身建设，做好思想政治工作，发挥党员在社区建设中的先锋模范作用。

2009年11月13日中共中央政治局委员、中央书记处书记、中央组织部部长李源潮在全国街道社区党建工作经验交流会上指出，要认真贯彻落实党的十七大和十七届四中全会精神，以深入学习实践科学发展观活动为契机，全面推进街道社区党组织建设，落实"三有一化"要求，打牢党在城市工作的组织基础和群众基础。

（二）调研社区党组织建设现状

方法提示： 采用问卷调查、实地访谈、查阅文献资料等方法调研拟建设社区的党组织建设情况，主要包括社区党组织的基本信息、社区党组织建设已经取得的成绩、社区党组织建设中存在的问题。

总的来说，近年来根据形势需要，全国各地城市开始探索适应新时期的社区党建之路，并取得了一定的成效，积累了一定的经验。概括起来，社区党组织建设的成绩与经验主要表现在以下几个方面。

1. 确立了社区党组织建设的指导思想

社区党建工作的指导思想是：以邓小平理论和党的基本路线为指导，全面、深入贯彻党的十五大和十五届四中全会精神，紧紧围绕改革、发展、稳定的大局，以加强街道党的基层组织建设为重点，扩大党在城市社区工作的覆盖面，增强街道、社区党的工作的影响力、渗透力和街道、社区党组织的凝聚力、战斗力，把广大人民群众紧密团结在党组织周围，推进城市社会主义物质文明和精神文明建设。

2. 提出了今后一个时期内社区党建的主要任务

在确立了指导思想的基础上,各地城市社区把在党建工作中所要完成的任务做了归纳:加强社会主义精神文明建设,建设文明社区;搞好社会治安综合治理,维护社会稳定;发展社区经济,搞好社区服务;密切党和群众的联系,发挥社区党员在两个文明建设中的先锋模范作用。

3. 进一步明确了街道、居民区党组织的管理范围

对此,不同城市有不同的规定。例如天津市规定,街道党委除管理街道机关、街属企业和居民区党组织以外,凡坐落在街道辖区内的个体私营企业、民营企业、股份合作制企业、外商独资企业、社会中介机构和民办非企业单位,原则上由街道党委负责帮助建立党的基层组织,并隶属于街道党委领导和管理;沈阳市规定,社区委员会辖区党组织(相当于居民区党组织)在街道党委的领导下,管理本辖区内各种服务机构、物业管理机构、小型非公有制经济组织和社会中介组织中的党员,以及退休人员中的党员,下岗超过6个月以上的党员,尚未安置工作的退伍、转业军人中的党员,尚未就业的大中专毕业生中的党员,同时还规定对辖区内暂住流动人口中的党员和党的关系不在本辖区的在职居民党员实行协管。

4. 明确了社区党建工作的基本原则

现阶段社区党建工作应遵循的原则主要有:加强社区党的建设工作,必须紧紧围绕改革、发展、稳定的大局,为党和政府的中心任务服务;必须紧紧抓住领导班子建设这个关键,充分发挥街道党委和居民区党支部的领导核心作用;必须善于用改革的精神研究新情况,解决新问题,探索新路子;必须加强领导,建立健全工作责任制,形成各部门齐抓共管的合力。

(三)社区党组织建设的策划与实施

基本流程:构建社区党组织建设的指标体系→策划社区党组织的建设方案→实施具体的建设措施。

1. 构建社区党组织建设的指标体系和建设方案

方法提示:根据党组织建设的现状以及相关政策的规定,制定切实可行的社区党组织建设的指标体系。

具体指标体系参见表3-1。

表3-1 社区党组织建设的指标体系

指 标	单 位	标 准
办公用房面积	m^2	—
党组织体系健全率	%	100
流动党员归队率	%	100
社会单位党组织健全率	%	100
党员在群众中的印象良好率	%	>95
党组织各项规章制度健全率	%	100

根据具体的指标体系的要求，结合社区建设活动的实际情况，制订切实可行的建设方案。

2. 建立健全社区党组织

方法提示：实现社区党组织覆盖，建立党组织网络。

根据《党章》规定，在凡是有党员的社会单元内，例如企业、农村、机关、学校、科研院所、街道社区、社会团体、社会民间组织、军队等，正式党员3人以上的，都必须设立党的组织。这些散布在基层社会的党组织既是党的基本细胞，也是党联系社会成员的触角。组织覆盖是中国共产党加强对社会领域和经济领域领导的重要方式。通过党组织覆盖，将这些基层党组织建成"横向到边，纵向到底"的完整的组织网络，从而实现党的领导。

具体方法：

（1）建立社区党总支部、党支部、党小组、党员的"四级社区党组织网络"；

（2）完善社区责任划分体系，建立社区委员会、小区片长、楼区长、楼门组长"四级社区组织网络"。

其中党总支对社区负责，不断完善服务项目、开拓服务领域、健全服务制度，发挥党组织领导核心作用；党支部对小区负责，不断拓展就业渠道、创建示范生活区、畅通沟通渠道，发挥党支部的战斗堡垒作用；党小组对楼区负责，发挥党小组骨干中坚作用；党员对楼门负责，明确服务岗位，发挥党员先锋模范作用（如图3-1所示）。

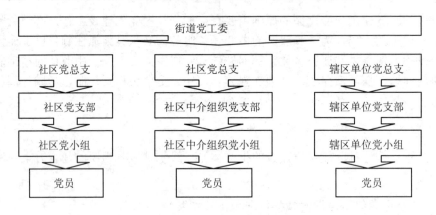

图3-1 社区党组织分布图标

3. 建立社区党员分类管理制度

方法提示：制定标准，合理分类，制度管理。

随着市场经济的不断深入，这些年来社区党员结构出现了明显变化。建立健全各项必要的制度和机制，是确保社区党建工作顺利开展、有序推进和取得高效的保证；同时，社区党建又是一项新的工作，需要转变原有工作方式，积极探索行之有效的工作新机制。实践证明对于社区党员进行分类管理是行之有效的方法。

具体方法如下：

（1）在充分调研的基础上，全面掌握社区党员的基本信息；

（2）按照一定的标准将党员分类登记在册，不同的类别制定不同的制度。例如对于能够正常参加组织活动的党员，可建立党员参加组织活动登记制度，对参加活动的情况进行登记和总结，及时向社区党委和党总支书记反馈意见和问题；对因年龄、身体原因不能正常参加组织活动的党员，可以建立专人负责制度，定期走访，送学习材料或上门辅导；对于社区内的流动党员应因地制宜，采取特殊化管理。一般情况下，社区内外出再就业的流动党员，受聘前要向所在党支部汇报，填写"外出党员登记表"，与支部建立联系方式，定期向党组织汇报思想、生活情况。外出工作3～6个月的，社区党组织出具党员身份证明，参加受聘单位党组织活动；受聘超过半年的，社区党组织按照有关规定转出正式党员组织关系。

案例示范 3-1

朝阳区潘家园街道党委"四四四"党员分类管理法（节选）

针对大批离退休党员将组织关系转入到街道、社区的现象，朝阳区潘家园街道党委积极研究和探索新型管理模式，为使这些离退休党员充分发挥自身特长，将其划分为"四种类型"党员，设定"四种岗位"，进行"四种管理"，以最大限度发挥每个党员的作用，达到服务社区广大群众的目的。

根据社区党员自身特点，将其划分为谋划型、知识型、文体型、操作型四种类型，达到人员的合理配置。并且结合本社区具体工作，设置四种岗位："社区服务岗"、"文化宣传岗"、"环境维护岗"及"治安巡逻岗"，使不同类型的人找到自己适合的岗位，人尽其才，最大限度地发挥自身的作用。

根据离退休党员的身体健康状况和其他个人情况等，采取了四种管理模式，使其在社区建设中充当不同的角色：通过提供平台、创造机会，使主动性强参与热情高的党员成为社区建设的"骨干力量"；通过宣传和督促，使退休后继续就职的党员成为社区活动的"支持者"；通过上门宣传、积极引导，使积极性不高的党员成为社区活动的"参与者"；通过走访慰问、上门服务，使老弱病残等党员成为社区活动的"分享者"。

（案例来源：杨军等主编《首都和谐社区建设典型案例评析》，经济科学出版社，2009年10月版）

4. 增强党群关系建设，畅通表达机制

方法提示：深入群众，了解需求；拓宽渠道，顺畅表达；增强自身建设，提高服务水平。

代表最广大人民的根本利益，实现好、维护好、发展好最广大人民的根本利益，始终是中国共产党奋斗的最高目标。保持党同人民群众的密切联系既是加强党执政能力建设的核心问题，也是基层党建工作的核心问题。街道、社区党组织处于党联系群众的第一线，是党的各级领导机关了解人民愿望、倾听群众呼声的重要渠道。而健全群众利益表达和协调机制是增强基层党组织服务群众功能的一个重要要求，也是基层党建工作机制创新的一个关键点。

案例示范 3-2

北京市陶然亭街道社区党群表达机制的建设（节选）

陶然亭街道经过一年的实践和探索，初步形成了一个以社区党委和社区自治组织为主的民意收集、办理、反馈的网络体系。具体实施的工作及效果如下。

（一）求民意务实事，畅通表达机制

按照街道工委、办事处的工作部署，畅通群众利益表达机制主要是构建"一二三四五"的网络畅通表达体系："一"是建构一个辖区居民、机关科室、八个社区及垂直部门共同参与的、覆盖辖区的群众利益表达网络体系；"二"是明确社区党委、社区居委会作为收集群众意见和呼声的两条主要渠道；"三"是制作"三本"，即社区党组织的"民声采集本"、社区居委会的"民情收集本"和机关科室的"民意汇集本"，真实记载群众的呼声反映和问题解决的情况；"四"是明确解决问题的四级平台，即社区、机关科室、街道办事处、地区和谐社区建设委员会；"五"是为了保证机制有效落实，明确了由辖区单位、人大代表、政协委员、居民代表、党风廉政监督员组成的五支监督队伍，对畅通群众利益表达机制网络体系的运转情况进行监督。

（二）深入居民百姓中，增强社区战斗力

实行畅通群众利益表达机制后，社区干部利用更多时间深入居民百姓中，认真倾听民意，了解群众需求，形成有话就说、有问题就记的两条群众利益表达通道。一年来收集到的一千五百多件问题中，90%以上都在社区的层面上得到有效解决。

（三）联动机制有活力，端正街道工作作风

街道机关及各个社区干部经常携带"三本"深入千家万户，面对面地了解群众的所思所想所盼并一一记录在册，及时给予解决或协调有关方面给予答复处理，通过"三本"的使用，增强了社区与居民的联系，更好地发挥了社区作为党和政府与居民群众之间的桥梁、纽带作用，有效转变了工作作风，大局意识、协作精神、务实作风得到增强。

（四）横纵关心办事快，多方努力更和谐

畅通群众利益表达机制，推进和谐社区建设，需要垂直部门、辖区单位、人大代表、政协委员等政府各部门和社会各方面的关心、理解、参与和支持。畅通群众利益表达机制要形成上通下达的两条垂直管道，不仅依靠社区和街道，而且还要依靠工商、公安等相关部门以及上级政府。

（案例来源：杨军等主编《首都和谐社区建设典型案例评析》，经济科学出版社，2009年10月版）

5. 创建党组织建设品牌活动

方法提示：结合本社区特点，定期开展组织生活，打造党员活动品牌项目。

组织生活是基层党组织坚持从严治党、加强自身建设、搞好对党员教育和监督、增强党组织战斗力和党员素质的有效形式，参加组织生活也是党员增强组织观念、履行党员权利与义务的重要形式。组织生活的开展要经常化、内容多元化、形式多样化、管理制度化，积极创建社区党组织建设品牌活动，这也是社区党组织建设的新途径。

近年来，在社区党组织建设方面涌现了一批影响较大、实效较强的品牌活动，这些服务活动载体的设计紧紧围绕服务群众、教育群众的重点工作，始终坚持满足群众物质、精神和民主政治方面的要求，把服务群众、解决群众困难作为社区各种党组织建设活动的出发点和落脚点，为社区党组织建设提供了示范（参见表3-2）。

表3-2 社区党组织建设品牌活动一览表

项　目	内　容	社　区
"党员先锋谱"	及时向广大居民宣传虹桥优秀党员和典型人物的先进事迹，用身边的典型来教育身边的居民，从而使崇尚先进成为居民的自觉行动	中共虹桥街道工作委员会 （来源：崇川党建网）
"红色驿站"	依托驿站，打造红色系列品牌 （1）设立"红色基金"，实行专款专用；（2）开辟"心愿角"，开展"百名党员帮扶百名群众"的圆梦活动；公布"心愿榜"，公开党员干部扶贫济困的实绩；（3）"红色短信"，开展红色短信征集活动，制作经典短信榜，并在"七一"、"十一"、"大年初一"为社区党员发送红色短信；（4）"便民服务点"组织一技之长的党员定期开展法律咨询、义诊、理发、修理等便民活动；（5）"红色宣讲团"深入到社区、楼道、党小组、居民家中甚至到学校、工厂、小经营摊点开展政策宣传、党课教育	
"党情连民心——阳光使者"	选出"党情连民心——阳光使者"，并举行颁证仪式，使基层党组织和党员在平凡的工作岗位上明确先进性标准，实践先进性要求，树立先进性形象，切实把党员的权利和义务化为开拓进取、争创佳绩的责任和动力	青岛市市北区华阳路街道党工委 （来源：华阳路街道党工委网）
"先锋义工"	开展便民利民服务活动 （1）通过建立党员义工服务站，招募为"义工"服务队，引导他们积极开展为民服务活动；（2）动员广大党员主动认领义工岗位，定期参加社区党组织开展的"党日"活动和义工服务。共组建了法规宣讲、纠纷调解、卫生保健、环境保洁、治安巡逻等多支义工服务队伍	江苏路街道党工委 （来源：山东泰山网）
"先锋创业"	树立创业有成的党员典型：积极引导和鼓励社区内下岗失业党员和贫困党员立志创业	

（四）社区党组织建设的评估

方法提示：确定评估主体→确定评估内容→确定评估标准→确定评估方式。

社区党组织建设工作的评估主要从以下几方面着手进行。

1. 确定评估主体

在整个评估体系的评估过程中，应设立"评估工作小组"，一般主要由区民政主管部门代表、街道有关部门代表、居民部分代表、驻区单位部分代表和社区工作人员代表组成。

2. 确定评估内容和评估标准

评估指标的确定，要以社区党组织建设的指标体系为主要内容，同时参照《中共中央组织部关于进一步加强和改进街道社区党的建设工作的意见》（以下简称《党建工作意见》）的要求。《党建工作意见》指出我国城市社区党的建设要努力实现"五个好"的发展目标。一是领导班子好。领导班子及其成员能够认真执行党的路线方针政策，密切联系群众，政治坚定，求真务实，开拓创新，勤政廉政，团结协作。二是党员干部队伍好。街道干部、社区工作者能够发挥骨干带头作用，共产党员能够发挥先锋模范作用。三是工作机制好。街道社区党组织工作制度健全，运行规范，社区党建工作协调机制完善。四是工作业绩好。社区各项事业协调发展，基层民主政治建设和精神文明建设成效显著，社区治安良好。五是群众反映好。社区群众和驻社区单位对街道、社区党组织的工作满意，街道、社区党组织得到社区群众的拥护。

3. 确定评估方式

评估方式可以采用自评和有关单位组织评估相结合的方式，具体的评估方法主要有三种。

（1）现场打分。

例如社区党组织的用房面积、组织体系健全与否等方面都是可以通过直接观察就可以立刻得出结果的，都属于现场打分范围。

（2）通过查阅资料打分。

这是要通过查阅大量的有关资料才能评估的指标。例如社区党组织在党员发展、党员管理、党组织活动等方面的实际工作，都需要查阅大量的工作资料才能得出结果。此种方法打分可以同时检查社区党组织建设方面的实际工作情况和台账记录情况。

（3）民意调查。

民意调查是一项最能反映社区建设状况的调查。社区党组织建设工作的出发点和落脚点都是群众满意不满意，赞成不赞成，拥护不拥护。

案例示范 3-3

陇西县建立社区党组织"五好"星级评估管理制度

陇西县在社区党建工作中全面推行"五好"星级评估管理制度。"五好"星级评估管理制度紧紧围绕社区党组织"五个好"（班子建设好、阵地建设好、队伍形象好、制度落实好、服务群众好）创建标准，对"五个好"标准中每一项内容设立一颗星，达到该项标准的得一颗星。"五好"星级评估工作实行定期通报制度，并建立了考核评估动态管理办法，根据动态评估结果，确定每个社区党组织所得星级。五星级优秀党组织将被推荐确定为全县社区党建工作典型，在每年召开的党建工作推进会上接受县内外党组织的观摩学习。对二星级以下的社区党组织，要求限期整顿改正。连续两年被评为二星级以下的党组织，责成相关乡镇党委调整党组织负责人。对社区内发生刑事案件、重大治安事件、重大信访事件以及党组织班子成员违法违纪等情况，实行相应星级一票否决制，确保"五好"星级评估工作达到预期的工作目的。

（资料来源：定西市委组织部）

三、任务实训

（1）了解所居住的社区党组织建设的做法和存在的问题。

（2）在充分调研的基础上，结合实际，为某一具体社区的党组织建设设计一款品牌活动。要求具有可操作性、实效性、创新性。

四、巩固提高

1. 知识回顾

（1）社区党组织的基本含义。

（2）社区党组织的设置和职责。

（3）社区党组织建设的操作流程及具体方法。

2. 案例实训

分析点评以下案例中社区党组织建设的品牌活动。

"党心与您相连，党员伴您同行"
——史家社区党建品牌活动

北京东城区史家社区党建工作实施了"党心与您相连，党员伴您同行"品牌活动，创新了党组织服务群众的新方法，增强了社区党组织的创造力、凝聚力和战斗力。

史家社区辖区面积0.14平方公里，社区内有机关、学校、非公经济单位等共68家，社区党组织为总支部建制。几年来围绕"党心与您相连，党员伴您同行"为主题，社区党总支搞了一系列活动，并将此主题形成长效机制，以党心凝聚民心，坚持服务群众的主旨，聚集合力。"党心与您相连，党员伴您同行"是党建品牌活动，围绕党建、服务群众开展了一系列活动。

第一，健全党的组织。围绕"党心与您相连，党员伴您同行"活动，社区党总支部根据社区的实际重新划分了党小组。8个辖区单位为社区党建协调分会的成员单位，做到了党员合理划分责任区，使党的工作延伸到社区楼门院，社区党建协调分会横向到边，社区文化团队都建有党小组，使党的工作覆盖率达到100%。

第二，完善各项制度。社区党总支部与居委会坚持联席会议制度，坚持最少每月召开一次联席会议，商讨社区工作，研究解决关系群众利益的问题。坚持党员责任区、无职务党员设岗定责、民情日记等制度，形成"党总支牵头、党员配合、明确责任、落实到位"的工作格局。

第三，党员教育管理不断创新。社区党总支既充分利用传统的党课、市民学校、党员电教等载体，又坚持创新，在社区"党心与您相连，党员伴您同行"品牌活动中，宣传了党的十六大精神、十七大精神，在庆"七一"期间，组织各支部的老党员举办了革命歌曲大联唱活动，用歌声来赞美党和伟大的祖国。"八一"建军节社区还组织了"军民同心迎奥运，鱼水情深促和谐"军民联欢会。

第四，坚持服务群众。社区党总支以服务群众为主旨，组织各种各样的党员服务队，开展形式多样的活动。社区有党员志愿者服务队、治保积极分子巡逻队、个性化志愿者服务队、巾帼志愿者服务队等4支志愿者服务队，每个服务队都有明确的责任区或帮扶对象，参与的党员超过了应参加活动党员人数的70%。在春节、五一、十一、十七大、奥运等重要节日和重要的政治活动期间都有社区值班党员的身影。搞了一系列活动，例如"结队帮扶"、"关心我的兄弟姐妹"、"党心连民心亲情进万家"、"圆梦工作室"、"健康心态迎奥运"、"与你同行"等，党员不仅以自己的行动关心帮助本社区的居民，他们还走向社会做贡献。6名党员搞了"圆梦工作室"活动，号召残疾人用自己的巧手编出新生活，使这些残疾人积极参加，当他们领到各种奖项的时候，这些有生以来从未得过奖的人激动不已，对未来生活充满了信心。开展社区党员志愿者和残疾人结对子一帮一活动。2008年5月的"全国助残日"，社区党组织开展了以"党员伴你同行"为主题的党员和残疾人一帮一结对子活动。党员志愿者和残疾人一起游览了皇城根遗址公园。

（案例来源：杨军等主编《首都和谐社区建设典型案例评析》，经济科学出版社，2009年10月版）

任务二　社区自治组织建设

一、基础知识

（一）社区自治组织的基本含义

社区自治组织是指在街道党工委和社区党组织的统一领导下，按照"社区自治"原则设立的，实行社区民主选举、民主决策、民主管理、民主监督的社区组织。社区自治组织主要包括社区居民代表大会、社区居民委员会、社区共建委员会（理事会），每届任期均为3年。

社区成员代表大会是社区决策层，民主决策社区重大事务，监督社区居委会工作，推选产生社区共建委员会组成成员；社区共建委员会是社区议事层，协商、监督社区重大事务；社区居委会负责社区日常事务管理，研究、决定、落实具体的社区自治项目。

（二）社区居民代表大会

1. 定义

社区居民代表大会是指代表社区全体居民实施民主选举、民主决策、民主管理、民主监督的社区中最高权力机构，是全体社区居民依法行使民主权利、参与自治管理、实行民主监督，体现社区自治权的基本形式。

2. 基本构成

社区居民代表大会代表由本社区内年满18周岁以上有选举权和被选举权的社区居民代表及驻辖区单位选派代表组成。居民代表由每个居民小组或楼院民主推选2~3人参加。社区成员代表由驻社区单位推荐或选派，一般每个单位1~2人。社区居民代表任期与社区居委会任期一致，每届均为3年，可连选连任。社区代表，不论是社区居民代表或社区单位代表，享有同等的权利，负有相同的职责，要从社区发展的共同利益出发，紧密团结，真诚合作，共同完成社区居民代表会议的各项工作，宣传贯彻代表会议的各项决议，共同倾听并反映社区居民、社区单位的意见和呼声，关心和维护社区居民的切身利益和社区单位的合法权益，最大限度地实现社区资源共享，营造共建社区的良好氛围，形成"共处一域，共同管理，共促繁荣，共建文明，共同发展"的局面。

社区居民代表和社区成员代表（以下简称社区代表）在任期内如有特殊原因出现缺额或其他正当理由提出撤换申请的，应当予以补选和撤换，可从原居民小组或原驻社区单位中补选。

（三）社区居民委员会

1. 定义

社区居民委员会简称社区居委会，是指社区居民代表大会的常设办事机构和执行机构，由社区居民代表大会依法选举产生，在国家《宪法》、法律和政府的法令、法规范围内开展社区民主自治活动。社区居委会在社区党总支（支部）的领导下，在区、街及各业务部门指导下负责组织和管理社区的日常事务，其根本性质是党领导下的社区居民自我管理、自我教育、自我服务、自我监督的群众性自治组织。

根据有关规定，社区居委会管辖规模一般控制在1 000~3 000户，特殊情况可不受居民户数的限制。

2. 基本构成

社区居民委员会由社区主任1人，副主任1人，委员若干人组成。一般规定凡18周岁以上、45周岁以下，身体健康，具有高中以上文化程度，有选举权和被选举权，有志于社区工作的公民，经自荐、单位组织推荐或社区居民代表5人以上联名推荐，均可成为社区居民委员会成员的候选人。社区居委会成员应具备一定文化水平和工作能力，身体健康，能适应居委会工作，并遵守《宪法》、法律和法规，执行国家的政策，办事公道，作风正派，对工作认真负责，有奉献精神，热心为居民服务。

（四）社区共建委员会

1. 定义

社区共建委员会或社区事务协商委员会是指社区自治组织按照"完全自愿、互惠互利、共同受益"的原则，通过联合社会各界力量合力共建的方式，共同开展社区建设，创建文明社区的议事办事机构。社区共建委员会的目的是维护社区内的安定团结，共同解决社区问题，促进经济和社会协调发展。

2. 基本构成

社区共建委员会可经社区居民代表大会推荐或由社区居委会选派产生，由9~15人组成。设主任、副主任若干人，社区议事委员会主任一般由社区党总支或支部书记兼任，书记主任"一肩挑"的可由专职党总支(支部)副书记或由社区协商议事委员会成员民主推荐1人担任。

二、实务操作

基本流程：学习社区自治组织建设的相关政策→调研社区自治组织建设现状→社区自治组织建设的策划与实施→社区自治组织建设的评估。

(一)学习社区自治组织建设的相关政策

方法提示：搜集、学习相关部门社区自治组织建设的相关政策，领会其指导精神。

《意见》中提出了加强社区居民自治组织建设的任务，指出加强社区居民自治组织建设的前提是科学合理地划分社区。要遵循改革创新精神，按照便于服务管理、便于开发社区资源、便于社区居民自治的原则，并考虑地域性、认同感等社区的构成要素，对原有街道办事处、居民委员会所辖区域作适当调整，以调整后的居民委员会辖区作为社区地域，并冠名社区。在此基础上，建立社区居民自治组织。

(二)调研社区自治组织建设现状

方法提示：采用问卷调查、访谈、查阅文献资料等方法调研拟建设社区自治组织建设情况，主要包括社区自治组织的基本信息、社区自治组织建设已经取得的成绩、社区自治组织建设中存在的问题。

💡 **案例示范 3-4**

市南区社区居委会建设现状

一、基本信息

市南区地处青岛市沿海一线，面积30.01平方公里，辖10个街道办事处、78个社区居委会，总人口54万，是青岛市的政治、经济、文化、金融、旅游中心，也是2008年奥帆赛场馆所在地。

二、居委会建设方面取得的成绩

(1)社区工作者队伍素质明显提高；

(2)社区社会组织队伍不断壮大；

(3)社区群众组织迅速发展；

(4)社区基础设施建设水平显著提升；

(5)"和谐楼院"创建活动全面普及；

(6)社区管理服务信息化有效覆盖；

(7)居民归属意识显著增强；

(8)社区服务深入人心。

三、社区居委会建设面临的问题

一是社区承担的任务日益繁重。

二是社区建设"上头热、下面凉"的现象仍然较为突出。

三是社区工作者队伍的人员规模和综合素质难以满足工作专业化的要求。

四是基础设施欠账较多，社区资源开发利用不足，资源闲置和供不应求的现象共存，矛盾较为突出。

（资料来源：节选自蒋延灿等《城市社区居委会的现状、问题及对策研究——从青岛市市南区社区居委会建设谈起》，全国和谐社区建设理论研讨会暨首届城区论坛网）

（三）社区自治组织建设的策划与实施

基本流程：构建社区自治组织建设的指标体系→策划建设方案→实施具体的建设措施。

1. 构建社区自治组织建设的指标体系与建设方案

方法提示：根据社区自治组织建设的现状以及相关政策的规定，制定切实可行的指标体系。

以社区居委会建设为例，具体的指标体系如下（参见表3-3）。

表3-3　社区居委会建设指标体系

指　　标	单　位	标　　准
居委会办公用房面积	m²	
居委会组织健全率	%	100
居民代表会议健全率	%	100
居民代表会议报告制度落实率	%	100
居民提案落实与答复率	%	100
居务公开及制度规定公示率	%	100
居委会民选参与率	%	>95
居委会成员受居民拥护率	%	>90
年度社区工作计划落实率	%	>90
年度与弱势群体沟通率	%	>90
年度为居民办实事	项	10
居委会的各委员会岗位责任落实率	%	100
居委会各项规章制度健全率	%	100
居民对居委会满意率	%	>95

参考具体的指标体系，结合本社区实际，制订社区自治组织建设方案。

2. 建立健全社区自治组织

方法提示：确定岗位职数→确定选举规则→确定选举办法。

健全社区自治组织，主要任务就是做好社区自治组织的换届选举工作。社区自治组织每届任期三年，届满后应及时换届，其成员可以连选连任。换届选举工作受市、区（市、县）、街道办事处（镇）和各级民政部门指导。区（市、县）街道（镇）成立城市社区自治组织选举指导组。指导组员由同级党委、人大、政府及有关部门人员组成。街道（镇）的指导组受区（市、县）指导组领导。

社区自治组织的选举方式与步骤如下。

(1) 选举产生社区自治组织选举委员会。

社区自治组织选举工作由社区自治组织选举委员会主持。社区选举委员会由5~7人组成，设主任、副主任各1人，委员若干人。社区选举委员会成员候选人由居民小组和社区单位提出，经充分酝酿、协商后，由原居民代表选举产生。三分之二以上居民代表参加投票，选举有效。候选人获得参加投票的过半数选票，始得当选。社区自治组织选举委员会受上级选举指导组的指导，职责是：根据指导组确定的选举日，负责审定选举工作人员，开展选民登记，审查选民资格，公布选民名单，组织候选人提名和预选，确定并公布正式候选人名单，组织投票选举，公布选举结果。

(2) 选民登记。

凡年满18周岁的居民（除依法被剥夺政治权利的人以外），不分民族、种族、性别、职业、家庭出身、宗教信仰、教育程度、财产状况、居住年限，都有选民资格。凡具有选民资格、户籍和居住在本社区的居民都可以在社区自治组织选举委员会进行选民登记。社区单位以单位名义集体进行选民登记。计算年龄时间，以选举日为准；居民的出生日期以身份证为准。

一般选民名单在选举日的20日前公布；选民名单公布后居民如有异议，应当在名单公布之日起5日内向社区选举委员会提出，社区选举委员会应当在选举日的10日前依法作出解释或补正；有关选举方式和日期等事项要求在选举日的20日前公布；正式候选人名单在选举日的5日前公布。

(3) 社区成员代表和居民小组长选举。

社区成员代表包括社区单位代表和居民代表。成员代表具体数额由社区选举委员会根据实际情况分配，原则上每个社区单位产生1~2名代表；社区居民代表每30户产生1名代表，不足1 000户的社区，居民代表总数不得多于50名。社区单位代表由单位职工大会或职工代表大会推选或直接产生；社区居民代表和居民小组长以居民小组为单位，采取户派代表形式直接提名选举产生。三分之二以上户代表参加投票，选举有效，按应选名额，以得票数多少的顺序当选，得票数最多的当选为居民小组长。

(4) 社区成员代表大会和社区议事监督委员会选举。

社区成员代表大会设立主席1人、副主席1人、秘书长1人。候选人由社区自治组织选举委员会提出，经社区成员代表大会选举产生。三分之二以上社区成员代表参加投票，选举有效，候选人获得参加投票的过半数选票，始得当选。

社区议事监督委员会由9人组成，设主任、副主任各1人。候选人由社区自治组织选举委员会从社区成员代表中择优提出，并经成员代表大会选举产生。三分之二以上社区成员代表参加投票，选举有效。候选人获得参加投票的过半数选票，始得当选。主任、副主任从社区议事监督委员会成员中推选产生。

(5) 社区居民委员会成员选举。

① 提名初步候选人和确定正式候选人名单。社区居委会成员由主任、副主任和委员

5~9人组成。提名选举的形式有两种：一是以全体选民或户代表形式提名选举，候选人由有选举权的居民以单独或联名的方式直接提名；二是以社区成员代表会议形式进行选举，候选人由社区成员代表以单独或联名的方式直接提名。每一选民或成员代表提名初步候选人的人数不得多于应选人数。对所提的初步候选人名单在正式候选人确定之前按姓氏笔划顺序公布。社区居民委员会候选人人数分别比应选名额多1人。所提名的候选人人数超过正式候选人人数的，要以秘密写票的方式进行预选，产生正式候选人。户代表或社区成员代表的三分之二以上参加投票，预选有效，以得票多少顺序确定正式候选人。正式候选人名单应于选举日的2日前按姓氏笔划顺序公布。

② 投票选举。社区居民委员会选举投票方式由社区自治组织选举委员会根据社区成员代表的意愿确定。可采取全体选民、户派代表或召开社区成员代表大会等方式进行。全体选民或三分之二以上户代表、社区成员代表参加投票，选举有效。候选人或另选人获得投票的过半数选票，始得当选。选举结果经社区自治组织选举委员会确认有效后，在投票的当日或次日张榜公布，并报上级选举指导组、民政部门备案。

（6）另行选举。

另行选举是正式投票选举大会的延续，适用正式选举的程序和方法。另行选举包括两种情况：一是应选人数没有选满；二是应选人数一个也没有选出。另行选举，仍由社区选举委员会主持。

另行选举应当在两个月内进行。具体选举时间由社区选举委员会根据本社区实际情况研究确定，并以公告的形式告知居民。另行选举的选民，在正式投票选举时所登记的选民名单基础上，增减选民后确定。确定的选民名单由社区选举委员会在选举日的20日前张榜公布。

另行选举仍实行差额选举，正式候选人人数应比应选名额（即第一次正式投票选举后的缺额数）多1人。确定候选人的方式有两种：可在第一次投票选举中未当选的候选人中按得票多少产生；也可由选民重新直接提名。具体采取哪种方式，由社区选举委员会研究确定。

认定另行选举结果以得票多的当选，但是所得票数不得少于选民所投票数的三分之一，如获得不少于三分之一选票数的候选人的人数多于应选名额时，则以得票多的当选。依法另行选举缺额，原当选的社区居委会成员资格依然有效。

因选举未能依法进行而导致选举结果无效的，应重新选举。重新选举应当在第一次选举日后的两个月内进行。重新选举程序与正常选举相同。

案例示范 3-5

东莺社区居委会换届选举办法（节选）
（2010年7月2日经社区一届四次居民代表会议讨论通过）

第一条 为推进城市基层民主政治建设，切实做好居委会的换届选举工作，根据《中华人民共和国城市居民委员会组织法》规定，结合本地实际，制定本办法。

第二条 居民选举委员会主持居委会换届选举工作。其主要职责是：（1）负责宣传有关法律、法规和政策;(2)制订选举工作实施方案;(3)拟订选举办法,确定并公布选举日期,提交成员(居民)代表会议讨论通过;(4)确定、培训选举工作人员;(5)组织选民登记,审查选民资格,公布选民名单,发放选民证;(6)组织选民提名,公布候选人名单;(7)做好选举的各项准备工作,负责选票的领取、保管工作;(8)主持和组织投票选举,负责投票时的登记、计票和监票工作;(9)总结、上报选举工作情况,建立选举工作档案;(10)办理选举工作中其他事项。

第三条　本居委会换届选举的选举日定为2010年7月25日。

第四条　本居委会设主任1名,副主任2名,委员6名,共9名成员组成。

第五条　本居委会下设居民小组8个,社区成员(居民)代表43名。

第六条　凡年满18周岁的本辖区居民,不分民族、种族、性别、职业、宗教信仰、教育程度、财产状况,都有选举权和被选举权。但依照法律规定被剥夺政治权利的人除外。精神病患者在患病期间及其他不能正常行使选民权利的居民,经居民选举委员会确认,不列入选民名单。在监所服刑羁押期间的居民不参加居委会选举。

第七条　社区居委会选民以居住在本社区且户籍也在本社区的居民为准登记。人户分离的居民,要求参加社区选举的,在社区选民登记公告规定的时限内,向社区居民选举委员会提出选民登记申请并经社区居民选举委员会审核通过的,予以登记。

第八条　在本居委会相关组织从事管理服务的工作人员、辖区内的有关单位和社会团体的法人代表以及其他合法组织的负责人(他们委托的代表应凭单位证明和委托书)要求参加选举的,在选民登记公告规定的时限内,向居民选举委员会提出选民登记申请并经居民选举委员会审核通过的,予以登记。

第九条　选民名单应在选举日前15天公布。选民年龄以选举日截止日期计算;出生日期以居民身份证为准,无身份证的以户口簿为准。对公布的选民名单有异议的,应当在选民名单公布之日起3日内向居民选举委员会提出。

第十条　居委会成员候选人的条件:遵守国家法律法规,认真贯彻党和政府的各项方针政策,政治素质好;廉洁公道、热心公共事务、热情为居民服务,在居民中有较高威望并能起模范带头作用;熟悉群众工作方式、方法,具有一定的社会阅历和组织、管理、协调能力;文化程度高中以上,年龄一般为24周岁至55周岁,身体健康。提倡社区大学生工作者通过参选,进入居委会班子。

第十一条　居委会成员候选人产生方式:居委会成员候选人按职务提名,方式为由本人自荐且本选区选民10人以上联名提名或社区组织提名,并经居民选举委员会资格审查通过后,成为初步候选人。初步候选人数应当多于正式候选人数,每一选民对居民委员会应选的同一职务只有一次提名权,且提名人数不得超过应选职数。初步候选人产生后须召开社区成员代表会议或居民会议,通过无记名投票、公开计票的方式,按得票多少确定正式候选人。

第十二条　居委会主任、副主任的正式候选人名额应当分别多于应选名额1名,委员的正式候选人名额应当多于应选名额1~3名。正式候选人名单和简介应在选举日的5日前按得票多少由高到低为序张榜公布。

第十三条　选举方式。居民代表选举：召开社区成员代表会议，以差额和社区成员代表无记名投票方式，选举产生居委会主任、副主任、委员。

第十四条　居委会是基层群众性自治组织，其新当选的居委会成员一般为兼职、义务的。

第十五条　投票方式。居民代表选举：以设立中心会场、召开社区成员代表会议的方式进行投票选举，投票时间为2010年7月25日9时，选举中心会场设在社区教育中心会议室，在图书阅览室设立秘密写票处，并配有3名以上监票人。

第十六条　居民代表选举：参加会议的社区成员代表必须超过全体社区成员代表的三分之二，且从票箱回收的选票总数等于或少于投票代表人数的，选举有效。每一选票所选的人数，等于或者少于应选人数的为有效票；多于应选人数或者选举同一人为两项以上职务的为无效票。无法辨认的选票无效。对难以确认的选票，是否有效由监票人提交居民选举委员会决定。

第十七条　候选人或者其他选民获得参加投票的选民过半数选票，始得当选。获得过半数选票的人数超过应选名额时，以得票数多者当选。如遇票数相等不能确定当选人时，应就票数相等的候选人再次投票选举，以得票多者当选。

第十八条　投票结束后，必须由3名以上的选举工作人员统一开启票箱，清点收回的选票总数。经选举工作人员分类整理并点清张数后，由监票人检验，将投票情况报告居民选举委员会。

第十九条　唱票、计票必须在社区成员代表监督下公开进行。选举结果应当场宣布，并填写选举结果报告单，报镇、街道和区民政局备案，同时做好选票的封存备查工作。

第二十条　选票应由社区成员代表本人填写，任何人不得干预或干扰其行使选举权。因文盲或其他原因不能填写选票的，可以委托候选人以外的其他人代写，代写人不得违背代表的意志。

第二十一条　监票人、计票人由居民选举委员会提名，经社区成员（居民）代表会议通过并张榜公布。候选人及其配偶、直系亲属及有劣迹人员不得担任监票人、计票人。

第二十二条　当选人数少于应选名额，但达到3人，且居民委员会主任已选出的，不再进行另行选举。当选人数不足3人或者居委会主任未选出的，应当就不足的名额进行另行选举。

另行选举实行有候选人的差额选举。候选人按未当选人得票多少为序确定。另行选举须经社区成员代表过三分之二参加投票方为有效，以得赞成票多者当选，但得赞成票数不得少于已投选票总数的三分之一。另行选举应当在选举日当日或者在选举日后的5日内进行。

经另行选举，居民委员会应选职位仍未选足，可以不再进行选举，已选出的成员资格有效。主任未选出的，由副主任主持工作。主任、副主任都未选出的，由社区成员代表会议在当选的委员中推选1人主持工作。

第二十三条　本办法经社区成员代表会议讨论通过后生效，由居民选举委员会负责解释。

（资料来源：宁波市鄞州区下应街道东莺社区居委会网站）

3. 督促社区自治组织正常开展各项工作

方法提示：按时召开会议，积极履行职责。

（1）社区居民代表大会工作的开展。

社区居民代表大会一般由社区居委会负责召集和主持，一般每半年召开一次，遇特殊情况或有三分之一以上代表、五分之一以上的满18周岁居民、四分之一以上户或者三分之一以上的居民小组提议，可以临时决定召开会议。

社区居民代表大会按照民主自治的原则，实行民主管理和决策。召开会议必须有过半数社区居民代表的出席才能召开；讨论决定问题，必须有过半数的代表同意通过才能生效；社区居民代表大会在国家法律、法规和政策范围内所通过的决议和决定，在本社区内具有约束力，所有社区居民、社区单位、社区组织都必须遵守和执行。

凡涉及全体居民利益的重大问题，居民委员会必须提请居民会议或居民代表大会讨论决定。

（2）社区协商议事委员会工作的开展。

社区协商议事委员会一般每季度召开一次会议，遇有重大问题或突发事件可临时召开。社区协商议事委员会在社区成员代表会议授权下，履行议事、监督和协调职能，主要职责是：长期或不定期地召开会议，讨论议定社区内阶段性重大问题；协助和监督居委会实施年度工作计划，对社区居民及社区其他机构工作进行监督和评议，提出意见和建议；对社区公共利益的重大事项进行表决并向社区成员代表会报告工作。

（3）社区居委会工作的开展。

居委会开展工作，应当坚持实事求是的原则，充分实行民主，认真听取居民意见。居委会决定问题时，采取少数服从多数的原则，由全体成员过半数通过方能有效。

当届社区居民委员会组成后1个月内，应向社区居民代表会议提交社区建设三年规划和年度计划，每年年终向社区居民代表会议作年度工作报告，并提出新的年度计划，接受社区居民代表的质询与审议，积极履行其职责。

同时，社区居民委员会应建立和强化以下五项工作制度。

① 定期学习制度。每月定期组织居委会干部学习党的路线、方针、政策和国家的法律规章、城市管理知识及科学文化知识，不断提高思想文化水平和科学管理能力。

② 报告工作制度。社区居民委员会每年至少要向社区居民代表会议报告2次工作，接受社区居民代表的审议。遇特殊情况，社区居委会可临时召开社区居民代表会议，对社区重要事项进行讨论、决定。

③ 居务公开制度。将社区居民委员会工作情况、财务收支状况、成员职责分工和办公时间以及联系电话等内容，通过联系卡、公示板等形式向社区居民公开，随时接收社区居民的咨询，并提供服务。社区居委会成员在工作时间内应挂牌上岗、文明服务。

④ 服务承诺制度。社区居民委员会为社区成员提供各类服务项目，应明确服务标准，对收费项目应明码标价，自觉接受社区居民和有关部门的检查及监督。

⑤ 考核评议制度。社区居民委员会应定期或不定期接受社区居民及社区代表的考核评议。社区居民、社区单位和社区代表可通过下列途径和方式对社区居民委员会及其成员

的工作进行监督和评议：一是利用由社区居民代表会议设立的意见箱或投诉箱；二是通过社区居民代表口头提出意见，社区居民代表有义务将意见向社区居民代表会议反映；三是在召开社区居民代表大会前，其上级指导部门可以用问卷调查等方式进行考核评议。对"满意率"很低、工作不称职或有严重失误的社区居民委员会成员，经社区居民代表会议讨论和表决，可做出批评、警告直至罢免或撤换等处理。对"满意率"高、工作业绩优良者，可评为优秀社区干部。

（四）社区自治组织建设的评估

方法提示：确定评估主体→确定评估内容→确定评估标准→确定评估方式。

根据《中华人民共和国城市居民委员会组织法》（以下简称《居委会组织法》）和《社区自治组织章程》的有关规定，为提高社区自治组织的凝聚力和战斗力，充分发挥社区自治组织的作用，社区自治组织应建立以社区居民、居民代表为主，街道办事处相关职能科室参与和自我评价相结合的考核评议体系。

社区自治组织建设的评估应以社区自治组织建设的指标体系的内容为基础，以公开、公正、求真务实为原则，确保评估全面、客观、真实。

具体的评估程序、具体评估主体和方法等可以参考社区党组织建设的评估事项。

三、任务实训

调研某一具体社区自治组织的建设现状，并为该社区自治组织的建设策划方案，参与实施建设措施。

四、巩固提高

1. 知识回顾

（1）社区自治组织的基本含义。
（2）社区自治组织的特点。
（3）社区自治组织建设的基本流程及具体方法。

2. 知识拓展

课后认真学习《中华人民共和国城市居民委员会组织法》和《社区自治组织章程》。

任务三　社区中介组织建设

社区中介组织是社区组织体系的重要组成部分，是社区组织建设的重要内容。随着城市管理体制的变化，社区在加强城市基层管理、推进基层民主政治建设、提高居民生活水平和质量、化解各种社会矛盾、保持社会稳定等方面，发挥着越来越大的作用。发挥社区的作用，需要各种因素相互配合，而社区中介组织是一种不可忽视的组织力量。

一、基础知识

如前所述，我国的社区中介组织是介于政府与民众（社区居民）之间的非官方组织。社区中介组织主要包括自下而上形成的和自上而下建构的中介组织。

1. 社会（区）团体类组织

自下而上形成的社区中介组织是基于社区成员的生活需要而形成的团体类组织，这类组织以社区居民为成员，以社区地域为活动范围，以满足社区居民不同需求为目的，由居民自主成立或参加，是介于社区主体组织（社区党组织和社区居民委员会）和居民个体之间的组织，常常带有非正式组织的特点，也被称为民间组织。例如志愿者组织、业主委员会、老年协会、妇女协会、读书会、秧歌队、摄影协会、书法协会、钓鱼协会等，这些组织的首要功能是自助和自我约束，其次是反映和向外（主要是政府）争取自身利益。

社会（区）团体类组织的基本特点如下。

（1）民间性。

社会（区）团体类组织不是政府行政系统的组成部分，除遵守国家法律、政府的行政法规外，组织内部的人员安排、业务活动等方面不受制于政府。

（2）社区性。

此类组织的成员是居住在本社区的居民，组织的活动范围只限于本社区范围。

（3）自主性。

此类组织成员自己管理自己，组织的领导人由组织自己产生，不是由其他组织指派，活动内容和活动方式由组织成员自己决定。

（4）志愿性。

一个居民是否要成为某中介组织的成员，完全出于自愿。成员是否参加组织的活动，也是根据自愿的原则。

（5）群众性。

团体类组织的成员不受党派、政治面貌的限制。

（6）非营利性。

团体类组织开展的各种活动不以营利为目的，在有条件的社区，中介组织可从社区居委会获得一些活动资金；在条件较差的地方，则需要通过收费，但这些收费只是用于本组织活动经费，而不是用来营利。

（7）非法人性。

《社会团体登记管理条例》第三条规定，机关、团体、企业、事业单位内部经本单位批准成立，在本单位内部活动的团体，不属于该条例登记的范围。居委会虽然没有明确的法人类属，但它是法定组织，《宪法》和《居委会组织法》对其均有明确的条文规定。参照此规定，经居委会同意，在社区范围内活动的社区中介组织应属不登记范围，其本身不具法人地位。

2. 社区民办非企业类组织

自上而下建构的社区中介组织是由政府倡导、扶持成立的,例如社区家政服务社、市民学校、社区服务站等,这类组织相对正式,具有正式组织的特点。因为这类组织基本上是为协助政府发挥社区管理职能而建立的,因而具有较多官方的组织、服务和管理功能。

社区民办非企业类组织的基本特点如下。

(1) 正规性。

社区民办非企业类组织有法人地位,有正式的章程和组织结构,有必要的组织设备和资金来源等,是一个正式组织。

(2) 独立性。

社区民办非企业类组织依据法律法规和本组织的章程独立自主地开展工作,在内部管理和对外工作中自治自主。但中介组织的独立性并不意味着不必接受政府管理,恰恰相反,中介组织的成立必须按照有关法律规定经政府有关部门审批,平时也要接受政府有关部门的指导和监督。

(3) 非营利性。

非营利性也就是不以营利为目的。有些中介组织还规定不分配积累的资金,而用于发展社会服务事业。

(4) 公众利益性。

社区民办非企业类组织以服务和奉献于公众的需求和利益为基本宗旨。

二、实务操作

基本流程:学习社区中介组织建设的相关政策→调研社区中介组织建设现状→社区中介组织建设的策划与实施→社区中介组织建设的评估。

(一) 学习社区中介组织建设的相关政策

方法提示:搜集、学习相关部门社区中介组织建设的相关政策,领会指导精神。

目前,我国正处在社会转型期,各项制度和发展规划正在完善当中。2000 年 11 月,党中央、国务院做出了在全国推进城市社区建设的重大决策,下发了《关于在全国推进城市社区建设的意见》,明确了城市社区建设的指导思想、基本原则和主要目标。2006 年经国务院批准下发的《国务院关于加强和改进社区服务工作的意见》(以下简称《国务院意见》)是一篇指导社区服务的重要文献。《国务院意见》紧密结合我国改革发展的新形势、新任务,明确提出了当前及今后一个时期内加强和改进社区服务工作的一系列政策。《国务院意见》集中反映了我们国家加强和改进社区服务工作的最新认识,标志着我们国家对以人为本、服务居民的发展规律认识得更加深刻,把握得更加主动,对于我们在新型社区中建立社区中介组织具有重要的指导意义,也为社区中介组织的建立提供了机遇。

(二) 调研社区中介组织建设现状

方法提示:采用问卷调查、实地访谈、查阅文献资料等方法调研拟建设的社区中介组织建设情况，主要包括社区中介组织的基本信息、社区中介组织建设已经取得的成绩、社区中介组织建设中存在的问题等。

案例示范 3-6

沧浪区社区民间组织发展情况

一、沧浪区社区民间组织的基本概况

沧浪区现有注册登记的民间组织 60 家，其中：社会团体 42 家（区 28 家，街道 14 家）、民办非企业 18 家，备案社区民间组织 381 家。

1. 民间组织的基本类型：文化体育活动类、权益服务类、服务类。
2. 社区民间组织的活动频率及社会影响。

我区社区民间组织的活动频率大致可以分为以下两类，一类是经常性活动型，一类是定期活动型。从总体上看，沧浪区的社区民间组织已经覆盖了全区所有社区，组织活动也能基本满足社区居民群众的各类需求。

二、社区民间组织发展中存在的问题

数量尚显不足，社会参与程度较低，普及面不够；权益类民间组织仍然具有一定的官方色彩；政府在服务社区民间组织方面仍需进一步加强。

（资料来源：节选自《江苏民政杂志》之《苏州市沧浪区社区民间组织发展情况报告》）

（三）社区中介组织建设的策划与实施

基本流程：构建社区中介组织建设的指标体系→策划社区中介组织的建设方案→实施具体的建设措施。

1. 构建社区中介组织建设的指标体系和建设方案

方法提示：根据社区中介组织建设的现状以及相关政策的规定，制定切实可行的社区中介组织建设的指标体系。

具体指标体系参见表 3-4。

表 3-4 社区中介组织建设指标体系

指标	单位	数值
休闲活动类组织	个	>10
文化教育类组织	个	>10
自助团体类组织	个	>5
维护权益类组织	个	>5
行动团体类组织	个	>5
社区服务类组织	个	>10

参考建设指标体系可以制订切实可行的建设方案。

2. 大力培育民办非企业类社区中介组织

方法提示：大力宣传，营造环境，财政支持，建章立制。

大力培育社区中介组织，尽可能地把社区群众组织起来，是深化社区服务、完善社区居民自治、增强社区凝聚力、提高居民参与意识和基层社会管理与服务水平的重要手段。

（1）各级政府应适当增加财物支持的力度，积极培育社区中介组织。社区中介组织在自身发展中，离不开政府的支援，所以可积极地向政府申请拨款，向政府部门申请取得政策方面的倾斜与支持。开发社区的人文等其他资源，利用闲置的土地吸引社会其他组织投资，参与社区共建。

（2）政府应该调整政策，积极营造有利于社区中介组织生长发育的环境。目前，严格意义上的社区中介组织，尤其是进入社区运作、能较好发挥政治效能的中介组织数量还很少，质量也不高。因此，政府必须积极创造条件，促成社区中介组织的建立和发展。对于符合国家法律法规、群众欢迎、有利于促进社区发展和政治稳定的社区中介组织，政府都应采取积极支持和扶持的态度，创造条件把社区中介组织建立起来，充分发挥它们的作用。同时加强宣传，让居民和其他组织认识到社区中介组织存在的必要性和重要性，为社区中介组织的建立创造良好的舆论环境。

（3）进行社区中介组织的规章制度建设。通过建立相应的规章制度，使这些组织逐步走上制度化、专业化的道路，相对独立地开展社区建设和服务活动。同时各项规章制度的建立可以提高居民的参与热情，保障中介组织对居民利益的代表性及其运行的有效性。

（4）国家应该加强立法，完善法律法规体系，为社区建设"保驾护航"，为社区中介组织的建立提供法律保障。利用法律，规范和引导社区中介组织的发展。同时维护社区中介组织的合法权益，运用法律来解决现有社区中介组织的法律地位不明确、与政府性组织的关系不和谐等问题。

3. 增强社团类社区中介组织的活动能力

方法提示：组织成员提升自身素质，组织活动增强创新性。

（1）社区中介组织成员应看到本组织发展的前景，力求组织的发展规划与国家大政方针保持一致，增强组织的服务性和竞争力。

（2）根据需要成立各类团体组织。例如居民可自行成立社团（包括棋社、读书社、艺术团体等），这样既能丰富居民的文化生活，又能满足不少居民高层次的需求；也可建立一些听政会、倾听会，使社区居民的政治权利得到有效体现。社区要发展，必须存在一个文化核心力，组织成员在为居民进行服务的过程中，要坚持"以人为本"，弘扬社区优秀文化，进行有效的社区整合，建立和谐的人际关系。

（3）增强活动的创新性。社区中介组织的灵活性，必然使其创新能力指数上升，因此社区中介组织成员在对组织的发展问题上，可根据需要不断增加其内在创造性，以寻找和发现新的社会需求为内在动力机制，不断创新开拓。例如发现一项新的社会需求时，可以自己筹资来开拓这一服务项目，并力求成功，以增强政府对它们的信任；充分利用社区内的原有设备和资源，走可持续发展战略的道路。

4. 建立社区党组织、社区居委会和社区中介组织的联动机制

方法提示：社区党组织的领导与指导→社区居委会对社区中介组织的组织、协调和监督。

社区党组织在社区中介组织的建设中要发挥领导核心与宏观指导的作用。居委会是贯穿于政府、中介组织与社区成员之间的"一根线"，主要起沟通、协调、组织和监督作用：一方面要"上情下达、下情上报"，及时沟通与协调三者之间的信息与要求，以便及时自我调整，避免决策失误和盲目发展；另一方面要组织、统筹安排好各中介组织的活动，并为各中介组织活动的开展提供便利；同时还要组织好社区居民群众对中介组织进行评议和考核，以监督和促进其发展。

案例示范 3-7

北京市兴化社区中介组织的建设初探（节选）

兴化社区隶属于东城区和平里街道。2002年和平里街道成立的社区服务管理中心，属社会中介组织，主要承担从街道分离出来的社会公共服务职责。而社区居委会是有别于政府的自治组织，在社区管理和工作方式方法上应更多地体现社区参与，强调社区共同利益，有针对性地提高社区公共服务，从而实现社区自治功能。所以，积极探索社区中介组织的培育和发展，对完善新型社区管理和社区公共服务体系、丰富服务内涵、创新服务机制、提高服务质量，具有积极的理论和实践意义。基于此，兴化社区在工委、街道领导下于2004年6月建立了社区公共服务社，在社区中介组织建设的道路上进行了有益探索。他们的具体做法如下。

（1）明确社区服务社的性质、宗旨和机构设置。兴化社区公共服务社的性质是社区中介服务组织，受社区居委会委托，在社区内开展各项社区服务活动，为社区居民提供全方位的服务工作。公共服务社设总干事1名，专职干事3名，干事若干名，下设三个职能组：①服务组：组长由1名原工作站人员担任，干事2名，由社区内的服务组织代表担任；②公益组：组长由1名原工作站人员担任，干事1名，由社区内志愿者服务队的代表担任；③协办组：组长由1名劳动协管员担任，下设2名副组长，同时设2名干事，为社区内的群团组织代表担任。三个组下面共有团队和志愿者队伍32支，人员近400名。

（2）组建社区党委、社区居委会、公共服务社"三合一"联席会机制。社区党委充分调动党员积极性，发挥党员先锋模范作用，投身社区公共服务活动；社区居委会根据居民需求，安排服务项目，整合社区服务资源；社区公共服务社具体实施服务项目，提供各项服务。"三合一"联席会每周召开一次会议，总结上周工作情况，沟通社区居民服务需求信息，按照新的要求安排本周工作计划，确保服务工作保质保量的进行。

（3）确立公共服务社与和平里街道社区服务管理中心之间"指导和被指导"的关系。和平里街道社区服务管理中心是属于街道层面的社会中介组织，负责全街道范围

内的公共服务事项，兴化社区公共服务社是属于社区层面的社区中介组织，只负责本社区范围内的公共服务，更贴近社区居民，二者属于"指导和被指导"的关系。服务社在管理中心指导下开展贴近居民生活的公共服务活动，做社区居民的"贴身保姆"；管理中心则对社区"便民点"、便民网点实施主责管理，并积极组织社会力量解决社区解决不了的群众需求。

（资料来源：西城社区教育网）

案例评析： 兴化社区服务社的建立，一方面使社区居委会从繁杂的社会服务中脱离出来，从而把更多的时间和精力放在社区自治的工作上来；另一方面使社区服务不再盲目、杂乱的进行，而是有计划、有针对性地满足社区居民的各种服务需求，提升了服务品质，显示了社区服务的优势和活力。

（四）社区中介组织建设的评估

方法提示： 确定评估主体→确定评估内容→确定评估标准→确定评估方式。

社区中介组织建设的评估指标要以社区中介组织建设的指标体系为主要内容。评估主体和评估方式方面，要建立各方参与的多元化评估主体，多角度立体式评估方式的评价平台，以公开、公正、求真务实为原则，确保评估全面、客观、真实。

具体的评估程序、具体评估主体和方法等可以参考社区党组织建设的评估事项。

三、任务实训

调研某一具体社区的社区中介组织的建设情况，写一份详实的调研报告，并为下一步社区中介组织的建设提供切实可行的策划方案。

四、巩固提高

1. 知识回顾

（1）社区中介组织的基本含义。
（2）社区中介组织的特点。
（3）社区中介组织建设的基本流程。
（4）社区中介组织建设的具体实施措施。

2. 问题探讨

通过查找相关资料，探讨我国社区中介组织建设的现状以及未来的发展趋势。

3. 经验借鉴

南京"一家亲"社区互助社的建设

(一)什么是社区互助社?

互助社是社区居民委员会举办的、接受政府指导、从事非营利性社区服务的社会中介服务组织。互助社倡导"我为人人,人人为我"的服务宗旨,通过动员社会服务力量,整合社区服务资源;围绕建设新型社区目标,组织发动社区居民开展以志愿捐赠与服务,提高社区居民生活水平和生活质量。具体的包括:

(1)开展面向社区老人、儿童、优抚对象、残疾人、低保对象等困难人群的福利服务;

(2)培育、发展社区志愿者队伍,引导、发动社区成员开展志愿服务和互助服务;

(3)组织开展各种面向全体社区居民的便民利民服务;

(4)组织开展区域单位、社区家庭和居民参加的小型活动,增强社区居民对社区的认同感和归属感。互助社可以接受政府资助、社会捐赠以及社会投资,资助和捐赠的资产必须全部用于福利事业,不得挪作他用,但可以按照捐赠者意图定向使用。互助社有偿服务产生的盈余只能用于发展本社区的福利事业,不得用于分配。互助社负责人及工作人员通过社区居民自荐、推荐、社会招聘等方式由社区居委会选聘。互助社实行社长负责制。

(二)为什么要成立社区互助社?

(1)作为公益性社区中介组织,社区互助社是当前形势下有效组织居民自我管理、自我教育、自我服务的需要。城市建设的快速发展和各项改革的不断深化改变了传统社区构成要素,扩张了社区职能,传统的由社区工作者直接、经常面对全体居民开展管理、教育与服务的方式遇到了巨大挑战,培育社区中介组织承接传统政府职能成为必然选择。互助社因社区居民,特别是困难群体的发展需求而形成,而在实践中比居委会工作更灵活,工作更有针对性,更有效,可以解决社区工作要求高、量大而人手少的尖锐矛盾。

(2)成立社区互助社是促进社区居民全面发展的需要。一方面通过培育社区互助组织有利于社区居民彼此交往与沟通,社区困难群体、经济条件相对宽裕的家庭、社区志愿者、驻区单位、社区成员代表等在这一组织框架下,通过捐赠救助、服务救助、公益劳动、结对帮扶、救助监督等形式多样、内容丰富的互助活动,走到了一起,交流互动,使社区成为广大成员真正的生活共同体,克服了现代住宅及意识形态领域的屏障,促进了居民的全面发展。另一方面成立互助社有利于居民提高文明水准。志愿者的多寡是衡量社区居民整体文明水准的重要指标。社区公益性中介组织是以社区志愿服务为核心的组织,是通过发挥自身作用,发展、壮大志愿者队伍的重要载体。在互助社的协调下,社区志愿者队伍活动更有组织、发挥作用更有效,在社区的影响也更大。

(3)成立社区互助社是促进社区居民有序参与、扩大基层民主的需要。参与是民主的前提,没有居民的广泛参与,就不可能有社区民主的发展。以社区互助社的培育为起点,进一步加大中介组织培育力度,不断提高社区居民的组织化程度,既可以激发居民参与社区公共事务的热情,也有助于提高居民有序参与的水平,从而提高整个社区民主化水平,使社区政治文明建设达到新高度。

（三）互助社是怎么运作的？

"采血"——发展互助资源。是否具备丰富的救助资源是互助社运作效果的决定性因素，"一家亲"互助社成立后，互助社工作人员通过多渠道、全方位的宣传动员，积极争取社区成员单位、居民群众、共建单位关注这一新生事物，给予力所能及的资助。区民政局、教育局、苏美达集团、市广告公司、市百货批发公司以及驻区中小企业、个体经营户、社区广大居民特别是在职党员家庭对"一家亲"互助社倾注了极大的热情，纷纷出资捐物。街道办事处及时成立了"互助基金协会"，拿出10万元互助基金，专项用于社区特困家庭救助，并牵头组织协会会员单位，保证了互助社具备了相对充足的救助物资。

"造血"——增强服务力量。针对社区居民多元化服务的实际需求，互助社大力发展志愿者互助队伍，动员组织社区内有技术特长的志愿者积极投身社区互助服务活动，为特困家庭提供福利服务。同时应用市场机制，依托"万家帮服务公司"、《南京晨报》阿福便民网的服务优势，区分不同家庭情况，及时为居民提供无偿、低偿、有偿的便民服务，努力为互助社汲取公益基金，实现了社区服务与社区救助的有效结合。社区内经常接受救助服务的"低保"家庭，在互助社的组织下也以治安、环保等公益性服务活动的形式，加入到互助服务行列之中。

"输血"——提高互助效率。互助社在实施社区救助中涵盖了传统实物、资金、服务、结对、政策五种形式的救助形式，最重要的是把救助资源在第一时间送到社区最需要的群体手中。实践中主要表现在几个方面：一是把互助社接受捐赠来的实物陈列公示在办公区，供成员根据自身需要选取；二是领取受赠物资手续简单，小件物品登记即可，大件物品（价值50元以上的）互助社及时组织监督委员会讨论决定；三是切实关注困难群体需要，救助内容针对性强，例如为孤寡老人提供生活服务救助，对困难家庭子女入学提供助学服务，对下岗失业家庭提供再就业"空白期"的补充援助等。

"管血"——完善监管机制。主要包括三个方面：一是实施社区互助事务公开，对社区成员救助、政府资助和社会捐助的物资、接受捐赠的家庭、赠品、接受服务的对象、内容进行规范登记，并及时在社区"公德栏"进行详细公示；二是从社区成员代表中聘请互助服务监督员，民主确定社区重点救助对象，监督捐赠物资的发放；三是建立社区财务代理制度，在街道建立了社区财务代理中心，统一对社区建立帐目，加强管理。街道业务指导部门定期会同社区成员代表对互助社财务情况进行审核，确保互助基金流向的公益性。

（四）对社区互助社的工作的体会是什么？

（1）互助社培育了友爱互助的社区精神。互助社成立一年来，"人人为我，我为人人"的互助服务宗旨深入成员观念；一方有难、八方支援的社会主义精神在社区不断宏扬，平等友爱、互助互济的良好风尚在社区逐渐养成，社区真正成为了群众关系和谐、安居乐业的大家庭。

（2）互助社做强了救助与服务。一年来街道5个社区互助社共接受社会捐助资金3万余元，接受社区单位、居民捐赠衣物等物资五千五百余件、各类学习、日常生活用品价值二千七百多元，发展社区互助志愿者449人，捐助社区特困对象629人，资助社区特困家庭子女入学93名，为社区居民提供互助服务一千零四十余次，牵头促成救助对子22个。目前在"一家亲"互助社这一组织框架下，融政策、资金、实物、服务、结对五种形式为一体的社区救助互助机制呈现出良好的发展势态。把传统的政府定期劝募救助变成了社区自我实现的长期自助。

（3）互助社有效带动了机制创新。2003年4月份社区居委会换届选举以来，产生的15名居委会主任主要从事社区民主自治建设，同时招聘的9名专职社区工作者以社区事务管理站为阵地，承载了政府职能延伸部分的工作，去年8月份"一家亲"社区互助社相继成立后，有效整合社区资源、调动各方积极力量，解决特困群体的现实困难，并通过市场手段，形成了长效救助服务与便民服务机制。促进了社区居民的有序参与，扩大了基层民主。一家亲"互助社作为社区重要的中介组织，把社区服务这一重要项目承担下来，在改变政府经营社区的旧传统、实施"小政府、大社会"格局中迈出了重要一步；把社区工作者从纷繁复杂的事务中解放出来，使建立适应形势发展与居民需求的社区良性运行机制成为可能，实现了社区建设由活动型、阵地型向机构型的升华。

（4）互助社有力促进了地区的稳定发展。互助社成立初期即处于全市"三小车"整治、老城拆迁改造环境之中。新街口街道"三小车"主占全区总数的1/6，老城改造拆迁面积是区域总面积的2/5。一年来"一家亲"互助社坚持把社区困难群体作为重点救助与服务对象，采取多种方式，提供力所能及的支援，在环境相对复杂的局面下，始终保持社区内时时处处洋溢着政府的关怀和社区成员之间的理解与支持。在近期街道组织开展的首届"社区互助节"系列活动中，体现出的互助精神成为社区健康、持续发展的宝贵财富。

（资料来源：中国江苏网）

项目四　社区文化建设

项目简介

社区文化建设是社区建设的核心内容之一。目前，社区文化建设是指加强思想文化阵地建设，不断完善群众文化设施，组织开展各种文体、教育、娱乐、科普等活动，倡导科学文明健康的生活方式，形成健康向上、文明和谐的社区文化氛围。社区建设的最终体现就是人们对社区的文化认同。

社区文化建设在满足居民日益增长的物质文化生活需求，增强社区居民的归属感和认同感，塑造良好的人文氛围，提高全民文化素质和道德情操，提升城市品位等方面都具有积极的意义和重要的作用。

学习目标

知识目标：通过学习，学生需要掌握社区文化的基本内涵、社区文化在社区建设中的重要作用；掌握社区文化设施、文化队伍、文体活动、社区教育的基本含义及相关理论知识。

技能目标：通过学习，系统地掌握社区文化设施建设、文体活动建设及社区教育的基本流程及每一个环节的方式方法，通过任务实训和课业实训真正做到学以致用。

学习导航

公共知识链接
任务一　社区文化设施建设
任务二　社区文体活动建设
任务三　社区教育

公共知识链接

一、社区文化的含义

文化本性的核心和根本是人,文化是人创造的成果和取得成就的标志,是人的能力的现实化与客观化。文化就是人化,其本质功能是"化人",即教化人、感化人、优化人、塑造人。

从广义上讲,社区文化是指社区居民在一定的地域内通过长期的实践而创造出的物质文化和精神文化的总和。从狭义上讲,社区文化是指特定区域内的社会共同体所反映出来的有关人的行为模式、社会习俗、生活方式、价值观念、思维定向等文化现象的总和,以及提高社区成员素质,满足社区成员精神要求,活跃社区成员文化生活的社会性、公益性文化活动。

社区文化包括社区的群体意识、价值观念、风俗习惯、生活方式、历史传统、行为规范等内容,其中价值观念是社区文化的核心,社区文化建设直接关系到广大人民群众的文化生活质量,关系到整个社会的文明程度。社区文化不可能离开一定的形态而存在,这种形态既可以是物质的、精神的,也可以是物质与精神的结合。因此,社区文化的内涵包括精神文化、制度文化、行为文化和环境文化四个方面的内容。

(一)精神文化

精神文化是社区独具特征的意识形态和文化观念,包括社区精神、社区道德、价值观念、社区理想、行为准则等,是社区成员价值观、道德观生成的主要途径。这里,特别将那些指向性强烈、精神性突出的活动等也算作精神文化建设的范畴,例如社区升旗仪式等。由于精神文化具有明显的社区特点,往往要多年积累,逐步形成。

(二)制度文化

制度文化是社区成员在生活、娱乐、交往、学习等活动过程中形成的,与社区精神、社区价值观、社区理想等相适应的规章制度,对保障社区文化持久、健康地开展具有一定的约束力和控制力。制度文化可以粗略地分为两大类:一类是物业管理企业的各种规章制度;另一类是社区的公共制度。企业的规章制度和社区的公共制度都可以反映出社区价值观、社区道德准则、生活准则等。

(三)行为文化

行为文化也称为活动文化,是社区成员在交往、娱乐、生活、学习、经营等过程中产生的活动文化,即通常所说的文艺演出、娱乐休闲、民俗节庆、科普专题等社区文化活动。这些活动实际上反映社区的社区风尚、精神面貌、人际关系模式等文化特征,如社区之"手",动态地勾勒出社区精神、社区理念等。

(四)环境文化

社区环境是社区文化的第一个层面,它是由社区成员共同创造、维护的自然环境与人文环境的结合,是社区精神物质化、对象化的具体体现,主要包括历史遗迹、古典建筑、博物馆、绿地、雕塑、壁画、生活园区的公共空间、建筑小品、休闲娱乐环境、文化体育设施等。通过社区环境,可以感知社区成员的理想、价值观、精神面貌等外在形象,例如残疾人无障碍通道设施可以充分体现社区关怀、尊重生命、以人为本的社区理念;怡人的绿化园林、舒心的休闲布局、写意的小品园艺等都可以营造出理想的环境文化氛围,满足居民对高品质的居住环境的需要。

二、社区文化的特征

(一)地区性

社区文化具有明显的地域特征。一个地区的特点表现为特殊的气候条件、特殊的地形地貌、特殊的生态条件和特殊的民族风俗等。社区是地域文化特色形成、保持、传承和创新的基地,是地域文化的发源地。各个社区的地域民族文化的交融和汇总构成社会文化,社区文化的同化在社会文化中形成,社会文化的变异在社区文化中产生。社区所在地区的特殊气候条件、特别地形地貌、特有生态条件都是社区文化的地域性特点形成的本原性因素。

(二)群众性

社区文化是群众自己的文化,是普通百姓的文化,体现在两个方面。首先,尽管每一个个体都对社区文化产生影响,但都不能单独代表区域群体的文化,而群众共同参加的文化活动才能构成社区文化的主流。社区中每一个个体不管在其工作单位做什么工作,背景如何,在社区活动中都是一个普通参与者,可以说,群体文化的普遍性已经掩盖了个体的特殊性。因此,从整体上看,社区文化属于普通群众的文化,而非特殊个体的文化。其次,从文化活动的主体和客体来看,活动组织的主体、表现的主体都是社区群众,而作为客体的被组织者和参与者也都是社区群众,因而社区文化属于群众文化。

社区文化的群众性有三层基本意思:依靠社区群众推进社区文化建设,是社区文化工作的出发点和归宿点;社区文化要面向基层,服务于本社区的居民群众;社区文化的优劣,要由社区居民群众来检验,要以他们的评判为标准。

(三)共享性

社区文化是全体社区成员在实践活动中共同创造的,因而为社区成员所共享。社区居民不仅是社区文化活动的参与者、创造者,也是社区文化活动成果的维护者、受益者。他们在自娱自乐中愉悦身心,在相互观摩和切磋中增强人与人的沟通,在互帮互助中创造良好的社区氛围。正因为社区文化能为它的成员所共享,其中富有特色的优秀部分,特别是风尚、礼仪、民俗和民间艺术,才得以保留和传承。社区文化在实践的同时也表明,社区文化的共享性越多，社区的凝聚力就越强，社区成员的归属感就越强。

（四）多样性

社区文化的多样性表现在社区文化服务的对象是多样的。在一个社区内，有教师、工人、学生、军人、经营者等，因此，社区文化要尽量满足多种人群的需要。社区文化设施也是多样的，有文化宫、文化站、文化室、少年宫、青年宫、俱乐部等。社区文化的多样性表明，社区文化服务要尽量适合各种人群的需要，要尽量丰富多彩，要充分发挥社区内人力、物力、财力、设施的整体优势，为社区文化服务。

三、社区文化在社区建设中的作用

社区文化是社区全方位的文化，在社区建设中具有非常重要的作用，其作用主要体现在以下几个方面。

（一）社区文化营造"社区精神"

一定的社区文化，在一定时期内，总会强调特定的文化理念，从而规范和影响社区群众的行为模式，并排斥其所否定的价值观念和行为方式。社区文化一方面不断鼓励社区群众与现实之间以及社区群众之间的相互协调；另一方面也在不断引导人们追求高尚的理想和目标。这样，社区成员在长期的交往中逐步形成了共同的理想目标、价值观念、风俗习惯、信仰和归属感，即形成了某一种共同的"社区精神"。

社区文化总是要倡导社会所认定的积极的价值观、人生观和行为方式，有利于提高人们的精神境界；社区文化的群众性活动的开展有利于增进社区群众之间的感情，形成良好的人际关系，增强社区成员的认同感和归属感；同时社区文化以其最活跃、最生动、最具吸引力、最易于为人们接受的生活方式满足了广大社区群众的精神需求。

（二）社区文化为"社区综合竞争力"的提高创造良好的文化氛围

"社区综合竞争力"体现了一种新的发展理念，它以新的发展观为基础。增强"社区综合竞争力"不能单单理解为提升社区的经济增长能力，而应理解为社区经济、文化、自然的持续、协调地发展。对于"社区综合竞争力"的提升，软实力即社区文化的作用非常关键。

文化可以通过对社会制度构成要件的指导，实现社会经济体制和政治体制的优化，为"社区综合竞争力"提供精神动力；社区文体活动和社区教育提高了社区群众的综合素质，为"社区综合竞争力"的提高提供智力支持；主要包括文化娱乐业、影视及影像制品业、新闻出版业、文化旅游业以及一些与文化相关的美食、美容、时装、休闲等的社区文化产业为"社区综合竞争力"创造了巨大的经济价值；社区文化就是社区的气质和灵魂，一流的社区文化塑造一流的社区形象，社区文化是"社区综合竞争力"提高的象征。

（三）社区文化提高社区居民的综合素质

社区居民的综合素质是一个具有基础性、系统性和层次性的大概念，不仅体现了一个社区全体居民的文化教育水平、道德风貌、精神状态、健康等人文状况,而且还反映着一个社区的人力资源的数量和质量。社区居民的综合素质一般包括以下几个方面:受教育程度、道德水准、精神状态、健康状况和创新能力等。这几个方面形成一个综合的统一体,共同反映社区居民的综合素质状况。只有全面提高社区居民的综合素质,才能不断推动社区建设向前发展,而要提高社区居民的综合素质水平,就不能忽视社区文化的重要作用。

社区文化在提高社区居民综合素质方面的作用主要体现在它的教育功能上。社区文化教育除了学校教育和专业教育外,还有社会性自我教育。社会性自我教育主要通过不断向社区传播科学文化知识和潜移默化的渗透方式来实现。社区文化针对不同的服务对象和特点,开展形式多样的教育活动,例如传播科技文化知识、开设服装设计、烹调、缝纫、文艺、健身、机修等培训班,这不仅可以提高社区居民的社会科学和自然科学知识水平,还可以使其在活动中学到各种技能。同时,在社区,各种各样的国家大政方针、法律法规的宣传活动和群众性的自娱自乐活动等都可以使居民在精神上得到慰籍,在思想和道德上受到历练与提升。另外,社区的医疗、卫生保健等知识宣传、服务活动有助于增强社区居民的卫生保健意识,有助于他们身体素质的提高。总之,社区文化在提高社区居民的综合素质方面发挥着重要作用。

(四)社区文化是建立社区"理想家园"的文化基础

可持续发展的社区是以科学美好的"理想家园"为目标的。这种"理想家园"包括三项主要内容:法制化管理、良好的治安和美好舒适的绿色环境。

社区法制化管理以社区文化为背景,要科学地管理社区,既要在社区居民中形成一种以法制规则为基础的文化,建立法制,又要创立一套维护社区稳定发展的道德体系,以营造社区文明环境。

社区文化是影响社区治安的深层次因素,是建立社区良好关系的精神纽带。良好的社区关系有利于增进居民之间的相互沟通、相互了解、相互约束,有利于减少摩擦、减少犯罪。

绿色环境是现代文明社区的重要标志。进入 21 世纪以来,"绿色文化"已成为日益成熟的全人类文化。"绿色文化"倡导正确的生态系统、健康的生活方式,引导人们建立一种可持续发展的社区消费文化。"绿色社区"正是以"绿色文化"为背景,以人与自然的和谐共处为基础,来营造以"理想家园"为目标的生活方式。

任务一 社区文化设施建设

社区文化设施是社区物质文化的重要组成部分,也是开展社区文化的重要物质保障。文化设施建设是构筑社区公共文化空间的主要途径,是社区居民参加公共活动、享受文化成果、进行文化创造的主要依托。只有加强社区文化设施建设,才能有效保障居民文化权利。

一、基础知识

1. 社区文化设施的构成

社区文化设施主要包括两大类。

第一类社区文化设施是硬件,包括社区文化活动中心(站)、社区学校、社区文化广场、市民文化茶座、影剧院、歌舞厅、网吧、体育场馆、市民健身场地等;也包括社区内的宣传设施:例如宣传橱窗(栏)、文化墙、文化长廊、文化景观、综合展示厅、图书馆(室)、纪念馆、美术馆、科技馆、博物馆等。

第二类社区文化设施是软件,包括社区报纸、宣传网站、社区论坛等。

2. 社区文化设施建设的重要性

在一个社区内配套建设一定的文化设施,是加强社区文化建设的前提和基础。社区文化设施不仅具有认知的功能,可以满足居民认知的需要,而且具有健身娱乐的功能,可以满足居民锻炼身体、陶冶情操的需要。所以,从某种意义上来说,一个社区拥有的文化设施的数量、种类和分布状况,既能反映该社区乃至整个城市的经济实力和社区建设的成就,也直接决定着社区文化生活的质量,体现着该社区的风貌和居民的文化素养、审美趣味。著名的文化设施甚至会成为社区文化的象征。

二、实务操作

基本流程: 学习社区文化设施建设的相关政策→调研社区文化设施建设现状→社区文化设施建设的策划与实施→社区文化设施建设的评估。

(一)学习社区文化设施建设的相关政策

方法提示: 搜集、学习相关部门社区文化设施建设的相关政策,领会其指导精神。

党的十七大报告指出,要"兴起社会主义文化建设新高潮","推动社会主义文化大发展大繁荣","保障人民基本文化权益","让人民共享文化发展成果"。这些新观点、新思想,充分强调让人们在感受到经济发展成果的同时,不断丰富和提升精神生活,使社会文化生活更加丰富多彩,使人民精神风貌更加昂扬向上,从而鼓舞人民在党的正确领导下,为实现全面建设小康社会的目标努力奋斗。党的十六届六中全会做出的《中共中央关于构建社会主义和谐社会若干重大问题的决定》也指出,社会要和谐,首先要发展,必须更加注重发展社会事业,推动经济社会协调发展。加快发展文化事业,满足人民群众文化需求。坚持把发展公益性文化事业作为保障人民文化权益的主要途径,加强公益性文化设施建设,加快建立覆盖全社会的公共文化服务体系。要优先安排关系群众切身利益的文化建设项目,突出抓好社区文化站(室)建设、全国文化信息资源共享工程。

各地方政府也在学习领会党中央精神的基础上制定了本地区的社区文化设施建设的相关政策规定。例如江苏省镇江市文明办出台的《关于加强市区社区文化设施建设的意见》等。

项目四 社区文化建设

(二)调研社区文化设施建设现状

方法提示:采用问卷调查、实地访谈、查阅文献资料等方法调研拟建设社区的文化设施建设情况,主要包括社区文化设施的基本内容、社区文化设施建设已经取得的成绩、社区文化设施建设中存在的问题。

案例示范 4-1

关于西区社区文化体育设施建设情况的调研报告(节选)

为切实了解我区社区文化体育设施建设现状,全力推动创建"全国和谐社区建设示范区"工作的开展,区政协学习文史教科文卫委员会根据 2010 年工作安排,于 6 月 30 日,组织部分政协委员组成调研组,对我区社区文化体育设施建设情况进行了专题调研。调研组实地察看了清香坪街道梨树坪社区、河门口街道北街社区和高家坪社区的文化体育设施建设情况,走访了部分社区居民,听取了区文体旅游局关于社区文化体育设施建设情况的汇报并进行了座谈讨论。现将调研情况报告如下。

一、基本情况

全区 35 个社区中,共有 32 个社区拥有图书阅览室,18 个社区拥有综合教育培训室,21 个社区拥有多功能文化活动室和文化宣传画廊,31 个社区拥有室外活动场地 14.6 万平方米,30 个社区拥有秧歌、健身舞蹈、健身操、腰鼓、扇子舞、合唱等文体演出队伍二百余支,文体骨干三百多人。全区现有各类可向社区群众开放的开展体育活动的运动场地四十多个,社区健身路径 65 套,室内文体活动场地 1.1 万平方米。区委、区政府通过招商引资、政企合作等方式修建的玉泉广场、杨家坪社区广场、漂流广场等成为社区文体活动的主要场所。区级文化馆、图书馆、青少年活动中心及企业、学校、公园等活动场所也为社区开展文体活动提供了积极的支持。

二、存在的主要问题

(一)社区文体设施建设缺乏统一规划,文体设施配备不足。
(二)社区文体设施的建、管、用失衡,管理机制亟待健全和完善。
(三)社区文体设施投入资金不足,未建立多渠道的资金投入机制。

(资料来源:四川攀枝花市西区网站)

(三)社区文化设施建设的策划与实施

基本流程:构建社区文化设施建设的指标体系→策划社区文化设施建设方案→实施具体的建设措施和建设方案。

1. 构建社区文化设施建设的指标体系和建设方案

方法提示：参考相关部门的政策规定→联系本社区实际。

目前社区文化设施建设方面一般应该达到"五个有"的基本要求：有社区图书室，有社区文化活动室，有社区文化广场，有文化信息资源共享工程，有宣传橱窗（栏）。有条件的社区可以设置综合展示厅。

具体的指标体系参见表4-1。

表4-1 社区文化设施建设的指标体系

指 标	单 位	数 值
社区文化中心	m^2	>150
社区图书馆	个	1
社区文化活动室（含棋牌室等）	m^2	200
社区文化广场	m^2	500
文化信息资源共享工程	项	≥2
宣传橱窗（栏）	个	>20
社区学校	个	1
社区健身园（馆）	个	2
歌厅舞厅	个	1
儿童乐园	个	1

在具体指标体系的基础上制订切实可行的建设方案。

2. 遵循社区文化设施建设的原则

（1）社区文化设施建设与社区规划同步。

一是有关部门在审批房产开发或城区改造方案时，邀请社区文化主管及职能部门参与整体规划，将社区文化设施建设与社区整体建设有机融合；二是对于形成较早、缺少文化设施的社区配合拆违、改建，实现社区文化设施的配套建设，使社区居民在享受物质文明的同时，充分享受精神文明，这有利于社会的安定和谐。

（2）充分利用和科学整合社区文化资源。

合理地配置文化设施资源，以最大限度地发挥不同层次文化设施的功能和作用。例如将社区内归属于企业、学校的文化场所及设施对社区居民群众开放，既补充政府投入的不足，又避免文化活动场所及设施的重复建设及资源的浪费。

（3）积极探索文化设施的市场化经营管理。

随着居民生活水平的提高，居民对文化产品的需求越来越强烈，有相当一部分居民从观念上和经济能力上都能接受一些社区文化产品的有偿消费，因此对不同的社区文化设施可以分类管理，在提供公益性服务为主体的前提下，适当开发有偿服务项目，以有偿服务的收益用于增加公益类文化服务项目，维护文化设施的正常持续使用。

(4) 合理布局与配置。

社区所包含的群众层次较多，社区文化设施、设备在总量上可以满足社区居民的文化需要，但布局与配置不合理，同样也达不到满足社区居民文化需要的目的。这就要求社区文化设施、设备的分布要考虑社区居民的居住密度、文化程度、职业结构等因素。

(5) 体现本社区文化特色。

社区文化设施、设备是人类文化发展变更的象征和见证，它应当鲜明地反映出该社区文化的历史传统、民族特点和时代特色。社区文化设施、设备只有凝固了该社区的历史文化传统和民族特点，才能使本社区居民产生自豪感和亲切感，才能对外来人员产生强烈的吸引力。

3. 多途径加强社区文化设施建设

方法提示：充分挖掘现有的资源→整合资源，共建共享。

社区文化设施建设需要投入很大的资金，在目前财政支持不足的情况下，需要社区在充分挖掘现有资源的基础上，进一步拓宽途径，例如采用租赁、与驻区单位共建共享、对原有的设施改造、争取赞助等方式，逐步健全社区文化设施。济南市社区公共文化设施建设的创新模式为我们提供了宝贵的经验。

案例示范 4-2

济南市创新模式加快社区公共文化设施建设（节选）

新建一批。把新建一批社区室内文化活动场所，作为加快社区公共文化设施建设的首要任务。抓住全市进行棚户区改造、新建大批居民小区的机遇，切实将社区室内文化活动场所与居民新区同步规划、同步建设、同步投入使用。其他居民小区创造条件，利用闲置空间，规划建设一批新的公共文化活动场所。

改造一批。对室内文化活动场所达不到有关标准要求的社区，通过改造扩大面积，提升功能。在改造扩建中，坚持高水平设计，高质量建设，坚持因地制宜，能加层的加层，能原地扩建的原地扩建，能与相邻房屋合并扩建的合并扩建。

租赁一批。在一些老社区和近几年新建的封闭管理居民小区，通过新建、改造都很难增加室内文化活动场所的，有关单位可以采取租赁办法，通过租赁闲置厂房、经营用房和民用住房等方式，解决公共文化设施不达标的问题。对于租赁用房不适宜做群众性文化活动场所的，要进行必要的改造，确保文化设施应有的功能。

置换一批。社区文化活动场所要尽量设立在方便市民随时参加活动的区域。对一些远离居民小区的文化活动场所，要通过置换等方式进行调整。对一些新建、扩建都很难实施的社区，也可考虑对现有的闲置厂房、经营用房、民用住房等进行置换。

收回一批。许多社区前几年兴建了一批老年人活动之家、计生宣传站、市民学校等室内文化活动场所，但受经济利益驱动等原因，有些文化活动场所被挪作他用。各区、街将深入调查，摸清挪用场所的底数，坚持讲大局、讲政治，毫不犹豫地将挪作他用的文化活动场所收回，恢复其公共文化活动设施的原有功能和用途。

整合一批。近几年，有关部门在社区建设了计生宣传站、老年人活动之家、就业服务站、科普大学等一系列服务设施，但由于诸多原因，有的利用率不高，有的甚至闲置。将按照"整合资源，充分利用，方便群众"的原则，对其进行必要的整合，促使为居民服务的各类设施在空间布局上尽量集中，在服务项目上尽量齐全，在日常管理上力争规范。

共享一批。制定《济南市社区文化资源共享实施办法》、《济南市社区公共文化设施建设管理办法》，在坚持因地制宜、注重实效、主动参与、互惠双赢，公益性为主、社会效益为重，团结互助、共创和谐的原则下，所有驻社区范围内的机关、企事业单位、大专院校、科研院所等单位的非经营性文化、体育活动场所等资源将全部面向社区居民开放，实现社区文化资源共建共享。同时，鼓励驻地经营性文化单位积极参与文化资源共享工作。驻社区经营性文化场所，可根据自愿、共享、共赢的原则，对社区居民给予价格优惠、定时免费等服务。地方政府可根据情况对经营性文化场所无偿向驻地居民开放的，给予适当经济补贴。凡实行文化资源共享单位，由市、区有关部门统一挂牌命名，同时通过一定形式向社区居民公示。公示内容包括向社区居民开放服务时间、服务范围、服务内容等，确保社区居民共享文化资源成果。

（案例来源：济南市政府网站）

案例评析：济南市社区综合运用七种模式，融合社会资金，发挥辖区单位的文化资源优势，共驻共建；盘活存量资产，防止了单位资源的"闲置化"，提高了文化资源使用效益；促进了社区文化建设的社会化和集约化，最大限度地满足社区居民群众精神文化生活的需求。

4. 促进社区文化设施的合理利用

方法提示：宣传到位，加强管理。

"合理利用"包含了几层含义：一是充分利用，提高利用效率；二是科学使用，保护设施的完好；三是充分体现社区文化设施的服务功能。如何做到"合理利用"？一是加大宣传力度，在保证设施完好的基础上物尽其用；二是加强指导、监督与管理；三是多开展服务活动，多体现社区文化基础设施"公益性"的特征。

5. 理顺机制，各方参与

方法提示：政府资金专项投入、政策支持→社会资金的投入，各方参与。

社区文化设施建设方面，要采取政府主导、社会参与，社区单位和企业积极参与社区共驻共建，切实改善社区基础设施条件。

一方面，政府把社区文化设施建设纳入公共文化服务体系建设的范畴，予以专项投入。目前社区文化没有专项的资金，应将其纳入公共文化服务体系建设的范畴，并列出专项，以保障社区文化软硬件建设的资金来源；另一方面，政府应通过出台政策（例如要求房地产开发商在新居民小区规划设计中要留出社区建设必需的基础设施用地；城市旧房改造时必须对拆除的原社区办公及文化娱乐设施予以相应补偿；对投资商投资建盖社区办公用房、文化活动室和文化活动中心等，应给予相应减免税优惠等）、制定规划（应将社区办公及文化娱乐设施等建设纳入城乡建设总体规划）。有专家认为应加大社区文化建设的立法力度，建议把社区文化建设纳入"十二五"规划。目前新建小区的社区文化建设正呈蓬勃发展的态势，但许多城市的老城区和老街道由于人口密集，很难规划出专门的社区文化活动用地，一旦纳入"十二五"规划，政府就可以协调解决相关问题，包括用地和人才等。

另外，制定相关优惠政策，鼓励社会力量参与社区文化建设。由于缺乏优惠政策和扶持措施，社会资金和资源对社区公益文化投入缺乏积极性。应出台相应的税费优惠政策，鼓励社会资金投入社区文化设施建设，形成社会资源共享、多方积极投入的社区文化共享、共建局面。

（四）社区文化设施建设的评估

方法提示：确定评估主体→确定评估内容→确定评估标准→确定评估方式。

社区文化设施建设工作的评估主要从以下几方面着手进行。

1. 确定评估主体

在整个评估体系的评估过程中，应设立"评估工作小组"，一般主要由区民政主管部门代表、街道有关部门代表、居民部分代表、驻区单位部分代表和社区工作人员代表组成。

2. 确定评估内容和评估标准

评估指标的确定，要以社区文化设施建设的指标体系为主要内容，应主要考虑两个方面：一是建设的指标体系有没有完成；二是文化设施的利用率。具体的利用率，每个社区可以根据本社区的实际另行设定。

3. 确定评估方式

评估方式可以采用自评和有关单位组织评估相结合的方式，具体的评估方法主要有三种。

（1）现场打分。

例如社区文化设施的数量、是否齐全等方面都是可以通过直接观察就可以立刻得出结果的，都属于现场打分范围。

（2）通过查阅资料打分。

这是要通过查阅大量的有关资料才能评估的。例如社区文化设施建设的策划方案、具体操作措施、利用率情况等都需要查阅大量的工作资料才能得出结果。此种方法打分可以同时检查社区文化设施建设方面的实际工作情况和台账记录情况。

（3）民意调查。

社区文化设施建设工作的出发点和落脚点都是群众满意不满意，所以民意调查必备可少。

三、任务实训

调查你所居住社区的文化设施建设情况，为该社区的文化设施建设策划方案，并参与实施过程。

四、巩固提高

1. 知识回顾

（1）社区文化设施的构成。
（2）社区文化设施建设的基本流程。
（3）社区文化设施建设每个环节的方式方法。

2. 案例分析

谈谈以下案例对我们在社区文化设施建设方面的启示。

北京市朝阳区"两手抓"文化设施建设

北京市朝阳区社区文化在区政府的高度重视和大力扶持下，形成了先进文化领军、高雅文化与大众文化融通、时尚文化与民俗文化互补、娱乐文化与先锋艺术并存的活跃局面。国际国内的专业民间文艺团体你方唱罢我登场，活跃在城乡社区的群众业余文艺队伍，每天都在为大众提供多种形式的文化大餐。当地人民对文化需求的满意度，就挂在每一个人的脸上。这一成绩的取得首先来自于区政府对社区文化建设的深刻认识，区委书记在解释为什么如此重视文化建设时说："没有文化，就没有文明；没有文明，哪来和谐社会？"

首先，区政府这只"看得见的手"负责提供基础文化设施建设，市场这只"看不见的手"则承担大型高档商业文化设施的运作，两手并用打造社区文化的基础设施建设。

朝阳区委区政府把满足人民群众多方面、多层次、多样性的文化需求，列为文化建设的重中之重。他们专门制定的《推进基层文化建设实施意见》中，明确提出确保文化政策向基层倾斜。为此，他们每年都有文化专款投向街乡社区村庄，并优先安排与群众文化利益密切相关的基层设施建设。在他们眼里，这是在奠定和谐社会的基石。

著名的大型高档文化园"欢乐谷"及其旁边的大剧院则是在市场机制"这只看不见的手"的运作下建成的。大剧院拥有 1 500 个座位，舞台可以满足歌唱、舞蹈、戏剧、杂技等各种不同表演的需要，而高达一亿多元的建设资金，全部由华侨城公司提供。民间资本介入文化建设，为朝阳区集中财力进行基层文化设施建设，预留了一个很大的空间。这样的政策促成了基层文化设施建设由政府"埋单"、大型高档文化设施运用民间资本建设的新机制的形成。

（资料来源：节选自杨军等主编的《首都和谐社区建设典型案例评析》，经济科学出版社，2009 年 10 月版）

任务二　社区文体活动建设

一、基础知识

（一）社区文体活动的基本含义

社区文体活动是指社区成员开展的业余文艺、体育活动。社区文体活动有自娱自乐、丰富多彩、雅俗共赏的特点，有娱乐、审美、教育、宣传、装饰、交际、健身强体等多种功能。社区文体活动是形成社区认同感和归属感的主要途径，是形成社区吸引力、感化力、凝聚力和创造力的重要载体，是社区文化风格、民俗特色和经济活力的直接或间接的展现。

（二）社区文体活动的类型

1. 按照活动群体划分

（1）社区儿童活动。社区儿童活动主要是针对社区内少年儿童所举行的各项文体活动，例如少年宫、少年儿童活动中心举办的儿童绘画大赛、讲故事大赛等。

（2）社区老年活动。社区老年活动即面向社区内老年群体所开展的各种文体活动，例如老年活动中心、老年活动室、健身广场举办的社区老人棋牌活动、健身舞等。

（3）社区青壮年活动。社区青壮年活动主要是面对社区内的青壮年所开展的各项文体活动，面向这种活动群体的文体活动主要以各种培训为主，例如家长学校等。

2. 按照活动功能划分

（1）社区文艺活动。社区文艺活动是指社区成员所从事的业余文学艺术以及娱乐性活动。社区文艺活动有自娱自乐、丰富多彩的特点，主要包括报告文学、舞蹈、喜剧、书法等。

（2）社区体育活动。社区体育活动是指社区居民在社区范围内长期生活中所开展的各项体育活动，主要包括大众健身和竞技比赛两个部分。

（3）社区民俗活动。社区民俗活动是针对民俗而言的。民俗起源于人类群体生活的需要。

（4）社区教育活动。社区教育活动即社区内所举办的教育活动，主要是培训等。

3. 按照活动内容划分

（1）理智文雅型。例如读书、抚琴、对弈、吟诗、歌咏活动、舞剑、打拳、绘画、养花、饲鸟、练字、收藏、登高、出游、评论等，古已有之，常伴以焚香、山水及风月等物质环境的幽雅而令人心旷神怡，从而成为一种境界，并至今连绵不绝。

（2）自然主题型。例如"庆元旦迎新年读书演讲"，"夸家乡赞改革文艺晚会"，"对口帮扶争先创优游艺活动"，乃至以表彰学习本单位某个先进典型命题的知识竞赛晚会，都可以划归这一类型。这类活动的特点是有中心内容，有主题。

（3）情感联谊型。例如与附近乡村、厂矿、企业、学校和友邻单位共同举办的卡拉 OK 演唱会，"开业庆典联欢晚会"之类。意在增进了解，沟通感情，借助外力激活文化氛围。

（4）趣味智力型。例如迷宫捉迷藏、智取花蝴蝶、趣味数学、外语趣答、对联征集、猜谜晚会和智力测验晚会等，外延较为宽泛，内容不拘一格，重在愉悦身心，锻炼智力，营造团结友爱、健康向上的氛围。

（5）技巧竞赛型。这类活动突出一个"赛"字，赛歌、赛诗、赛春联、赛健美、赛军棋、赛桥牌、赛象棋，以及球类、田径、钓鱼、跑步、武术、气功、健身迪斯科。还有各种知识抢答，评选一、二、三名，颁发奖品、纪念品，鼓励上进，对培养竞争意识很有意义。

（6）审判教育型。例如组织到烈士陵园凭吊革命先烈，到博物馆、文物展览馆、名人故居、历史遗迹等处参观瞻仰，以进行爱国主义、集体主义、革命英雄主义的教育，是很好的寓教于乐形式。

（7）自学成长型。例如利用图书室、资料室、实验室的优越条件，组织英语速成班、五笔字型培训班、家电维修班、车辆修理班、烹饪培训班、服装剪裁班、蔬菜种植班、新闻报道班等，激发待业者多方面求知成才的积极性。

（8）知识普及型。例如计量知识、普法知识、科技知识、管理知识、计划生育知识的讲座，橱窗展览、黑板报宣传、幻灯投影、专题广播等，以拓宽视野、普及科技、提高素质为目的。

（9）兴趣延伸型。例如根据个人固有兴趣爱好，及时举办集邮展，搞各种小制作、小发明等，使其强化原有兴趣、发展新的兴趣。

（10）艺术欣赏型。例如欣赏百部爱国主义电影、欣赏中外名曲名画、欣赏体育比赛、欣赏艺术团体的演唱，结合进行书评、影评、剧评、歌评、画评、舞评等，进行"人生理想"、"神州山河美"、"祖国不会忘记"征文活动，既能提高鉴赏水平，又能攀上创作的阶梯。

二、实务操作

基本流程：学习社区文体活动建设的相关政策→调研社区文体活动建设现状→社区文体活动的策划与实施→社区文体活动建设的评估。

（一）学习社区文体活动建设的相关政策

方法提示：搜集、学习相关部门社区文体活动建设的相关政策，领会其指导精神。

党的十六届六中全会作出的《中共中央关于构建社会主义和谐社会若干重大问题的决定》和党的十七大报告关于社区文化建设的内容同样适用于社区文体活动建设。

（二）调研社区文体活动建设现状

方法提示：采用问卷调查、实地访谈、查阅文献资料等方法调研拟建设社区的文体活动建设情况，主要包括社区文体活动的基本信息、社区文体活动建设已经取得的成绩、社区文体活动建设中存在的问题。

目前全国范围内很多社区的文体活动都开展得有声有色，红红火火。这些文体活动主要有日常普及型阵地活动和配合中央及市、区有关精神，居委会日常工作及节庆期间举办的大型群众性专题、专场、专项活动，不同类型的群众业余文化组织开展的排练、演出等活动。多层次、多种类、全方位的社区文体活动是社区文化建设的灵魂。

（三）社区文体活动建设的策划与实施

基本流程：构建社区文体活动建设的指标体系→策划社区文体活动建设方案→实施具体的建设措施。

1. 构建社区文体活动建设的指标体系

方法提示：参考相关部门的政策规定→联系本社区实际。

社区文体活动建设的指标体系，可以从宏观上设定（参见表4-2），也可以从微观上设定（参见表4-3）。

表4-2 社区文化建设的指标体系（宏观）

指　　标	单　　位	数　　值
日活动项目	次/日	1~2
周活动项目	次/周	多
月活动项目	次/月	多
年活动项目	次/年	1~2

表4-3 社区文化建设的指标体系（微观）

指　　标	单　　位	数　　值
体育活动	次/日	1~2
体育比赛	次/年	1~2
节日文艺汇演（如七一、十一等）	次/年	1（每种汇演各1次）
社区老年合唱比赛	次	经常
社区卡拉OK比赛	次	经常
社区棋牌比赛	次	经常
社区金秋音乐会等	次/年	1

2. 制订社区文体活动的策划方案

每次具体的文体活动开展前，需要做出比较详细的活动策划方案，内容主要包括活动目的、时间、地点、具体流程、参与方式方法、注意事项、举办单位等基本内容，如果是比赛项目的话还需要明确打分的标准、获奖的名额、奖品的设置等内容。策划方案力求具有可操作性、指导性，活动内容具有创新性。

案例示范4-3

2009年西牌楼社区文化活动方案（节选）

为丰富社区居民群众的精神文化生活，提高人民群众的艺术审美水平，不断满足广大社区居民日益增长的精神文化需求，充分发挥社区在构建和谐社会中的重要作用，更好的活跃居民业余文化生活，真正体现"搭文化台，健全民身"的实际意义。结合社区实际制订如下活动方案。

一、组织领导

社区文化工作由社区党支部书记、主任直接领导，下设社区文体工作领导小组，负责社区文体活动的具体组织实施。

二、指导思想

以党的"十七大"精神和"三个代表"重要思想为指导,坚持"创建先进典型激励人","以丰富的文化生活感染人",不断强化阵地意识、服务意识和精品意识,围绕贴近生活、贴近群众和贴近实际的工作思路,开展一系列丰富多彩、形式多样和群众喜闻乐见的文娱活动,使社区真正成为社区居民"自娱自乐"健康有益的文化阵地,为推进我社区经济、文化协调发展做出积极贡献。

三、时间安排

1. 郊游活动

(1) 踏青活动(4月1—10日)

(2) 九九重阳节,浓浓敬老情——重阳登山活动(10月15—26日)

2. 强化法制观念,关爱未成年人身心健康(5月1—24日)

在社区开展心理健康讲座,由社区民警为学生进行的思想道德教育。

3. 成立社区文艺健身队(3月20日—4月20日)

从3月底开始筹划,4月10—20日为最后预备阶段。拟在社区成立一支社区文艺健身队。

4. 开展邻里节系列活动(5月25日—6月30日)

5月25—30日为预备阶段,根据社区实际确定活动内容,全力配合街道工委、街道科普办的工作安排。6月1—5日,开展"亮出你的绝活"活动;6月6—8日,开展"情暖你我他,爱心奉献活动";6月11—20日,组织社区居民搞一次"社区也有文艺人"演出;6月25—27日,组织居民搞一次"左邻右舍欢乐会"活动;积极组织社区党员开展"文化社区——庆七·一文艺晚会"。

5. 积极配合社区工委开展青少年暑假活动(7月10日—9月1日)

7月10日,慰问孤寡、空巢老人;7月15日,开展剪纸比赛;7月21日,开展网吧小义务监督员活动;7月28日,为社区出科普宣传栏,开展青少年"社区文化墙创意设计大赛";8月8日,争做文明小市民活动;8月19日,观看电教片;8月25日,"文明,从我做起"活动。

6. 召开"居民鱼水情"座谈会(8月1日)

7. 开展全民健身系列活动

9月1—20日,参加街道跳绳比赛;9月28—30日,参加迎"国庆六十周年"社区秧歌表演赛;11月14—18日,开展社区健身操(舞)表演赛;12月25—31日,举办新年联欢元旦庆祝活动。

四、活动内容和要求

(一)要高度重视社区文体活动,加强对文体活动的组织、协调和领导,全面完成全年的活动安排,要把社区文化作为展示社区居民整体文化素质和精神风貌的窗口。

(二)要广泛发动群众积极参加文化活动,发挥群团组织、社会青年和社区居民自我参与、自我娱乐和自我教育的作用,使其成为宣传党的路线、方针政策、抵制歪理邪说、封建迷信和社区中心工作的主阵地。

（三）开展社区文体活动，可与国庆60周年、"三八"国际妇女节、"五一五"国际家庭日、六一儿童节等重大节日，纪念日和社区的中心工作、重点工作结合起来，充实和丰富活动内容，此外要做好各项活动的宣传报道工作，及时上报信息。

（四）社区工作人员、居民楼栋组长要站在全力打造文化品牌、文化社区的高度，统一思想、统一熟悉、全面落实，不得流于形式，敷衍了事。

（资料来源：杭州社区网）

3. 加强社区文体活动团队建设

方法提示：社区文化干部队伍建设→社区文体活动团体（队伍）建设→社区文化志愿者队伍建设。

社区活动的开展离不开社区活动队伍的建设。实践证明，一个社区文化建设搞得好不好，社区文化建设的人才是根本。社区文化队伍是加强社区文化建设的中坚力量和必要条件，是实现群众文化在普及基础上提高的原动力。因此，在社区文体活动主体上，既要广泛吸纳群众参与，又要通过组织各种文化活动、作品创作，在居民中培养、挖掘一批自己社区内的文化名人，建立一支优秀的社区文化队伍，为社区文化活动建设提供强有力的智力支持和人才保证，这也是社区文化活动品味提高的组织基础。

首先，培养高素质的社区文化工作（干部）队伍。社区文化建设的主体是社区居民，因为社区文化建设的目的是实现居民的文化权利。而社区文化干部是社区文化建设的策划者、组织者、协调者，因此，社区文化建设需要一支高素质、有活力的干部队伍和一支业务精、有组织协调能力的文化管理干部队伍组成的社区文化工作队伍，这支队伍与居民贴得最近，最了解居民的文化需求，也更有利于把各项社区文化工作落到实处，是社区文化工作的一支生力军。

其次，挖掘和培养群众性文化团体。社区内日常性的文体活动的主体是社区内的群众自娱自乐、自发形成、自我完善的小群体，即社区群众性文化团体，这是开展社区文体活动的重要力量。社区文体活动团体的建设，一方面需要社区文化工作者的大力倡导与宣传，另一方面需要给予技术等方面的支持与指导。

案例示范 4-4

北京市东城区社区群众性文化团体的建设

东城区独具特色的"社区文化细胞"工作是1995年开始进行的，"社区文化细胞"也就是基层的"文化兴趣小组"，是指最基层、最基本的社区文化群体，是群众自娱自乐、自发形成、自我完善的小群体。"社区文化细胞"，是示范性强、特色突出的团队会组，以及或有民间文艺绝活或有文艺专长或有一定藏书量并参与大众读书活动的家庭。在东城区的社区文化组织中，"社区文化细胞"发挥了典型引路的作用，创造了很好的经验。发展有特色的"社区文化细胞"，使其在数量、质量上求得发展，是东城区文化网络建设中的一项重要任务。每个街道积极组织培养，区社文委办公室于半年和年底组织验收，并对30%的优秀文化细胞进行表彰。从2001年开始，"社区文化细胞"已发展到三百余个。这些文化细胞在组织形式上包括团队会组、特色家庭，在艺术形式上，包括音乐、舞蹈、书画、民族民间艺术等，如合唱队、秧歌队、时装表演队、书画协会、诗社、布贴小组、车技之家等。其中，特色突出的"文化细胞"如车技之家、布贴艺术、手工艺家庭、梁园诗社、玻璃画、鸽哨制作、微缩景观工艺家庭、烙画工艺家庭、帛雕、空竹之家、脸谱艺术等，不胜枚举。特色鲜明的"社区文化细胞"既丰富了群众文化生活，又为保护民族民间传统文化提供了宝贵经验。在"社区文化细胞"的带动下，活跃在东城社区内的业余文化团队已达到八百余个，充分发挥了社区文化骨干作用。

（资料来源：节选自杨军等主编的《首都和谐社区建设典型案例评析》，经济科学出版社，2009年10月版）

最后，建立社区文化志愿者队伍。发动社会方方面面，参与社区的文化工作，为社区文化多作贡献，把文化向基层延伸，向社会延伸。事实上，有些文化志愿者队伍已经在开始为社区服务，这些服务分为智能型、技能型和体能参与型。他们或用智慧参与社区文化总体规划建设，或用专业特长指导与辅导社区文化，或用业余时间参与社区活动，体现参与和服务的价值。社区内的文化人才、单位的文化人才都可挖掘出来成为社区文化志愿者为社区服务，这是社区文化建设中相当可贵的力量。很多街道文化站、社区文化室建有花名册，这是社区的人才库，需要时可以把这些人才请出来，为社区文化服务。在工作中，更加深入地挖掘驻社区文化人才，成立文化志愿者队伍，使他们在提高社区居民的文化修养、文艺技能上发挥更大的作用，丰富社区文化的内涵。

4. 把普及与提高统一起来

方法提示：普及大众→提高层次。

在社区文体活动普及方面，首先要做到"以人为本，服务居民"。举办社区文化活动主要是为了活跃居民的文化生活，落脚点应体现在"服务"上。开展各类活动要力求为更好地开展社区各项工作和提高居民文化生活质量服务，要代表绝大多数居民的根本利益和意愿，安排好活动时间、活动地点、活动方式等，做到既活跃了居民文化生活，又不能扰民，达到为居民服务的目的。其次要坚持"寓教于乐"和"形式多样"的原则。以多样文化适应多样需求，以喜闻乐见的形式吸引群众广泛参与。要注意先进性与广泛性的统一，大活动与小活动兼顾，鼓励群众走出家门，走进社区，热情参与，在文化活动中提高思想水平，增进感情，增强参与感，使社区文化呈现百花齐放、争奇斗艳的繁荣景象。

在社区文体活动的提高方面，要求社区文化活动应深入挖掘活动的内涵、外延，打破传统思维模式，探索丰富多彩的文化形式，注重提高文化活动档次和品位，走向规范。这是城市社区文化发展的一个重要战略目标。社区文化活动既应与居民的"期待视野"相吻合，又应运用变化、发展、动态的观点，结合不同群体，做到丰富多彩、各具特色、教育群众，提高社区居民的"期待视野"，做到"下里巴人"和"阳春白雪"结合起来，把普及与提高结合起来，随着社区居民文化水平和审美层次的提高，不断提高活动的档次和水平。

（四）社区文体活动建设的评估

方法提示：确定评估主体→确定评估内容→确定评估标准→确定评估方式。

评估指标的确定以社区文体活动建设指标为主要内容，同时考虑到每次文体活动的实际效果。活动的实际效果可以通过社区文体活动记录表的形式记录下来，特别是较大型的社区文体活动，从而为评估提供依据。

社区文化主管应在每次较大型文体活动结束后及时做好本次文体活动的总结工作，找出存在的缺点与不足之处，并填写《社区文体活动记录》及社区文化活动总结报告。以上活动总结报告及相关记录表格应及时上报社区管理机构，作为对社区文化主管进行绩效考评的依据之一。社区文化管理员应将每次社区文体活动的相关资料及记录分类归档。

大型文体活动档案包括：《社区文体活动计划申请表》、《住户意见征集表》、《社区文体活动记录表》、《社区文体活动检查与处理记录表》。

案例示范 4-5

"戏曲大家唱"启动仪式社区文体活动记录表

名称	"戏曲大家唱"启动仪式	举办单位	xx 社区
时间	2006.5.11	地点	社区活动室
参加对象	社区居民，文艺骨干	参加人数	二十余人
活动内容	为弘扬先进文化精神，丰富社区居民业余文化生活，营造浓厚的社区文化氛围，有效地促进居民、外来人员参与社区文化活动的热情，搭建社区居民与外来人员相互学习相互交流的舞台。2006年5月11日下午，在社区文化活动中心里举行了"戏曲大家唱"启动仪式。在"戏曲大家唱"启动仪式上，戏曲爱好者们各自发挥了自己的才艺，演唱了自己的保留戏曲，特别是×××演唱的《桑园访妻》片断，唱的非常动听，赢得了大家的阵阵掌声。 这次戏曲大家唱是"爱心驿站"延伸，社区以每星期四下午为戏曲演唱日，在这里将成为社区居民展示才艺的舞台。		
活动效果	大家的积极性很高，活动氛围很好，取得了很好的效果		

具体的评估程序、具体评估主体和方法等可以参考社区文化设施建设的评估事项。

三、任务实训

某社区有部分老年人，他们退休以后，面对不再工作而来的种种变化，无所适从，产生了恐惧、忧虑等消极情绪，从而加速了身体机能的下降。于是该社区居委会的工作人员把这些精神孤独的老年人组织起来，准备搞一些活动来舒缓他们恐惧、忧虑的情绪，提高这些老年人对生活的热情度。

请你为该社区居委会的工作人员策划本次社区活动，写出一份比较详细的策划方案（可以写一系列活动的策划方案，也可以写一次活动的策划方案）。

四、巩固提高

1. 知识回顾

（1）社区文体活动类型。
（2）社区文体活动建设的基本流程。
（3）社区文体活动建设具体环节的方式方法。

2. 案例分析

谈谈以下案例对于社区文体活动建设的启示。

北京市西城区百场爱国主义电影放映进社区活动

"百场爱国主义电影放映进社区活动"利用区属影院的技术人员和设备,在有关方面的资助下,选择有关科学普及、计划生育、法制教育等内容的国产影片,到全区10个(现为7个)街道社区放映,无偿为社区百姓服务。通过电影进社区活动,以寓教于乐的形式,让群众受益,丰富百姓的业余生活,丰富社区文化广场的内容。

2002—2005年,胜利电影院承担了"百场电影"活动的全部放映工作,工作中充分体现出了贴近百姓、服务于百姓的服务宗旨。在为街道、社区进行电影放映的前期,为了更好地满足社区群众的需求,在片源的选择上更多地征求了社区群众的意见,根据不同年龄段、不同喜好以及不同的要求进行选片。在放映前期,胜利影院还进行了外映调查反馈工作,将国产影片目录发放给各街道社区,由群众从已选定的国产影片中选择喜爱的影片,胜利影院还与各街道、社区就放映的时间和地点进行商议,以避免放映工作发生冲突。从放映影片的片源来看,不仅包括群众耳熟能详的怀旧爱国主义影片,还有不少近几年深得观众喜爱且有不错票房的国产优秀影片。此外,影院还结合科普宣传工作,在放映正片前为社区群众放映贴近群众生活的科普短片,受到社区居民普遍欢迎。随着现代科技的日新月异,百场电影进社区活动也在逐年提升放映水平和改善放映设施设备的硬件条件,2006年,西城区紧紧抓住作为北京市建设社区数字影院的试点区县,由市区两级财政投入共计90万元,在全区7个街道和区文化馆、区青少年儿童图书馆建立了9家社区数字电影院。数字影院先进的数字放映设备、风雨无阻的室内场地条件、丰富的片源使百场电影进社区活动更加焕发了勃勃生机,深受老百姓的欢迎,社区数字影院成为西城区实实在在的"民心工程"。为了广泛宣传这一公益文化设施,西城区于2009年印制了10万张社区公益数字电影观影卡,分发到辖区居民手中,使数字影院的上座率大大提升,使数字影院这一公益设施得以充分的利用。

(资料来源:节选自杨军等主编的《首都和谐社区建设典型案例评析》,经济科学出版社,2009年10月版)

任务三 社区教育

一、基础知识[①]

1. 社区教育的基本含义

"社区教育"一词最早源于20世纪初美国的学者杜威关于"学校是社会的基础"的意思。而后,社区教育的内涵得到不断地丰富和完善,越来越被世界各国所接受,成为现代国际教育的一种现象和趋势。

---

① 王玉兰,唐忠新. 社区管理实务[M]. 北京大学出版社,2009年11月版.

美国对社区教育的定义是：利用多种资金来源（公共、私人、联邦、州和地方政府的资金）；利用公立学校、公共图书馆等设施；通过社区各部门、机构、企业的合作；根据社会发展需要，设置教育培训课程（职业培训课程、补偿教育、特殊教育、终身教育、归化入籍教育、改造教育），传授满足自身发展需要和自身完善的普及性、实用性知识；使教育对象囊括所有年龄、阶层、种族、教育程度的人。

我国的社区教育是指在政府部门的倡导和支持下，以社区为依托，以社区成员为教育对象，以实现社区成员整体素质和生活质量的提高为宗旨，由社区组织带头、协调各方面力量，共同参与教育工作的一种教育方式，其实质是"人人参与教育、人人接受教育"的社会大教育。

社区教育基本理想包括：（1）为社区内的每一个人提供教育机会；（2）修正现存教育体系内对某些群体接受教育权利的排斥，使他们获得受教育的机会；（3）提高弱势群体生存的信心，为改善他们的生活状况提供服务。

2. 社区教育的内容

社区教育是社区文化建设的一个重要组成部分，作为社区性的教育，它必须要与社区紧密结合，实现参与和互动，满足实际生活中的多元化和多层次的教育需求，实现教育与社区的双向参与和协调发展。它具有"全员"、"全面"和"全程"等特点，这些特点影响了社区教育的构成。因此社区教育的内容和形式十分丰富，主要包括：

（1）政治思想教育：马列理论教育、三观教育、党的路线方针教育、形势政策教育、法制教育、革命传统教育、国防知识教育、爱国主义教育等；

（2）德育教育：社会公德、职业道德、家庭美德教育及传统美德教育等；

（3）科普知识教育：自然科学知识、环保知识、崇尚科学，反对迷信教育、养生保健知识教育等；

（4）文明礼仪教育：个人礼仪、公共场所礼仪、待客做客礼仪、生活礼仪、交往礼仪教育等；

（5）家政知识教育：衣食住行、花卉技艺、家常菜肴、营养配制等基础知识教育等；

（6）各种兴趣爱好、艺术素养教育：琴棋书画、吹拉弹唱跳、体育健身项目等技能技巧教育等；

（7）再就业教育：再就业观念、再就业技能教育等。

上述教育内容包含了两个部分：一是社会成员教育体系，这是大教育的概念，围绕对社区所有成员进行终身教育，其中最为重要的是建立社区精神、社区文化、社区生活圈所需要的教育；二是职业教育体系，即包括职前、职后教育以及不断适应企业结构变化需要的就业和再就业教育。

二、实务操作

具体流程：学习有关社区教育的相关政策→调研社区教育发展现状→社区教育建设的策划与实施→社区教育建设的评估。

（一）学习有关社区教育的相关政策

方法提示：搜集、学习相关部门社区教育的相关政策，领会其指导精神。

党的十六大、十七大提出了构建中心教育体系、形成全民学习、终身教育学习的要求，从 2001 年开始，就提出了发展社区教育的任务。党的十七大报告指出，到 2020 年，现代国民教育体系更加完善，终身教育体系基本形成，全民受教育程度和创新人才培养水平明显提高；加快推进以改善民生为重点的社会建设，努力使全体人民学有所教，推动建设和谐社会；优先发展教育，建设人力资源强国；发展远程教育和继续教育，建设全民学习、终身学习的学习型社会，为社区教育的发展提出了明确的目标与任务。

各地政府也在党中央加快社区教育建设的精神指导下，制定了本地区的社区教育的指导意见。例如上海市根据 2004 年教育部下发的《关于在部分地区开展社区教育试验工作的通知》，进一步大力推进全市社区教育试验工作，几年来在各方面都取得了令人瞩目的成绩；2006 年上海市委、市政府下发了《关于推进学习型社会建设的指导意见》，进一步明确了社区教育在学习型社会建设中的地位和作用；2007 年上海市教委、市文明办下发《关于推进本市社区学院建设的指导意见》，并专门成立了终身教育处以及学习型社会建设服务指导中心等。这一系列措施都极大推动了上海社区教育建设的步伐。

（二）调研社区教育的现状

方法提示：采用问卷调查、实地访谈、查阅文献资料等方法调研拟建设社区的社区教育情况，主要包括社区教育的基本内容、社区教育已经取得的成绩、社区教育建设中存在的问题。

 案例示范 4-6

浙江省社区教育现状（节选）

一、社区教育发展总体情况

自 2001 年，教育部批准第一批国家级社区教育实验区以来，我省社区教育工作得到较快的发展，目前已有杭州市下城区、萧山区、宁波市海曙区、鄞州区 4 个国家级社区教育示范区，13 个国家级社区教育实验区，33 个省级社区教育实验区，许多市又确定了一批市级实验区。浙江省各级电大对开展社区教育十分重视，从 2002 年杭州电大批准建立杭州社区大学以来，迄今全省（除宁波外）已有 9 所市级电大建立了社区大学（城市大学），萧山、平湖等 38 多所县级电大建立了社区学院。

二、社区教育取得的初步进展

1. 一些地区已将社区教育列入教育事业发展规划
2. 社区教育网络基本形成

以社区大学为龙头，依托县级电大或其它经过整合后的教育机构成立县级社区学院，同时积极推进乡镇（街道）社区教育中心（社区学校）的建设工作，市、县、街镇、村（社区）四级社区教育办学网络正在形成。目前全省建立了9所社区大学（城市大学），七十多个县市级所社区教育机构。还有一些社区学院建立了乡镇社区教育中心或分院（社区学校）。

3. 丰富多彩的社区教育活动广泛开展

全省已开展培训的项目达到三百余个，开设培训的课程达到五百多门，已培训32万多人次。打造"社区教育学习超市"，开展菜单式教育培训；开展各类订单式和定向式专项培训；举办各类主题活动和地方特色节；积极实施新市民培训工程；农村社区教育全面启动。

4. 社区教育的国际合作有了新突破

杭州、台州社区大学与印度国家信息技术学院联办软件工程师培训班；台州社区大学还引进美国福特基金进行社区教育网络建设和农村劳动力素质培训工作；磐安县玉山社区成为了联合国科教文组织社区教育的课题基地，承担了联合国科教文组织利用 ICT，提高当地农民生产能力中国项目的课题研究，把信息与农村社区联系起来，通过社区学习中心，培养农村所需的 ICT 人员，利用 ICT 开展农村实用技术培训，加速农村发展，取得了富有意义的阶段性成果。2007年下半年，台州社区大学还举办了社区教育国际论坛。

三、我省社区教育存在的问题

经过近几年的建设，我省构建了完整的国民教育体系。但是，我省的终身教育体系还不够完善。

1. 社区教育区域发展不够平衡。
2. 领导机构和办学网络不健全，管理体制不顺。
3. 各地落实发展社区教育的保障措施还不够有力。
4. 社区教育工作的规范化、制度化建设不够。

（资料来源：节选自玉环县社区学院网站《浙江省社区教育现状及其发展对策研究》）

（三）社区教育建设的策划与实施

基本流程：构建社区教育建设的指标体系→策划社区教育的建设方案→实施具体的建设措施。

1. 构建社区教育建设的指标体系和建设方案

方法提示：参考相关部门的政策规定→联系本社区实际。

社区教育建设指标的制定应根据相关部门的政策规定，再联系本地区、本社区的实际条件进行。总的来讲，诸如社区学校、社区图书馆、社区教育活动、社区教育师资等因素是必须要有的。

具体的指标体系参见表 4-4。

表 4-4　社区教育的指标体系

一级指标	二级指标	单　位	标　准
社区教育设施	社区学校	个	1
	幼儿园	个	1
	民校培训点	个	>2
	社区图书馆	个	1
	社区阅览室	个	1
	小区阅报橱窗	个	1
	小区科普画廊	个	1
	小区宣传橱窗	个	1
师资队伍	社区专职教师	人	2
	社区兼职教师	人	10
	社区教育志愿者	人	20
社区课程	现代生活方式课	课时	24
	应急处理能力课	课时	40
	卫生保健课	课时	24
	家庭教育课	课时	24
	外来人口教育课	课时	24
	环境保护课	课时	24
	再就业培训课	课时	60
	形势教育课	课时	24
	法律知识课	课时	24
	科普知识课	课时	40
	社区理念课	课时	8
教育类型	青少年教育	%	100
	老年教育	%	100
	再就业教育	%	60
	计划生育教育	%	80
	外来人口教育	%	90
	学生家长教育	%	100
学习活动	青少年寒暑假课外实践性教育活动参与率	%	60
	青少年寒暑假课外补充性教育活动参与率	%	50
	退休人员旅游性学习活动参与率	%	80
	专家进社区咨询性学习活动	次/年	3
	回归社会人员专人结对性教育活动	%	100
	文体训练性教育活动参与率	%	50

（续表）

一级指标	二级指标	单 位	标 准
网上学习	建立社区网站	%	100
	社区党委与社区党员家庭联网	%	100
	社区居委会与社区居民家庭联网	%	100
	网上学习人员	%	50
	网上与社区党委、居委会沟通人员	%	40
学习宣传	阅报橱窗内报纸更换	次/日	1
	科普画廊内容更换	次/季	1
	社区党委、居委会宣传橱窗内容更换	次/月	1
学习发展	家庭电脑拥有率每年上升	%	10
	家庭平均藏书每年上升	%	20
	家庭从媒体每人获取新闻	%	100
	学习型个人达标	%	60
	学习型家庭达标	%	50
	学习型单位达标	%	70
	学习型楼院达标	%	50
	居民对社区学习环境满意率	%	95
学习管理	社区教育组织领导健全率	%	100
	社区教育计划制定与执行率	%	100
	参与学习型社区共建单位	%	95
	社区教育投资达标率	%	100

注：此表中的部分内容参考了苑文新主编的《品牌社区》，中国经济出版社，2006年版。

参考具体的建设指标体系，策划科学合理的建设方案。

2. 健全社区教育基础设施、教育队伍

方法提示：基础设施建设→教育网络建设→教育队伍建设。

（1）加强社区教育设施建设。

社区教育基础设施主要包括社区学校（学院）、社区图书馆、社区阅览室、社区阅报橱窗、社区科普画廊、社区宣传橱窗等，这些设施是进行社区教育的有效载体，也是做好社区教育的基本前提。社区、街道、民政部门等要在积极筹措资金的基础上建立健全这些社区教育设施。

（2）构建社区教育网络。

以教育信息化带动社区教育建设，广泛利用现有的网络教育平台，建立社区教育信息网络是社区教育发展的一个方向。要实现网络化，首先社区要建立社区教育网站，社区教育网要为社区教育各层次管理人员和相关部门提供浏览、查询、统计、分析等服务，并及时汇总全区社区教育信息，从而提高我区社区教育的品位。其次需要保证社区居民的家庭联网。为了实现社区教育全覆盖，需要建立区、镇（街）和基层社区的三级社区教育网络，各部门和各街道要及时提供社区教育信息，充实社区教育信息资源库。

（3）专兼结合，健全社区教育队伍。

首先，要保证社区教育管理队伍的稳定，各职能部门根据社区教育需要有相应的管理人员。街道除了有分管领导，还要有专门负责社区教育管理的工作人员，做到明确职能目标，保证社区教育责任的落实。其次，要进一步扩大、充实社区教育的师资力量，组建一支以专职教师为骨干、兼职教师为主体、教育志愿者积极参与的高素质的社区教育工作者队伍。

在专职社区教师建设方面，有些社区是社区学校和党校"两块牌子，一套人马"。由地区办事处书记任校长，设常务副校长1名，专职教师2名，其中副教授1名，讲师1名。可用退休人员，以降低成本。在兼职教师建设方面，要建立稳定的兼职教师档案，兼职教师要各有专长，有通晓理论的、有通晓方法的、有通晓实际的；有院校的、有研究机构的、有政府的，根据需要使用不同人才。在教育志愿者建设方面，可以通过社区共建，动员驻区各学校、驻区单位的专家、学者、名流担任社区教育志愿者，同时要建立教育志愿者档案。

3. 侧重学做结合的社区教育形式

方法提示：常规教育工作→侧重学做结合。

把创建学习型组织作为社区教育的重要内容来抓，以创建学习型社区、学习型机关、学习型企业、学习型楼院、学习型家庭等为切入口，根据不同类型组织的实际情况，制定相应的学习型组织的标准和要求。

社区教育一方面要做好常规的教育工作，加强民主法制教育，充分利用社区内的各种教育资源，开展普及法律知识的教育，做好社区矫正工作；开展丰富多彩的青少年校外素质教育和实践活动；重视老年教育和早期教育，特别是0~3岁婴幼儿公共服务体系的构建，充分发挥区老年大学和早教指导中心（站）的作用，引导社区成员追求高尚的精神文化生活，倡导健康文明、科学卫生的生活方式。另一方面又有别于一般高校教育，需要更加侧重于技能性、操作性、指导性强的教育形式，加强培训，真正做到学做结合。加强对新市民的教育和社区成员的继续教育，把城市农民工培训摆到突出的位置，采取各种形式对进城务工人员开展就业技能、法律等知识培训，提高职业技能和整体素质，使其尽快适应城市生活，融入城市社会，享受城市文明成果。

4. 制定规划，设立社区教育专项经费

方法提示：制定规划→落实教育经费。

教育部关于推进社区教育工作的若干意见指出：要充分发挥政府扶持和市场机制的双重作用，采取"政府拨一点，社会筹一点，单位出一点，个人拿一点"的办法，建立以政府投入为主，多渠道投入的社区教育经费保障机制。各地要保障必要的社区教育经费，并列入经常性财政开支。

国家和省级社区教育实验区应努力按照社区常住人口人均不少于1元的标准，落实社区教育经费。经济发达地区，要在此基础上进一步增加社区教育的经费投入。社区内各类企业要认真落实关于职工工资总额1.5%~2.5%用于职工培训的规定，积极开展在职人员培训。对学习者个人回报率较高的培训可以按照国家的有关规定收费。

案例示范 4-7

深圳市宝安区设立社区教育专项经费（节选）

从 2002 年开始，宝安区政府将社区教育经费纳入财政预算，按全区常住人口人均 1 元的标准，设立了社区教育专项经费，各街道也在社区建设资金中安排相应比例用于社区教育，确保了社区教育活动的开展。

据统计，宝安区财政每年划拨社区教育专项经费 120 万元，街道财政每年划拨 50 万至 60 万元。全区投入社区教育硬件设施达 1 628 万元，其中街道投入资金 1 353 万元。全区社区教育中心和社区教育站的建筑面积 19.6 万 m^2，图书 76.8 万册，电脑 3 065 台，教学设备价值 1.18 亿元。人均社区教育经费 1 元以上，有的街道还在 2 元以上。仅"造就百万技能人才"工程项目每年 300 万元，启动经费区财政划拨各街道 20 万元，各街道还以不低于三倍的数额追加。

（资料来源：金羊网——羊城晚报地方版）

5. 理顺社区教育管理体制和运行机制

方法提示：理顺管理体制→理顺运行机制。

社区教育首先具有教育的属性，因此可以由教育部门来主办。但社区教育又具有社会的属性。社区教育只是社区发展建设中的一个子系统，社区在管理职能上是属于民政部门的范围，这种特性决定了对社区的管理应该由教育、民政等部门共同完成。要把社区教育作为社区建设的重要内容纳入地方社会发展规划，建立有相关部门负责人参加的社区教育工作领导机构，明确各有关部门的职责和分工，并落实相应的管理机构、人员和经费，推动本地区社区教育健康持续发展。

案例示范 4-8

深圳市宝安区教育模式（节选）

深圳宝安区经过几年的摸索，逐步建立和完善了"党政统筹领导、教育部门主管、有关部门配合、社会积极支持、社区自主活动、群众广泛参与"的社区教育管理体制和"一级规划、二级管理、三级推进"的运行机制，形成了"驻区组织共同行动"的宝安社区教育模式。"一级规划"是指：区社区教育委员会根据经济和社会发展情况，制定全区社区教育中长期发展规划；"二级管理"是指：按照"分级负责"和"属地管理"原则，区社区教育委员会对街道社区教育进行指导，街道社区教育委员对社区教育站进行组织与管理。"三级推进"是指：区、街道、社区（居委、单位、企业）三级共同推进。

（资料来源：金羊网——羊城晚报地方版，2008 年 11 月 13 日）

整合教育资源，形成共享开放的社区教育平台。加快区域内各类教育资源的整合，提高社区教育资源的共享度。各类学校要进一步融入社区，尽可能将教育资源纳入到学习型社区的格局中去，使学校成为构建学习型社区、社区教育实验的载体。利用节假日或寒暑假逐步有序地向社区开放体育、图书、网络等相关资源，实现教育资源的最大利用率；组织一批适应学习型社区教育的教师参与学习型社区建设。不断拓展教育功能,建立社会、学校、家庭教育的互动机制,将社区教育的重点放在社会进步急需、经济发展急需、社区成员急需而正规学校教育还不能覆盖的教育领域,通过社区党校、家长学校、人口学校、市民学校等教育载体,广泛开展社区教育。

案例示范 4-9

天津市河西区文静里社区教育建设(节选)

天津市河西区文静里社区把学校、机关、企事业单位、社会团体、街道社区、家庭内的各类涉及未成年人思想道德建设可利用的教育资源,进行挖掘、开发,统一调配、统一使用、统一管理,发挥共享优势。法院、检察院、司法等部门配合中小学法制教育,开展"青少年模拟法庭"活动,安排学生参加少年法庭庭审活动等;文化、文明办、公安、工商等部门开展对网吧的专项治理工作,深入开展"扫黄"、"打非"集中行动。教育局和 6 个街道办事处成立了 7 个关心下一代工作委员会,各社区都成立了基层关工委小组,聘请社区热心青少年教育的"五老"(老干部、老党员、老教师、老模范、老军人)为社区青少年辅导员。

(资料来源:河西政务网)

6. 建设社区教育示范区

方法提示:国家教育部规划→相关地区建设。

确定社区教育示范区是有效地整合区域内的教育资源,开展面向社区全体成员的多种形式的教育培训。满足社区居民多样化的信息需求,丰富社区居民的学习内容,提高社区居民的综合素质,同时也优化社区与教育的各项工作关系,促进社区内各类人群之间的和谐共存。这项工作实际上按照党的十六大、十七大构建中心教育体系,形成全民学习、终身教育学习的要求,从 2001 年开始,教育部已经确定了四批 114 个全国社区教育的试验区,最近,又认可了北京市的西城区、北京市海淀区和北京市朝阳区等 34 个单位为全国社区的教育示范区。人类在社区内部的生存和发展越来越多,社区教育显得越来越重要。

可以参考浙江省社区教育示范区和实验区的建设,具体见社区教育建设现状案例。

(四)社区教育建设的评估

方法提示:确定评估主体→确定评估内容→确定评估标准→确定评估方式。

社区教育建设的评估指标以社区教育建设的指标体系为主要内容,结合国家的相关规定制定,把握全面、客观的原则,保证公正、公开,达到评估的真正效果。

具体的评估程序、评估主体和方法等可以参考社区文化设施建设的评估事项。

三、任务实训

以某一社区为例,以学生小组为单位,完成一项社区老年教育项目策划;以班级为单位,交流社区教育设计与策划。

四、巩固提高

1. 知识回顾

（1）社区教育的基本含义。
（2）社区教育的构成。
（3）社区教育建设的基本流程。
（4）社区教育建设各环节的方式方法。

2. 问题探讨

查阅资料，了解国外社区教育、社区学院发展情况，并探讨对我国社区教育建设的启示。

项目五　社区服务建设

项目简介

社区服务是社区建设的基础，社区建设是社区服务的延伸。在当前，社区服务建设是一项有规划、有指导思想、有宗旨、有任务与目标的动态的服务事业，应不断完善社区服务内容及设施，组织开展各种社区服务项目。

社区服务建设不断满足居民多类型、多层次的需求，调动社区资源，依托社区，由社区机构和广大志愿者向社区广大居民提供具有社会福利性、保障性、互助性或者经营性服务活动，发挥了社区服务在我国政治、经济、社会、文化中不可忽视的功能。

学习目标

知识目标：通过学习，学生需要掌握社区服务的概念和特点、社区服务原则、对象、内容和方法；掌握社区福利性服务、社区便民利民服务的基本概念等相关理论知识。

技能目标：通过学习，系统地掌握社区福利性服务、社区便民利民服务建设的基本流程，及每一个建设环节的方式方法，通过任务实训和课后实训掌握社区服务的技能技巧，真正做到学以致用。

学习导航

公共知识链接

任务一　社区福利性服务建设

任务二　社区便民利民服务建设

公共知识链接

一、社区服务的概念和特点

民政部于 1986 年年末提出城市开展社区服务，1987 年的武汉会议把社区服务工作推向全国，第一次提出了"社区服务"这一科学概念。自此开始，我国社区服务建设走向了第一步。

目前，对社区服务的含义有着多元界定，概括起来有狭义与广义之分。狭义的社区服务，是指在政府的倡导下，为满足社区成员的多种需求，依托街道和居民委员会，发动社区各方面力量开展的具有社会公益性质的居民服务业。所谓广义的社区服务，是指在党和政府的主导下，以社区为依托，动员各方力量，利用各方资源，直接为社区广大成员提供福利性、公益性和便民利民性生活服务，以不断满足社区成员日益增长的物质文化需要的过程。党和政府所认同的社区服务是指广义的社会服务。

从上述广义的社区服务的概念界定中，现代社区服务显示出如下特点。

1. 现代社区服务集福利性服务与经营性服务于一体

福利性、公益性是社区服务的最本质特征和最基本的属性[①]。这是相对于经营性而言，社区服务是把社会效益放在首位，以满足社区成员的基本物质与精神生活为目标；在服务对象上也是首先着眼于弱势人群；在服务方式上以实行低偿或无偿服务为主。同时，面向普通居民群众和企事业单位、机关团体的社区服务则以有偿服务或者说经营性服务为主体，这是我国现阶段建设和谐社区的一种合理适情的选择。

2. 现代社区服务集多元化服务与地域性服务于一体

现代社区服务的多元化主要取决于社区成员构成及需求的多样性。就服务内容来说，现代社区服务既包括为弱势群体等特定群体提供的最低生活保障、残疾人康复、老年照顾、再就业等服务，又包括为普通民众提供的特定内容的服务，例如家政服务，以及为机关团体、企事业单位提供后期保障服务等。

现代社区服务的地域性主要表现在四个方面：第一，社区服务是依据某社区成员的意愿与需求，开发利用该社区资源，为该社区提供多元化的服务，其解决的是本社区的问题；第二，社区服务活动的主体是某社区内的居民、单位和群体、组织；第三，社区服务活动的范围主要局限于该社区之内；第四，某社区服务强烈地受该社区的地理环境、文化条件、人口状况等要素的影响。

3. 现代社区服务集城区、街道和居委会三层服务于一体

现在社区服务主要是依托居委会、街道和城区三级辖区共同体和三级法定社区组织开展起来的。

---

① 唐忠新. 迈向和谐社会的社区服务[M]. 中国社会出版社，2005 年.

居委会、街道和城区各个层次的社区服务存在各自的优势和缺点，能够实现互补。街道办事处和居委会作为社区服务的组织者，其共同体也自然成为社区服务的主要操作者；城区为前两者提供经济、行政和法律上的支持、指导以及社区服务的示范作用。

4. 现代社区服务集自我服务与互助性于一体

社区服务在一定意义上说，是一种群众自我服务的形式，也就是说，群众的事情群众自己办，社区服务既依靠社区居民群众，又服务于社区居民群众。社区服务的互助性则主要体现在政府倡导组织社区居民开展互助服务。群众既是参与者，也是受益者。

二、社区服务的功能

1. 支持功能

社区服务承接企事业机关单位在改革中逐步向社会转移的社会化服务，减轻它们的负担和压力；同时根据企事业单位的需要向它们提供相应的各项服务，以支持它们的发展；做好各类服务，为它们的发展营造一个良好的生产和生活环境；发挥好单位和居民之间的桥梁纽带作用，让社区居民和驻区单位之间形成一种支持的关系。

2. 满足功能

社区服务充分调动社区资源，满足社区居民的各类各层次的需要。随着社会的发展，人口老龄化，家庭结构小型化，居民生活方式多样化，居民的各种物质生活和精神生活需求可以通过有效的社区服务得到满足。

3. 保障功能

每个社区都存在一个弱势人群，包括老年人、儿童青少年、残疾人、妇女等，他们的基本生存权利和发展权利应该得到保障。社区通过开展服务使人的基本权利得到实现或者不受侵害。

4. 稳定功能

这主要是针对社区里的优抚对象、失业人群、边缘人群的服务来说的。这些人群的服务做好了，就可以减少许多的社会不稳定因素。随着社会的发展，新的矛盾和问题层出不穷，在社区解决好这些问题有利于国家的稳定和发展。

5. 预防功能

社区服务人员通过对社区的调查分析，了解社区的各种情况。对于那些可能会出现的问题心中有数，可以通过开展服务有效防止某些社会问题的出现。对于社区发生的一些问题也可以通过社区服务及时地加以制止，预防事态的恶化和扩大。

6. 整合功能

通过社区服务可以发挥几个方面的整合作用。一是整合社区资源。每个社区都拥有自己比较独特的地理资源、生物资源、人力资源、环境资源、人文资源等资源,通过社区服务可以将它们很好地整合起来,发挥作用。二是整合人际关系。一个社区的居民往往需要通过开展各种活动来达到互动,以融洽相互之间的关系,对社区形成一种归属感和认同感。三是整合社区功能。让社区发挥有效的功能,为社区居民和驻区单位提供服务,成为居民和驻区单位的美好家园。

三、社区服务的对象和内容

社区服务是一项动态的服务事业。最初社区服务是在居民对福利服务的需求远远超出了政府的服务提供能力,而只好开发社会服务的潜力以弥补政府提供服务不足的社会背景下发展起来的。但是随着我国经济和社会的不断发展,社区服务的对象和内容正在日益扩大。

(一)社区服务的对象

社区服务的对象是指开展社区服务的指向人群,概括地说包括社区的特殊群体和一般居民。

1. 特殊人群

特殊人群包括弱势群体、优抚对象和边缘人群。所谓弱势群体,是指那些因主、客观原因导致政治势力小、经济条件差、社会地位低、心理高度敏感,在社会竞争中处于不利形势的人群,例如孤残人、老年人、未成年人、妇女、最低生活保障对象、失业人员等;所谓优抚对象包括现役军人家属、革命伤残军人、复员军人、因公牺牲军人家属、病故军人家属、现役军人家属、军队离退休干部等;而边缘人群是指那些因为社会流动或者社会越轨而导致不适应社会的人群,例如外来人口、社会越轨人群等。

2. 一般社区居民

一般社区居民是指不分年龄、性别、婚否、文化程度、职业、党派、宗教信仰、生活方式、个性偏好,只要是本社区的居民都属于本社区服务的对象。

(二)社区服务的内容

社区服务领域广泛,内容丰富。社区服务的主要内容具体包括以下两大方面。

1. 面向特殊群体的社区服务

这些服务尽管是针对社区中部分人群开展的,却能够直接反映社区服务的质量,体现社会主义精神文明建设的广泛内涵,是社区服务人员应予以高度重视的服务活动,具体内容如下。

一是社区老年服务。服务项目有日常生活料理、家庭护理、精神安慰、应急服务、医疗保健、文化娱乐等;它针对我国社会老龄化现状和趋势,将社会养老和家庭养老结合起来,实现具有中国特色的养老方式,是我国社区服务业中最有潜力的服务内容。二是社区未成年人服务。具体可以开发的服务项目有婴幼儿照料、少儿上下学的接送、午餐制作与配送、课外看管、假期托管、智力开发、兴趣与特长的培养等。三是社区残疾人服务。服务项目包括生活保障、康复医疗、就业安置、婚姻恋爱合法权益保障、文化生活等。四是社区优抚对象服务。项目有定人定期上门包户服务、辖区内商业网点"一条龙"服务、逢年过节慰问送温暖活动、子女入托上学就业优先解决等。五是社区特困家庭服务。项目包括对贫困户、鳏寡孤独家庭定期救济、包户服务、对因下岗造成的新的特困家庭的送温暖活动、优惠购买生活必需品、优先安排就业、实施再就业培训等。

2. 面向全体社区居民的便民利民社区服务

便民利民社区服务是与社区居民联系最密切、最能体现社区一般居民生活需求，同时也最能反映社区经济广度和深度的服务。它主要包括以下内容：

一是一般家居生活服务，包括日常生活的购置与配送、家用电器维修、卫生清理、服装制作、拆洗与熨烫、代收公共事务费等；二是社区环境综合治理服务，包括绿化面积的维护和扩大、"四害"治理、环境噪声控制、垃圾的袋装与分类、居民楼道以及门前环境卫生的保护、违章搭建的控制、民事纠纷的调解、火灾隐患的消除、辖区内刑事案件的防控、外来人口的管理等；三是社区医疗卫生服务，具体可以开展的项目包括疾病预防、医疗诊断、病人护理、健康咨询、卫生宣传和防疫等，这是顺应我国城市医疗改革，合理配置卫生资源，并为社区居民所迫切需要的服务活动；四是社区生活服务，包括文化、教育、科普、咨询、培训、体育、娱乐、健身服务等。

任务一　社区福利性服务建设

社区福利性服务突出了社区服务的本质属性，包括对弱势群体、优抚对象等有特殊困难或有特殊贡献的群体所提供的无偿性的服务。

一、基础知识

（一）社区福利性服务的基本含义

社区福利性服务是在政府的福利资金和福利政策扶持援助下，在社会资源技术的积极支持帮助下，依靠社区居民的组织参与，动员社区内在的资源力量，向社区居民提供的各种服务活动。社区福利性服务的对象主要是在经济、社会竞争中处于不利的地位，存在种种生活困难的人群，例如老年人、残疾人、贫困者等。

（二）社区福利性服务的特点与内容

社区福利性服务的基本特点主要体现为：服务目标的公益性、服务活动的非营利性和服务资源调动的福利性。

社区福利性服务的内容主要包括如下服务项目：老年服务、社区未成年人服务、残疾人服务、优抚对象服务以及特困人群的社会救助服务。老年服务是指对老年人的社会服务保障，是满足老年人生存与发展需求的免费或低费服务，主要包括养老服务、健康服务、生活服务、文娱服务、教育服务、再就业服务和婚姻服务等；社区未成年人服务是指从未成年人的需求出发开展的以未成年人为服务对象的活动和以未成年人为社区资源的志愿者服务；社区残疾人服务是指依托社区、充分利用社区资源力量为残疾人解决生活、教育、就业、婚姻等困难，促进残疾人平等参与社会生活的一项工作；社区优抚对象服务是指社区发动和依靠社会力量，以灵活多样的形式，为优抚对象排忧解难，尽可能满足他们的各种合理需求；社区救助服务是指对社区中贫困户、鳏寡孤独家庭以及流动人口开展的最低生活保障服务与定期与临时的救济，例如生活、就业、医疗等服务活动等。

（三）社区福利性服务对社区建设的推动作用

（1）社区福利性服务主要关注社区的公共需求，这就带动社区居民对公共事务的关注，并在此过程中建立和强化社区居民之间横向的社会联系。

（2）社区福利性服务资源属于社区公共资源，居民将更加关注它是否合理使用，因为关注，就更多参与社区事务。

（3）在社区福利性服务模式下，社区中将产生以集体方式向外寻找资源的行为，这就有助于社区内部产生共同感和共同利益以及相应的社会性和公益性组织，有利于社区组织在居民心中的权威性和合法性而提高其社区事务的组织能力。

（4）社区福利性服务有助于推动政府在社区建设中形成既投入、又不包办的参与方式。[①]

二、实务操作

以社区老年福利性服务为例。

基本流程：学习社区老年福利性服务的相关政策、法规→调研社区老年福利性服务的现状→社区老年福利性服务的策划与实施→社区老年福利性服务的评估。

（一）学习社区老年福利性服务的相关政策、法规

方法提示：搜集、学习相关部门社区老年福利性服务的相关政策，领会其指导精神，提高对社区老年福利性服务重要性的认识，统一思想。

就老年服务方面而言，《中华人民共和国老年人权益保障法》包括老年社区福利性服务获得的权利，《关于全面推进居家养老服务工作的意见》和《关于加快发展养老服务业的意见》也就我国居家养老与养老服务业提出了意见，《民政部关于支持社会力量兴办社会福利机构的意见》从五个方面提出了支持意见，《老年福利政策文件汇编》还具体汇集了各地方老年人福利政策等，这都为社区老年服务的发展提供了法律政策上的支持。而且，在农村，1994年我国颁布并于2006年修订了《农村五保供养工作条例》，确定了我国农村五保供养对象、供养内容、供养形式、监督管理和法律责任等内容；在城市，国务院于1999年实施了《城市居民最低社会保障条例》，各个省、自治区、直辖市人民政府颁布了实施办法，对城市低保做出了规定。这两个条例也都就养老问题做了规定。

[①] 关信平. 公共性、福利性服务与我国城市社区建设[J]. 东南学术，2002年6期，第50~53页.

（二）调研社区老年福利性服务的现状

方法提示： 首先选择并确定调研的课题→采用查阅文献、咨询访问、研究实例等方法进行探索性研究，进一步明确调研目的→编制调研计划和方案，调研拟建设社区老年福利性服务的建设情况，主要包括社区老年福利性服务的基本内容、社区老年福利性服务已经取得的成绩及存在的问题。

总结我国近年来的老年社区服务发展形势及需要，全国各地城市开始探索适应新时期的社区老年服务之路，并取得了一定的成效，积累了一定的经验。概括起来，其成绩与经验主要表现在以下几个方面。

1. 确立了社区老年服务建设的指导思想

以邓小平理论和江泽民"三个代表"的重要思想为指导，以全心全意为人民服务为宗旨，从各地区经济社会发展和人口老龄化的实际出发，以满足广大老年人口日益增长的物质和精神文化生活需求为目标，发挥政府主导作用，运用市场机制，动员全社会力量，开发社区养老服务资源，有计划、有步骤地促进社区养老服务健康、有序、快速发展。

2. 明确了老年服务建设的目标和基本原则

在一定的时期内，坚持以政府为主导，构建以社区老年服务设施为依托，以居家养老为基础的社区养老服务网络，以提高老人的生活质量为目的，通过开展一系列助老服务，基本达到老年服务形式社会化、专项需求服务产业化、特色服务网络化、服务运行程序规范化，以期形成一种持续的社区照顾而实现我国社区老年服务发展的最终目标：老有所养、老有所医、老有所乐、老有所学、老有所为。

要实现这一终极目标，必须要本着以下原则：坚持以老年人为本；坚持社区养老与经济、社会发展水平相适应；坚持社会与家庭养老相结合；坚持物质养老与精神养老相结合；坚持因地制宜，分类指导，突出重点；坚持经济效益与社会效益相结合。

3. 理清了城市社区老年服务发展的制约因素

这些制约因素主要表现为：社会福利体制政策滞后于经济体制改革和社会的发展是制约社区老年服务发展的根本因素；人们对社区老年服务在社会福利体制改革中的作用和解决问题的潜力认识不够是影响其发展的重要因素；社区服务队伍整体素质与社区老年服务发展的要求不相适应也是一个重要因素。理清了我国社区老年服务发展的障碍，也就找到了发展的出路及相应措施。

4. 提出了发展社区老年服务的措施与建议

发展社区老年服务的措施与建议主要包括：紧抓调研、实事求是，加强老年服务工作的针对性；依托社会公益组织，建立居家养老服务组织、运行、管理、监督机制；政府扶持，积极促进养老机构规范化建设，加大投入，改善甚至提供一流的老年服务设施，打造特色社区老年服务品牌；从居家老年人的实际需求出发，加强老年服务走进家庭的途径与方法的探索。

（三）社区老年福利性服务的策划与实施

基本流程：构建社区老年福利性服务建设的指标体系→策划社区老年福利性服务的建设方案→实施具体的建设措施。

1. 构建社区老年福利性服务建设的指标体系和建设方案

方法提示：根据社区福利性服务建设的现状以及相关政策的规定，制定切实可行的指标体系。具体的内容可以部分参考服务型社区建设的指标体系及本任务社区福利性服务的评估指标体系。

根据指标体系，制订切实可行的实施方案。

2. 加大社区老年福利性服务基础设施配套建设力度

方法提示：各级政府及相关部门纳入城区开发建设规划→加大投入。

对于新建的城区，各级政府及相关部门应当把社区服务基础设施建设纳入新城区开发建设中，根据申请居住规模，按照实用、方便居民的原则，配足社区办公与服务用房。对于已建社区未能配足社区办公用房的，当地政府应当设法来解决，其建筑面积应当符合《城市居住区规划设计规范》的要求。在此基础上，要明确社区福利性服务设施的比例。除此之外，还有社区福利性服务的网络化建设，例如配备电脑、电话等通信设备等。

各级政府和领导要把社区养老服务作为造福于民的事业列入议事日程、工作日程与目标，尽快制订出台老龄事业发展计划。要把社区养老服务作为发展计划的重要内容，同时要把社区养老服务列入社区建设与发展的总体规划。在社区养老服务设施网络建设中，各级政府要发挥主导作用，从宏观规划、管理到舆论宣传、政策制定和资金投入上给予大力支持。要随着经济发展水平的提高和老年人口增长速度的加快不断加大对这一事业的投入，逐步形成制度化的财力投入机制。

3. 丰富社区老年福利性服务的内容，建立相应的服务体系

方法提示：了解居民需求，建立服务目标，丰富服务内容，建立服务体系。

案例示范 5-1

把居民需求作为社区服务的"第一信号"（节选）

狮山街道的社区服务，可以说是苏州城乡社区服务的一个缩影。在实际工作中，他们自觉地把居民群众需要不需要作为拓展社区服务领域的向导，把居民群众满意不满意作为检验社区服务质量的尺度，通过追加资金投入、兑现扶持政策、动员社会力量、整合服务资源等多种手段，加强社区服务载体建设，充实完善社区服务功能，促进社区服务快速健康发展。

通过多年的新建、扩建、改建，苏州市及所辖的12个区（市）、所有街道（镇）都建成了社区服务中心（市民服务中心），绝大多数城市社区和半数以上的农村社区建立了社区服务中心（站），为居民提供"一门式"服务。同时，各级、各部门及城乡基层群众组织为特殊群体开设的养老院（老年公寓）、残疾人康复中心、慈善超市、法律援助中心、工疗站等社区服务载体大量涌现。如今，一个布局较为合理、功能相当完备的社区服务网络已在全市范围内建立起来，提供便民利民服务的商业网点和中

介服务机构遍及小街小巷、住宅小区和自然村落，满足居民群众日常生活、生产需求的"十五分钟服务圈"已在全市城乡基本形成。社区服务已形成就业和再就业、劳动和社会保障、社会福利和社会救助、机构养老和居家养老、医疗卫生和计划生育、文化教育和体育健身、民事调解和社会治安、法律援助和社区矫正、公共安全预警和应急处置、餐饮商贸和中介服务、农村种养业生产服务等十多个系列数百个具体项目，为老百姓营造了安居乐业的良好环境。

从建设和谐社区着眼，苏州市各级领导和基层群众组织都把解决群众最直接、最现实、最关心的利益问题提到社区服务的突出位置，在与时俱进拓展社区服务领域，不断满足社区居民多样化、多层次物质文化需求的同时，牢牢把握社区服务的重点项目，保障全体社会成员特别是弱势群体共享改革发展成果。近几年来，各地根据当地社会矛盾的聚焦点，把"面向四类对象，提供五种服务"作为重点扶持和发展的社区服务项目，努力做到：面向下岗待业职工、失地失业新市民（原农民）和新增就业人员，提供就业和再就业服务；面向老年人、残疾人、精神病人、优抚对象、困难家庭，提供社会福利和社会救助服务；面向广大社区居民，提供便民利民的商贸、中介服务和医疗卫生服务；面向从事种养业的农村居民，提供产前、产中、产后全程服务。

（资料来源：谢鸣、林超，《走向和谐——苏州城乡社区建设新探索》，中国社会出版社，2009年5月）

案例评析：本案例中体现了社区福利性服务和经营性服务的前提——社区居民的需要，而且要明确社区居民需要及矛盾的聚焦点，才能确定重点服务对象或项目，这对于改善民生条件、提升幸福指数、化解社会矛盾、营造和谐氛围具有重要的现实意义。所以搞好社区居民服务需求现状调查十分重要。

4. 创建新型社区老年福利性服务模式

方法提示：借鉴社区建设发达国家与地区的经验，结合传统与实际，积极探索新型实用的服务模式。

在社区老年服务方面要积极探索并大力倡导居家养老服务的模式。居家养老服务，是指老年人在家中得到社区养老机构提供的养老相关服务。这种服务一方面能够满足老年人既需要照料又不愿离开家庭的要求，另一方面又与现阶段生产力水平相适应；既能有效地缓解老年福利机构不足的矛盾，又能弥补家庭养老的不足。与福利机构养老方式相比，这种模式具有灵活廉价的优点，适用于包括高龄老人、非自理老人在内的绝大部分老年人的照料服务，一般由老人自费购买服务，对特困群体由个人申请、居委会评定、政府出资提供购买服务。

从现阶段生产力发展水平出发，结合我国传统的养老方式，在今后相当长的时期内，我国社区养老服务模式应以居家养老照料服务为主（即以上门服务照料为主），社区养老机构（例如敬老院、老年护理院、托老所等）照料服务为辅。以此为基础，形成层次不同、内容有别、形式多样、因人而需的照料服务体系是合乎实际的。目前，居家养老服务模式在我国大中城市已推广试行，成为各级政府解决老年人照顾问题的首要途径。

居家养老照料服务是一项福利性、公益性事业，对其中生活困难的老人政府应给予程度不同的补贴,这就需要政府财政给予一定的支持,把党和政府的关怀与温暖带给那些最需要帮助的困难老人。

5. 创新服务运行机制或服务网络

方法提示：构建广泛参与机制,建立与之相应的服务运行机制与网络,大力培育社会中介组织。

构造社会广泛参与机制。按照"社会事业社会办"、"谁投资谁受益"的原则要求,大力推进投资主体、投资方式多元化。鼓励和引导国家、集体、民营、个人等多种所有制的投入。注重通过合资、合作等形式,引进外资发展社区福利性服务事业,兴办不同经济成分和不同服务层次的经济实体。现阶段要以现有民政部门举办的社区福利性服务设施为基础,进一步扩大其功能,提高服务质量,规范管理,以逐步满足广大社区居民日益增长的物质和精神需求。

加快建立社区各类社区福利性服务机构市场化运行机制。原有的社区福利性服务机构要实行法人实体化管理,建立市场化运行机制,改革内部管理、用工和分配制度,全面对社会开放,发挥示范作用；新办的各类社区福利性服务机构或设施,要按照市场配置资源、价值规律调节、公平竞争、优胜劣汰等市场经济法则运作,成为自主经营、自负盈亏、自我发展的经济实体。政府办的社区福利性服务机构也要引入市场竞争机制。要积极探索公办民营等委托运作形式,实行举办与运作、所有权与经营权相分离的现代企业财产法人制度。要明晰产权关系和相应的权利和义务,在保持国有资产保值增值的同时,实现经营者的利益最大化。

大力培育社会中介组织。社区福利性服务引入社会中介组织参与服务和管理,政府给予相应的扶持政策。

 案例示范 5-2

桃源居成立国内首家公益性社区福利性服务组织,实现物业管理与社区服务双轨运行（节选）

深圳市桃源社区服务中心正式成立并举行一届一次理事会议,这标志着国内第一家为达成社区公益性与福利性事业的发展而设立的非营利性社区机构正式运营。

根据《深圳市桃源社区服务中心章程》,该社区服务中心从事社区内公益性、福利性服务及便民利民服务,开展各项社区便民服务、居家养老、老年大学、桃源人家会员服务、桃源社区公建资产及公益慈善基金的经营与管理、社区义工及社工的奖励、社区救助等服务工作,一切盈利将用于社区公益和福利事业。

桃源居是中国社区建设的先行者,截至目前已有文明家庭、居家养老、妇女再教育等 21 个支体系成为全国性的示范社区。社区服务中心的建立和有效运营,将使桃源居社区的社区服务、社区福利、社区经济"纲举目张",真正形成良性循环,成为文明和谐社区建设的强大"发动机"。

该中心的经费来源主要由三部分组成,一是开发商捐赠的福利基金和捐赠给社区的集体公建资产；二是政府各种拨款和社会赞助；三是中心在业务范围内开展服务活动的收入。据了解，桃源居开发商——深圳市航空城（东部）实业公司为该中心捐赠的财物累计达2 000万元人民币。

为保证该中心能真正成为社区各项事务可持续发展的产出之"芯"，《章程》规定，年收入盈余不得分红，而是按"三三制"原则使用，催生社区经济，完善社区服务，培育社区福利：年收入的三分之一用于中心日常企业化运作；三分之一上缴市民政局桃源社区公益慈善基金专用款100万，由市民政局按有关协议条款监管使用；三分之一用于社区救助、奖励基金。

到目前为止，该中心业务范围内的便民、利民公益性项目以及社区资产管理和社区公益基金管理工作已全面开展，有偿服务的社区企业服务盈利性项目也已部分开展。该中心有关负责人接受记者采访时指出，随着社区服务中心的诸项业务逐步深化，桃源居提出"把社区当酒店、居家当客房、业主似宾客"的构想和实现社区物业管理与社区服务双轨运行机制将成为现实。

（资料来源：选自《桃源居实现物业管理与社区服务双轨运行》，深圳新闻网转载自深圳特区报）

6. 建立人才培训基地和管理人员的定期培训制度

方法提示：制订人才培训计划，与当地大专院校合作，加强人员培训，提高专业服务队伍的人员素质。

各市、区可与属地大专院校、卫生院校联合协作，对现有社区老年管理与服务人员进行有计划的培训。社区老年照料服务人员应掌握基本的保健、护理、康复知识和技能，对考核合格者颁发上岗证书。要逐步推行培训上岗、竞争上岗制度，发挥激励机制，做到人尽其才。

引进专业人才。要广开门路，在提高现有干部素质的同时，大力引进人才，通过公开招考、招聘和定向培养，吸收一批学历较高、年轻优秀的人才到社区工作。同时，注重吸收有一定技能和业务素质的下岗职工到社区老年服务岗位上来。

重视整合和充分利用现有社区人力资源，大力发展社区志愿者队伍。努力造就一支由党员、干部、学生等组成的专、兼职人员和志愿者相结合的社区养老服务队伍。聘请一批德高望重的老同志参加社区管理服务工作。利用老年人同老年人容易沟通的优势，自己管理自己，自己服务自己。

（四）社区福利性服务建设的评估

方法提示：正确理解社区福利性服务评估的概念→把握社区福利性服务的原则与内容→确定社区福利性服务评估的指标→确定评估的主体与方法→得出评估结果。

1. 正确理解社区福利性服务评估的概念

社区福利性服务评估是社区服务评估的一种类型，是指运用一定的工具和手段对社区福利性服务实际开展情况进行衡量和评判。这里的"一定的工具和手段"是指各种社会福利性服务统计评估指标，包括通过计量统计来精确地了解社区福利性服务的社会条件及本身开展的情况，通过分析和比较对社区福利性服务的条件和成果做出科学的评估。

2. 把握社区福利性服务的原则与内容

社区福利性服务评估主要包括实事求是、全面评估、指导与评估相结合三大原则。所谓坚持实事求是的原则，是指由于社区的类型不同、居民需求不同以及社区经济条件不同等，社区服务起点的选择也不同，因此在指导和评估各地社区服务具体项目时，不能一概而论，而应该因地制宜，实事求是；全面评估是指对于涉及居民生活众多领域的工作的方方面面进行评估，而不能一叶障目、以偏概全；指导与评估相结合是指通过制定评估标准，使得各级从事社区福利性服务的管理者和具体工作者看到工作的方向和目标，并以此来衡量、督促自己的工作，发现问题、找出解决问题的办法，以提高服务水平和质量。

3. 确定社区福利性服务评估的指标、主体与方法

确定社区福利性服务的评估指标主要考虑以下两个方面：一是社区福利性服务的服务设施，二是社区福利性服务志愿者队伍。其实，仅凭这两项指标去评估各地社区的福利性服务开展的情况是缺乏客观性的，还应该从工作理念与目标、社区居民的福利性服务需求与满足度、福利性服务工作范围与工作效率、社区福利性服务的工作质量与社会效益等方面来评估。具体的应该根据不同社区的类型进行确定。一般情况下，社区福利性服务的评估指标参见表 5-1。

表 5-1　社区福利性服务评估指标

一级指标	二级指标	指标说明	分 值					备注
			0	3	5	8	10	
服务实施	服务站用房（平方米）	居委会直管综合服务用房		30	50	80	100以上	
	服务网络建设	服务网络体系健全			基本齐全		齐全	
	驻区单位服务设施向社区开放度	已开放与可开放资源比例		30%	60%	70%	80%以上	
老年服务	一般老人服务照顾率	受服务老人与社区老人总数之比例		30%	40%	50%	60%以上	
	特困老人服务照顾率	受服务特困老人与特困老人总数比例		65%	75%	85%	95%	
	助老服务时间储蓄制度				基本健全		健全	
残疾人服务	残疾人服务率	受服务的残疾人与社区内残疾人总人数比例		65%	75%	85%	90%	
优抚对象服务	优抚对象服务率	受服务的优抚对象与社区优抚对象总人数比例		50%	60%	70%	80%	
特困人员救助服务	特困人员救助服务率	受服务的特困人员与社区内特困人员总人数的比例		80%	85%	90%	95%	
失业人员服务率	失业人员就业服务率	社区内失业人员接受就业培训、职业介绍等服务人数与失业人员总人数之比		50%	60%	80%	100%	

(续表)

一级指标	二级指标	指标说明	分值 0	分值 3	分值 5	分值 8	分值 10	备注
志愿者队伍	社区内福利性服务志愿者服务队服务参与率	志愿者服务队人数与社区总人数之比		10%	15%	18%	20%	
	中小学生志愿参与率	参与服务的中小学生与社区中小学生总人数比例		10%	20%	30%	40%	
	志愿者服务时间落实量（小时/年）	按照志愿者平均每年每人计算		15	20	25	30以上	
	开展日常邻里互助服务（次/年）	社区居委会指导开展的互助活动		4	6	8	8次以上	
居民对福利性服务满意度	一般居民满意度	按照抽样调查的满意回执与有效回执之比		50%	60%	70%	80%以上	
	特殊群体满意度	按照抽样调查的满意回执与有效回执之比		50%	60%	70%	80%以上	

（资料来源：于燕燕，《中国社区建设大全》，新华出版社，2001年第一版，第2092页）

社区福利性服务评估的主体应该多元化，包括民政局、街道、社区、居民、社区共建单位、社会单位等共同参与的主体。

评估方式也是多角度的。一是建立、收集和积累社区服务统计资料，这也是开展社区福利性服务评估的基础。二是指标的分级与分类，因为社区福利性服务具有层次性以及队伍的构成不同，评估中要涉及不同的权数，所以评估指标要在实践中加以比较与提炼，使之更为合理化、科学化、规范化，更为实际化。三是具体的评估方法，其具体程序为：对每一项具体指标进行定量分析后给出定性的结论，可以采用分数制的方法，也可以采用评定服务水平的方法，将每一个指标分为好、较好、一般、差等四级评估结论，然后进行评估。

4. 得出评估结果

根据已经确定的评估指标，把服务项目运行的数据与资料进行比较，确定其社区福利性服务的质量、水平的等级。

三、任务实训

调查你所居住社区关于社区福利性服务中具体服务类型的开展与落实情况，例如社区未成年人服务、社区残疾人服务、社区优抚对象服务等，并为下一步的改进策划一套方案。

四、巩固提高

1. 知识回顾

（1）社区福利性服务概念与内容。
（2）社区老年福利性服务的实务操作流程。
（3）社区老年福利性服务建设的方式方法。

2. 案例分析

谈谈以下案例对在社区开展的社区福利性服务方面的启示。

社区服务一卡通

2004年秋天的一天上午，独居在家的后大街社区港城居民区张大爷突然感到身体不适，他预感自己高血压病犯了，于是马上去找降压药，不料家里储备的药吃完了。这时他想到社区发给他的一张社区服务"一卡通"，于是，张大爷拿起电话，照着卡上的号码打到了社区医疗服务站。5分钟之后，两瓶降压药送到了张大爷手上。张大爷感激地握着服务站的工作人员的手，连声称谢："阿拉社区交关好，这张一卡通交关好。"

在后大街社区，家家都有一张像张大爷这样的社区服务"一卡通"。近年来，后大街社区始终立足"便民"、"利民"宗旨，把大力发展社区服务作为社区建设的重点来抓，他们创设的社区服务"一卡通"不断拓展服务内容和服务领域，现在的服务项目已增加到了三十多个。

"一卡通"比普通胸牌证件稍大，双面塑封彩印。上面除了印有有关的服务项目外，还标注了社区服务的联系电话以及住户家庭门牌住址、成员姓名等。社区居民只要持有这张卡片，不仅可以拨打电话联系有关服务事项，还能凭"一卡通"到医疗服务站看病，享受8.5折优惠呢。如果需要，服务人员还能上门服务。居民要参加社区其他学习娱乐性活动，也只需持"一卡通"，即可免费享受图书借阅、声乐训练、棋牌乒乓等多项活动。张思清老人是社区棋牌室的常客，每次他只要亮一下"一卡通"，即可安心和老伙伴们尽情厮杀对弈；在某企业上班的女孩小陈业余时间比较宽余，自己又有读书习惯，以前都是到图书馆或书店借书、买书。自从有了"一卡通"，她成了社区图书室借书常客了。

社区服务"一卡通"不仅方便居民参加社区活动、享受各种服务，还成为了社区干部联系居民的一张名片。居民们都说"有了一卡通，社区生活样样通"。

（资料来源：胡玲珑、洪欲军，《社区工作100法》，中国社会出版社，2005年11月）

任务二 社区便民利民服务建设

社区便民利民服务是我国社区服务中一项重要内容，是社区服务的扩展或辐射，也是与社区居民联系最密切、最能体现社区一般居民生活需要、反映社区经济广度和深度的服务。

一、基础知识

（一）社区便民利民服务的基本含义

社区便民利民服务是在政府的指导与扶植下，发动和组织社区成员，利用和开发社区资源，开展各种便民生活服务，以不断满足社区成员的生活需求的过程。社区为满足人们的衣、食、住、行、用等各种需要而提供的，可以让居民方便购买或享用生产生活所必需的各种服务，方便快捷地处理日常生活中遇到的各种问题或困难，有利于居民生产生活需要而面向全体居民开展的一系列服务都称为社区便民利民服务。

（二）社区便民利民服务的实施意义

社区便民利民服务显示了社区服务业广阔的发展前景：第一，社区便民利民服务是我国经济体制改革的需要，它有助于拓宽社区服务领域，提高社区服务的经济效益；第二，有助于密切街道、居委会组织与辖区内单位的合作关系，促进社区共驻共建，可以使社区成员拥有更多的公共服务，让人们从沉重的家务劳动中解放出来，提高人们的生活质量；第三，可以使人们更集中精力从事生产劳动和其他社会活动，创造出更多社会财富；第四，通过广泛群众参与，会培养出一种高尚的社会道德与社会风气，有利于早期人们的主体意识、协作意识、法纪意识和文化意识，有利于提高人的素质，对社区物质文明与精神文明建设有着很大的推动作用。

（三）社区便民利民服务的内容

社区便民利民服务主要包括以下内容：一是一般家居生活服务，例如家政服务、便民生活服务、文化体育服务等；二是社区环境综合治理服务，主要包括社区安全、环保等；三是社区医疗卫生服务；四是社区生活服务。

二、实务操作

以社区卫生服务为例。

基本流程：学习社区卫生服务的相关政策→调研社区卫生服务的现状→社区卫生服务的策划与实施→社区卫生服务建设的评估。

（一）学习社区卫生服务的相关政策

方法提示：搜集、学习相关部门社区卫生服务的相关政策，领会其指导精神。

对于社区卫生服务要遵守的法律规范是指一种广义的卫生法规。我国卫生法规的主要表现形式包括《宪法》、法律、国家卫生法规、地方性法规。其中《宪法》规定：国家发展医疗卫生事业，发展现代医药和我国传统医药，鼓励和支持农村集体经济组织、国家企事业组织和街道组织举办各种医疗卫生设施，开展群众性的卫生活动，保护人民健康。《宪法》还规定：中华人民共和国公民在年老、疾病或者丧失劳动能力的情况下，有从国家和社会获得物质帮助的权利。国家发展为公民享受这些权利所需要的社会保险、社会救济和医疗卫生事业。国家和社会保障残废军人的生活，抚恤烈士家属，优待军人家属。国家和社会帮助安排盲、聋、哑和其他有残疾的公民的劳动、生活和教育。这些规定都是我国卫生法规的立法依据。有关的法律包括基本法律和其他法律，包括《中华人民共和国执业医师法》、《中华人民共和国母婴保健法》、《中华人民共和国献血法》、《中华人民共和国传染病防治法》、《中华人民共和国食品卫生法》、《中华人民共和国红十字会法》、《中华人民共和国药品管理法》等。同时，卫生条例等法规与地方法规不得与《宪法》、基本法和其他法律相抵触。其中医药法规无疑是社区卫生服务人员必须遵守的。与社区重点服务对象关系密切的法规主要包括母婴保健法及其实施办法、学校卫生法规、老年人权益保障法、残疾人保障法、劳动法规等。这些与社区卫生服务对象、工作任务关系密切的法律规范，社区卫生服务医务人员必须遵守，以便更好地开展卫生服务，提高社区居民的健康水平。具体内容可以查阅相关法律规范。

同时,20 世纪末以来,中共中央、国务院和有关部门也颁布了一系列决定、通知和意见,在掀起我国卫生体制改革的同时,也带动了积极发展社区卫生服务的高潮,为我国卫生事业的发展指明了方向。与社区卫生服务相关的决定、通知和意见主要包括:《关于卫生改革与发展的决定》、《关于建立城镇职工基本医疗保险制度的决定》、《关于开展区域卫生规划工作的指导意见》等,尤其是《关于发展城市社区卫生服务的若干意见》,阐明了发展社区卫生服务的重要意义,明确了发展卫生服务的总目标和基本原则,要求加强社区卫生服务的领导、健全社区卫生服务体系,加强社区卫生服务的规范化管理和完善社区卫生服务的配套政策等内容。

(二)调研社区卫生服务的现状

方法提示:采用问卷调查、实地访谈、查阅文献资料等方法调研拟建设社区便民利民服务的建设情况,主要包括社区便民利民服务的基本内容、社区便民利民服务已经取得的成效、社区便民利民服务中存在的问题。

  案例示范 5-3

关于沧浪区社区卫生服务工作现状及发展的思考(节选)

一、基本概况

目前,全区社区卫生服务网络覆盖率达到 100%,改建后的社区卫生服务中心、站流程布局基本合理,服务环境温馨,科室功能齐全。全区 16 家社区卫生服务中心、站积极投入先进服务单位的创建活动,现有市级示范社区卫生服务中心 3 家。社区卫生服务机构共有工作人员 284 人(卫技人员 256 人),大专学历以上人员占 50.4%,中级职称以上人员占 33.8%;站业务用房平均面积达到 670 平方米,社区卫生服务人口覆盖率达 100%,平均每一个机构服务的居委会为 3~4 个,服务人口平均为 2.06 万人,这些社区卫生服务网络框架的建立,使卫生资源的配置重心向基层下移,提高了卫生资源的利用率和可及性,满足了社区居民步行 15 分钟得到基本医疗和预防保健服务的需求。

二、建设措施

1. 提高认识,明确目标,加大社区卫生服务体系建设力度。一是确立工作目标。以居民健康为中心,实现"小病在社区,大病进医院"、"十五分钟健康服务圈"的格局。二是制定发展规划。制定了《沧浪区社区卫生服务"十一五"发展规划》,并根据新形势要求,及时调整工作思路,完善设置规划。三是推进公立中心建设力度。

2. 精心组织,完善机制,高起点构建社区卫生服务体系。一是不断提高机构整体水平。通过重组、功能转、新建等多种形式来整合区域内现有卫生资源,吸引社会多种力量举办高质量、有特色的社区卫生服务机构。二是不断完善投入机制。三是不断改进用人机制。我区的社区卫生服务机构全部实行聘用制和劳动合同制。

3. 规范管理,强化措施,不断提高社区卫生服务质量和水平:一是加强制度建设,规范内部管理;二是加强队伍建设,提高服务水平;三是拓展服务内容,完善服务功能;四是严格监督考核,规范执业行为。

三、存在问题

随着新形势下社区卫生工作要求不断变化、工作内容不断拓展、群众的期望值不断提高,我区的社区卫生服务工作还存在一定差距和薄弱环节:一是现有社区机构的体制与今后发展不相适应;二是良性的运行机制尚未形成;三是机构管理水平较低,软硬件质量不能满足工作要求;四是技术水平相对较差。

(资料来源:苏州沧浪区深入学习实践科学发展观专题网站)

(三)社区卫生服务建设的策划与实施

基本流程:构建社区卫生服务建设的指标体系→策划社区卫生服务的建设方案→实施具体的建设措施。

1. 构建社区卫生服务建设的指标体系和建设方案

方法提示:根据社区卫生服务建设的现状以及相关政策的规定,制定切实可行的指标体系。具体的指标内容可以部分参考服务型社区建设的指标体系。

根据指标体系,制订切实可行的实施方案。

2. 科学制定基本原则

方法提示:学习、熟悉相关的政策法规→制定一套严格的原则制度。

作为社区卫生服务工作,需要遵循以下原则:一是要坚持为人民服务的宗旨,针对社区群众的要求,正确处理社会效益和经济效益的关系,把社会效益放在首位;二是要坚持政府领导、社区参与、多方筹资、多渠道发展社卫生服务;三是要坚持预防为主、综合服务、促进健康的工作方针;四是要坚持以区域规划为指导,引进竞争机制,立足于调整现有卫生资源、辅以改扩建和新建,健全社区卫生服务网络,科学合理配置卫生资源;五是要坚持社区卫生服务与社区发展相结合,因地制宜,探索创新,积极推进,保证社区卫生服务可持续发展,不断注入强劲的活力。

3. 健全社区卫生服务体系

方法提示:调查摸底弄清情况,坚持把社区居民的卫生需求作为第一信号来制定工作思路,确立社区卫生服务体系。

(1)调查摸底弄清情况。

社区在充分了解群众需求的基础上,以区域卫生规划为指导,以居民需求为导向,以居委会为单位,征求社区居民的意见,研究制定下发《社区卫生服务站设置规划》和《某某社区卫生服务站分布图》,在全社区规划设置社区卫生服务站,保证社区卫生服务工作一开始就在科学组织和周密计划下,正规有序地建立和开展工作。

(2)统一规划,制定工作思路。

社区卫生服务是城市卫生服务体系的基础。要在区域卫生规划指导下,充分发挥现有基层卫生服务机构的作用,引入竞争机制,统一规划社区卫生服务机构,逐步建立健全结构适宜、功能完善、规模适度、布局合理、有效经济的社区卫生服务体系。

（3）严格把关申报和设立，确保卫生服务质量。

社区对申报设置卫生服务站的单位，按照建站初期对人员、房屋、设置和规章制度的要求，实地查看，认真把关，然后报市卫生局检查验收。在所建社区卫生服务站都颁发《医疗机构执业许可证》的基础上，从业人员全部应具有执业医师、执业护士等资格，确保卫生服务站的质量。

4. 建立市、区、街道、社区四级社区卫生服务网络，实行规范化管理与服务

方法提示：建立社区卫生服务网络，改善设施条件，规范化管理和服务。

健全的社区卫生服务体系要依托现有基层卫生机构，形成以社区卫生服务中心、社区卫生服务站为主体，其他医疗机构为补充，以上级卫生机构为指导，与上级医疗机构实行双向转诊、双向交流，条块结合，以块为主，使各项基本卫生服务逐步得到有机融合的基层卫生服务网络。同时还应建立健全各项规章制度，确保社区卫生服务站的建设有一个好的设施和好的制度，实行规范化管理。

💡 **案例示范 5-4**

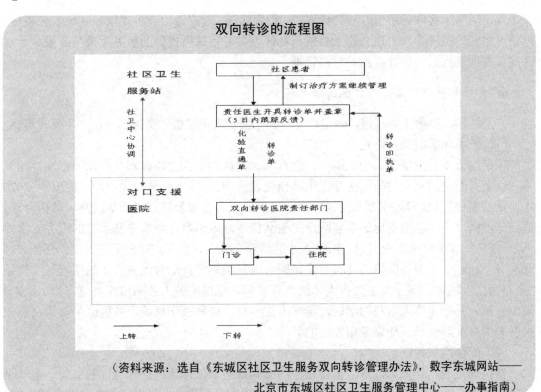

（资料来源：选自《东城区社区卫生服务双向转诊管理办法》，数字东城网站——北京市东城区社区卫生服务管理中心——办事指南）

"双向转诊"使得大医院与社区联手方便百姓，从一方面解决了"看病难、看病贵"问题；另一方面，还可以通过医院总部与社区医院实行技术上的"双向交流"，使社区医院不断提高技术水平。一是从社区医院抽调人员到大医院内各专科值诊进修；二是实行"专家下社区"，选派副主任医师以上的医生轮流到社区坐诊，帮扶社区医院。这样，社区医院

把优质低价的卫生服务送到家门口，不仅缓解了医院的压力，而且使百姓低价看病有了好去处。

5. 坚持可持续发展的经济补偿渠道，完善社区卫生服务经济政策

方法提示：落实政府投入，完善医疗保障制度，实行社区卫生服务价格政策，落实税收优惠政策。

社区卫生服务站本身的经济补偿，是社区卫生服务站的主要经济来源，它包括一定额度的政府财政补偿和医疗保险补偿。由此可见，坚持可持续发展的经济补偿渠道，是社区卫生服务发展的经济条件。《关于卫生事业补助政策的意见》指出，政府举办的社区卫生服务组织以定额补助为主，由同级财政予以安排。因此，市、区财政要安排经费支持社区卫生服务实施建设、设备配套和人员培训，并纳入财政预算。

逐步把符合要求的社区卫生服务机构纳入医保定点，充分利用社区卫生服务价格低廉的优势，把符合规定的社区卫生服务项目纳入医疗保险支付范围。通过提高社区看病就医报销比例，实行较低的自付比例等方式，引导参保人员在社区卫生服务机构诊治一般常见病、多发病和慢性病。

各社区卫生服务站通过开设门诊服务、设置病床、入户诊治或护理以及其他服务项目，也获得相应的经济收入，这些收入要依据社区卫生服务站所提供的服务质量与数量。不过这些收费项目应当实行政府指导价格管理。

6. 加强社区卫生服务人才队伍培养

方法提示：熟悉相关政策，确定培养原则，配套政策措施，实行多层次、多模式培养。

（1）熟悉相关政策，确定培养原则。

国家发改委、卫生部、中央编办、教育部、财政部、人力资源和社会保障部联合印发了《以全科医生为重点的基层医疗卫生队伍建设规划》（以下简称《规划》），提出到2020年，通过多种途径培养30万名全科医生，逐步形成一支数量适宜、质量较高、结构合理、适应基本医疗卫生制度需要的基层医疗卫生队伍，基本满足"小病在基层"的人力支撑要求。《规划》以全科医生为重点，围绕人才的培养、吸引、使用，提出了三大工作任务。因此，对于社区卫生服务队伍的建设首先是医务人员的培养，这种医人才的培养又主要是"全科医生"培养。鉴于基层医务人才的培养目标，基层医务人才的培养要遵守如下原则：减少普通、基础和临床学科的学时，增加人文学科、全科医学理论、社区医学理论、急救医学和康复医学学科；加强应用能力的训练。

（2）配套政策保证。

根据既定的培养原则，应当出台相应的配套政策来保证这种培养目标的实现。也就是说，国家要解决好全科医生的社会地位、学术地位和经济地位，正确定位全科医生的功能，建立全科医生技术职称评定系列，在编制、经费、培训等方面应当加以制度化保障。

（3）实行多层次、多模式培养。

加快建立全科医生的培养制度，例如可以通过转岗培训和规范化途径培养全科医生，即对在职人员进行全科医学转岗培训，是为解决迫切需要全科医学人才和规范化培训周期

较长之间的矛盾而采取的过渡性措施,也是全科医生培训的主要途径。

(四)社区卫生服务的评估

方法提示:收集资料→确定经营性服务的评估指标体系→确定评估工作领导与工作小组→对照任务、按照基本要求确定评估标准与方法→得出评估结果。

社区卫生服务的评估指标以建设指标为主要内容,全面、客观地进行评估。

具体的评估程序、具体评估主体和方法等可以参考社区福利性服务建设的评估事项。

三、任务实训

调查你所居住社区便民利民服务项目的开展与落实情况,并为下一步的改进策划一套方案。

四、巩固提高

1. 知识回顾

(1)社区便民利民服务基本含义。
(2)社区卫生服务建设的基本流程及每个环节的具体方式方法。

2. 案例分析

谈谈以下案例对在社区开展的社区便民利民服务方面的启示。

近日,随着全球最大的零售商沃尔玛辽宁百货有限公司长青分店在沈阳市东陵区开业,投资2.4亿元的新生活广场投入运营。新生活广场成功引进了沃尔玛、麦当劳等世界知名企业,实现东陵区引进世界500强服务业企业零的突破。此外,投资两亿元的安吉物流、投资1.6亿元的沈东枢纽物流等大型物流项目相继落地。目前,东陵区共有服务业项目81项,其中投资3 000万元以上项目75项。

根据沈阳市服务业发展规划的总体定位,东陵区被确定为服务业发展提升区,承接城区服务业外延发展,重点发展物流业、专业市场、生态休闲旅游业、科技信息等产业,与城区错位互补发展。今年东陵区将按照沈阳市服务业工作的总体部署,以规划为统领,以服务业集聚区为载体,以重大项目为支撑,全力推进社区服务业发展。全区规划发展社区便民服务网点,建设和改造一批社区商业中心:重点发展超市、便利店、生鲜超市、维修部等必备业态,选择性配置各类专卖店、咖啡馆、花店、健身室,以及医疗、邮政、储蓄、娱乐等;拓展社区经营性服务,加快日用品以及代理代办、洗理、维修、物资回收等小型商业经营服务网点建设,合理调整和改造社区农贸市场。(孙政 本报记者朱勤)

(资料来源:辽宁日报)

项目六 社区治安建设

项目简介

良好的社区治安是社区安全和安定的重要保证，是广大社区居民的迫切需要。没有安全感，社区居民对社区也不可能有认同感和归属感。社区治安是一项覆盖全社会的系统工程，涉及打击、防控、教育、管理、建设、改造等多个环节。抓好社区治安工作，必须积极适应时代和社会发展需要，依靠广大人民群众的力量，运用政治、经济、行政、法律、文化、教育等多种手段，实施综合治理。

社区治安建设的内容包括人口的管理、公共秩序的维护、内部矛盾的调解、社区治安防控、社区综合治理、社区群众工作、社区监管和处罚等基本内容，以及主要工作的特点及适用方法手段。

学习目标

知识目标：通过学习，学生需要掌握社区治安的基本知识；社区人民调解的概念、调解制度及调解的原则等；社区矫治的概念、功能、对象和内容；社区治安防控的概念、内容和基本方法；并系统掌握每项任务的具体流程。

技能目标：通过学习，学生需要系统地掌握每个建设任务的具体操作方式和方法；通过任务实训和课业实训，真正掌握实务操作技能。

学习导航

公共知识链接
任务一　社区人民调解建设
任务二　社区矫治建设
任务三　社区治安防控建设

公共知识链接

一、社区治安的含义与特点

（一）社区治安的基本含义

社区治安也称社区治安管理，它是指社区治安管理主体依靠社区群众，协调公安、司法机关，对涉及社区的社会秩序和人民群众生命财产安全的问题依法进行治理，促进社区秩序安定有序的过程，即指社区治理各行为主体依靠社区力量，强化社区控制手段，促进社区环境的有序状态。

（二）社区治安的特点

1. 区域性

社区治安的区域性是指社区治安是一定范围或地域内的活动。不同的社区存在人口密度、人口素质、职业结构、生活方式、居住条件、地理位置、地理环境、生产布局、商业交通运输、民风民俗等方面的差异。由于社区治安是按行政区域加以实施的，这就使社区治安工作具有很强的区域性特征。

2. 法律性

社区治安的法律性是指社区治安活动是一定区域内的一种行政执法活动：一是社区治安的职权是国家赋予并以法律规定和确认的，国家授予社区治安的权力主要有宣传教育权、行政管理权、使用武器警械权、治安处罚权、监督检查权、使用秘密权等；二是社区治安活动的实质是对法律、法规的贯彻、执行和运用；社区治安的主体也要用法律、法规约束自己的行为。

3. 整合性

整合性是指社区管理机构在辖区内发挥治安管理功能的整体合力和效应，实施综合治理。这种整合性体现为以下三点：一是社区治安是社会管理整体中的一个要素，二是社区治安工作自身是一个统一的组织体系，三是社区治安中任何一项具体工作都可视为一个独立的系统。

4. 群众性

从整体来说，群众既是社区治安的客体，又是社区治安的主体，具体表现为以下四点：一是群众中蕴藏着参加社区治安的愿望和要求，二是群众自治组织是社区治安主体构成的一部分，三是社区治安成效很大程度取决于群众的支持，四是社区治安秩序的评价在于群众的满意程度。

5. 相关性

社区治安问题的产生是社会各类矛盾在社区的综合反映，它与社会其他领域的某些方面存在着相互关联的关系。社区治安成效的大小，治安问题的增多或减少，违法犯罪活动的上升或下降，社区治安手段的先进或落后，社区治安工作的发展趋势等，都要受到社会诸多因素的制约和影响。

二、社区治安的任务

社区治安的基本任务是指社区有关机构围绕党和政府的工作重点和基本路线，为社区群众所承担稳定、安全、有序的社区责任和任务。具体来说，社区治安的主要任务如下。

（1）通过社区管理机构履行职责和义务，抓好国家安全教育，防止、揭露、打击危害国家安全的敌对势力和敌对分子，保卫人民民主的国家政权和社会主义制度。

（2）巩固和发展社区团结稳定的政治局面，及时掌握和排除影响社区稳定的因素，预防和打击社区内各种违法犯罪活动、维护稳定；通过强化社会治安管理制裁违法行为，维护良好的社区治安秩序。

（3）与破坏正常经济秩序的犯罪行为作斗争，保障社会主义市场经济的发展不受侵害，维护区域内正常的经济秩序。

（4）强化社区精神文明建设。通过依法制裁、改造违法犯罪分子，净化社会环境；取缔卖淫嫖娼、赌博、吸毒贩毒、制作传播淫秽物品、拐卖妇女儿童等严重污染社会风气，毒害人们，特别是青少年身心健康，妨碍改革开放和现代化建设的种种丑恶现象，依法管理社区，保护国家、集体和居民的财产不受侵犯。

（5）做好居民住宅的治安防控和防火、防盗工作等。

（6）保障社区居民的民主权利、人身权利和其他合法权益。制裁侵犯他人人身自由、身心健康、人格名誉等违法行为，保障居民的人身权利和人格尊严，创造一个民主、和谐、安全、有序的新型社区。

三、社区治安的基本原则

（一）依法治理原则

依法治理社区的原则是建立在依法治国方略基点上的一个原则，是指导社区治安工作的总的方针原则。依法治国的原则对依法治理社区的要求是多方面的：第一，社区治安的指导思想，要建立在依法保护社区人民群众的民主、安全和合法权利的基点上，划清罪与非罪的界限，正确处理好两类不同性质的矛盾；第二，治安问题的查处手段要遵循法律的要求与程序；第三，治安管理的方法要贯彻依法行政的原则，通过法律宣传教育，强化社区管理人员的法律意识和法律观念，提高依法行政、依法管理的水平和能力；第四，社区治安中制定的各种规定和制度，要符合国家法律、法规和党的政策的基本要求；第五，社区治安管理要求上要体现法律、法规的严肃性，对社区内各种违反法律和治安管理规定的行为必须依纪、依制、依法严肃查处，维护国家法律、法规的尊严。

（二）群防群治原则

社区治安中的群防群治原则，是指发动和依靠社区群众做好犯罪预防和治理工作。群众路线是工人阶级政党根据党的群众观点而实行的领导原则和方法，是党处理与人民群众关系的根本方法。群众路线的核心思想是"一切为了群众，一切依靠群众，从群众中来到群众中去"。"一切为了群众"是党的根本宗旨，"一切依靠群众"是马克思主义的根本态度，"从群众中来到群众中去"是党领导群众开展工作的基本方法。党的群众路线在社区治安上的体现，就是坚持群防群治的原则。

（三）专群结合原则

专门机关与依靠广大人民群众相结合是我国公安改造的基本方针原则，同时也是社区治安管理工作中的指导原则。专门机关是指具有国家赋予特殊执法权的公安机关。专群结合是指在保卫国家安全和维护社会治安秩序稳定方面把公安机关的职能作用与广大群众的主动精神结合起来，做好各项安全防控工作。坚持专门机关与群众路线相结合，是我们党的传统和优势，是社会主义制度优越性在社区治安方面的具体体现，是共同利益一致基础上的结合。只有代表广大人民群众根本利益的中国共产党，才能把社会各方面的力量聚集起来，把广大人民群众的积极性调动起来，形成社区治安的强大合力；只有在社会主义制度下，人民群众才能充分享受当家作主的权利，充分发挥主人翁的作用，把社会治安作为自己的行动。

（四）打防结合、预防为主，标本兼治、重在治本的原则

这是社会治安综合治理的一条基本原则，也是实行社区治安基本目标的指导性原则。所谓"打"是指各级政法机关利用国家赋予的特殊权力，通过刑事司法程序揭露、证实、惩治各类犯罪的执法行动。所谓"防"是指以政法机关为骨干，机关团体、社会各界群众广泛参与，运用多种手段消除产生犯罪的原因和条件，防止和减少犯罪行为发生的活动。在我国，打击犯罪不仅仅是为了惩治犯罪分子，而且包含着对犯罪分子的教育与改造，从这个意义上说，打击是一种特殊的有效预防，预防比"挽救"更重要。"标"是指发生在社区内的各种违法犯罪现象，"本"是指发生这些现象的根源。治标是指对已发生的犯罪案件的处理，解决面临的各种社会治安问题和违法犯罪问题；治本是指从产生案件和事件的本源入手去解决问题。"重在治本"是综合治理的中心思想，也是社区治安的根本，无论是打击、防控，还是其他治理措施，都要把重点放在治本上。

（五）属地管理原则

属地管理的原则是适用于社区治安管理的特点和客观实际而确定的一个重要原则，是区域性统一协调的原则。属地管理是指在社区范围内居住的人员，不论来自哪个单位，哪个部门，也不论其职位高低，级别大小，在实施社区治安管理的任务和要求上，都具有同等的权利和义务，都必须纳入社区的统一管理之中。这个原则的要求是：第一，凡是社区内居住的单位、人员，在社区治安工作上都要服从于社区治安的统一管理，这有利于充分发挥社区管理机构的组织、指挥、协调作用，把党在社区治安综合治理的各项政策、措施、法规贯彻到基层；第二，建立完善属地管理的联络、协调、配合机制，确立社区治安在治安管理上的权威，有利于协调好所属辖区内各相关单位和部门的关系，防止相互推诿扯皮；第三，管理人员有权依据属地管理原则所规定的职权范围和制度、规定，对驻区内发生治

安问题的单位、人员提出处理意见,责成其采取整改措施。同时,属地管理明确了社区自身的责任,如果因不积极主动地履行属地管理职责而影响社区稳定,就要受到相应的处罚,从而强化了责任意识。属地管理原则作为区域性统一协调管理原则,在维护社会治安稳定上,有其他各项原则不可替代的作用。

任务一　社区人民调解建设

一、基础知识

（一）人民调解的基本含义

1. 人民调解的概念

人民调解即人民调解委员会的调解,是在人民调解委员会的主持下,以国家的法律、法规、政策和社会公德为依据,对民间纠纷当事人进行说服教育,规劝疏导,促使纠纷当事人互谅互让,平等协商,自愿达成协议,消除纷争的一种群众自治活动。人民调解是我国运用最广、最成功并深受广大群众和基层社会各界欢迎的解决民间纠纷的非诉讼方式,被国外法学界誉为"东方经验",并在有的国家得以借鉴。

2. 人民调解委员会与调解员

根据《中华人民共和国人民调解法》的规定,人民调解委员会是依法设立的调解民间纠纷的群众性组织,下设调解小组、调解员。村民委员会、居民委员会设立人民调解委员会。企业、事业单位根据需要设立人民调解委员会。

人民调解委员会由委员3~9人组成,设主任1人,必要时,可以设副主任若干人。人民调解委员会应当有妇女成员,多民族居住的地区应当有人数较少民族的成员。

居民委员会的人民调解委员会委员由居民会议推选产生；企业、事业单位设立的人民调解委员会委员由职工大会、职工代表大会或者工会组织推选产生。人民调解委员会委员每届任期3年,可以连选连任。

人民调解员由人民调解委员会委员和人民调解委员会聘任的人员担任。人民调解员应当由公道正派、热心人民调解工作,并具有一定文化水平、政策水平和法律知识的成年公民担任。县级人民政府司法行政部门应当定期对人民调解员进行业务培训。

（二）人民调解委员会的工作制度

建立和完善工作制度的目的是保障、规范和促进人民调解委员会的工作。人民调解委员会的工作制度目前主要包括以下几项制度。

1. 纠纷登记制度

纠纷登记制度包括以下几方面内容。

（1）设立纠纷登记簿。

(2) 纠纷登记。对于当事人的申请，调解人员应认真进行登记，登记内容包括：收到纠纷的日期，当事人双方的姓名、性别、年龄、工作单位及家庭住址，纠纷事由，记录人签名或盖章，记录日期。

(3) 对于易激化的纠纷可以先行调解，后补办登记手续，对于不属于受理范围的应注明移交的机关，作为移交手续或掌握纠纷发生情况的信息资料。

(4) 纠纷登记后，应分门别类归档，妥善保存，以便将来复查。

2. 共同调解制度

共同调解制度适用于纠纷当事人属于不同地区或单位；或纠纷当事人虽然属于同一地区或单位，但纠纷发生地在其他地区或单位的民间纠纷。共同调解基于当事人的请示，要求纠纷发生地与户籍所在地的调解委员会共同调解，或是受理纠纷的调解委员会根据纠纷的具体情况，邀请另一调解委员会参加。

3. 回访制度

回访要有针对性和定期进行，回访内容主要有：了解协议的履行情况和影响协议履行的隐患；了解当事人特别是重点对象的思想状况、行为有无反常，对调解协议的态度、反响；有无新的纠纷苗头；对调解人员的意见和建议。

4. 民间纠纷排查制度

调解委员会根据自己辖区内民间纠纷的特点，定期进行摸底排队，有的放矢地开展调解工作的制度。调解委员会要充分利用"十户调解员"和纠纷信息员地方熟、人情熟、情况熟的特点，在辖区内逐门、逐户、逐人进行摸底排查。

5. 岗位责任制制度

岗位责任制形式多样，主要内容是"四定一奖惩"，即定人员、定任务、定指标、定制度；完成任务的得奖，完不成任务的受罚。具体的制度由各地的调解委员会根据自身特点制定。

6. 民间纠纷信息传递与反馈制度

民间纠纷信息传递分为纵向和横向两种。纵向是指将民间纠纷信息向上一级调解组织或纠纷信息中心传递；横向是指纠纷信息中心或调解组织将纠纷信息传递给基层人民政府的有关部门或共同调解的各调解组织、联合调解组织。对易激化、群体性、大型械斗应在稳定势态发展的基础上，及时报告基层政府或有关部门，特别是重点纠纷的反馈，以确保及时调解或制止事态的进一步发展。

7. 文书档案管理制度

调解委员会应设立专人负责，做好文书审查、装订。调解文书包括纠纷登记原始记录、调查笔录、调解笔录、调解协议书，以及对调解未成纠纷的处理意见和各种证明材料等。调解文书档案要求一事一卷，内容要符合要求，文书各卷要齐全。

(三) 人民调解委员会的职责

人民调解委员会的职责包括三个方面：一是依据《人民调解委员会组织条例》等法律、法规开展人民调解工作，接受政府基层司法部门的业务指导和培训，健全人民调解组织，提高调解质量，规范工作制度；二是及时调解各种民间纠纷，防止和化解社会矛盾，对因人民内部矛盾激化，可能引起严重治安后果的情况要及时上报，同时做好教育疏导工作，防止恶性事件发生；三是向政府反映群众对社会治安管理与调解工作的意见和建议，确保信息渠道通畅，防止因信息不畅造成的非正常事故和矛盾激化。

二、实务操作

基本流程：学习有关社区人民调解的相关法律政策→调研社区人民调解的发展现状→社区人民调解建设的策划与实施→社区人民调解建设的评估。

(一) 学习有关社区人民调解的相关法律政策

方法提示：搜集、学习相关部门社区人民调解的相关法律政策，领会其指导精神。

人民调解是一项社会主义法律制度，《中华人民共和国宪法》、《中华人民共和国民事诉讼法》和《人民调解委员会组织条例》、司法部《人民调解工作若干规定》等法律、法规以及中央办公厅、国务院办公厅转发的《最高人民法院司法部关于进一步加强新时期人民调解工作的意见》中都对人民调解工作有明确规定和要求。因此，规范人民调解工作，完善人民调解组织，提高人民调解质量，必须依法进行。

《人民调解委员会组织条例》的第一条就规定其制定的目的是为了加强人民调解委员会的建设，及时调解民间纠纷，增进人民团结，维护社会安定，以利于社会主义现代化建设。中央办公厅、国务院办公厅转发了《最高人民法院、司法部关于进一步加强新时期人民调解工作的意见》，文件对工作重要性、规范化建设、调解协议、调解员素质、法院指导、作用发挥等作出了规定；司法部2002年9月份颁发了《人民调解工作若干规定》，该文件对总则、调解组织、调解员、纠纷受理、纠纷调解、文书格式、协议履行、工作指导等作出了规定；最高人民法院颁发了《关于审理涉及人民调解协议的民事案件的若干规定》，该文件对调解协议作出了规定；最高人民法院、司法部颁发了《关于进一步加强人民调解工作切实维护社会稳定的意见》，该文件对工作重要性、作用发挥、调解协议、队伍建设、制度建设、工作指导等作出了规定。

目前，《中华人民共和国人民调解法》已经于2010年8月28日通过，将于2011年1月1日起实施，其第一条规定，为了完善人民调解制度，规范人民调解活动，发挥人民调解委员会在解决民间纠纷、维护社会和谐稳定中的作用，根据《宪法》制定《中华人民共和国人民调解法》。这一规定说明我国人民调解制度正走向、也必须走向法制化、规范化。

(二) 调研社区人民调解的发展现状

方法提示：采用问卷调查、实地访谈、查阅文献资料等方法调研拟建设社区的社区人民调解的情况，主要包括社区人民调解建设的基本情况、社区人民调解已经取得的成绩、社区人民调解建设中存在的问题。

案例示范 6-1

做好调解工作，构建和谐社区（节选）
——2009年人民调解经验交流材料

东柳坊社区于2001年6月规模调整后成立，现有住户3 625户，人口七千余人。社区居民大都来自市区的拆迁户，人员结构比较复杂，老年人多，困难户多，下岗失业人员多，残疾人多。东柳坊社区人民调解委员会在街道司法所的正确指导下，坚持"调防结合，以防为主"的工作方针，以维护社区稳定为重点，以构建和谐社区为己任，积极发挥调解委员会的战斗堡垒作用，有力地促进了社区的稳定与和谐。

一、抓好组织制度建设，夯实人民调解工作基础

社区注重人民调解组织建设和制度建设，规范人民调解工作，努力把矛盾纠纷化解在基层，努力减少刑事案件、治安事件和群体性上访事件，取得显著成效。社区成立了人民调解委员会，并形成以墙门组长、在册党员为主的调解信息网络，同时还建立了预警预情信息通报制度，每月的矛盾分析会已成为社区工作的一项制度。社区还大力开展形式多样的宣传活动，通过举办法制讲座、文化广场活动等形式，开辟居民法制教育"第二课堂"，使广大居民真正做到学法、懂法和守法，从源头上减少邻里纠纷。

二、对症下药，扎实做好纠纷化解工作

我社区由于流动人口多，居民的结构比较复杂，邻里之间、家庭内部纠纷以及居民对物业管理服务不到位的问题尤其突出。社区调委会采取了多种措施：一是搞好排查，预测苗头，定期开展矛盾纠纷排查，及时采取针对性措施；二是因人施调，息事宁人；三是全员上阵，制止干戈；四是迂回避让，防止激化；五是以情感人，情法相融。无论纠纷大小，我们都是热情疏导，主动调解。

东柳坊社区调委会的每一位调解员，凭着自己的热心、爱心积极开展社区人民调解工作，2008年，社区共接待来访、来电反映各类矛盾纠纷九十余起，记录在案27起。其中，24起为一般邻里纠纷，3起为协议调解，涉及金额2万余元。没有一起因调解不当而使矛盾扩大或民转刑案件。由于成绩突出，去年被授予"江东区人民调解先进集体"光荣称号。

（资料来源：法治江东网）

（三）社区人民调解建设的策划与实施

基本流程：构建社区人民调解建设的指标体系→策划社区人民调解的建设方案→实施具体的建设措施。

1. 构建社区人民调解建设的指标体系和建设方案

方法提示：参考相关部门的政策规定→联系本社区实际。

社区人民调解的建设指标的制定应根据相关部门的政策规定，再联系本地区、本社区

的实际条件进行。总的来说，诸如社区人民调解机构、社区调解队伍、社区人民调解规范、社区人民调解活动等因素是必须要有的。具体的指标体系参见表6-1。

表6-1 社区人民调解建设的指标体系

一级指标	二级指标	三级指标	标准
社区人民调解组织机构	调解委员会	办公室	有
		调解室	有
		资料室	有
		基本设施（桌椅、电话；标识、徽牌；印章、电脑与网络）	齐全
	队伍建设	专职调解员人数及所占比例	50%
		兼职调解员人数及所占所占比例	30%
		志愿者调解员人数及所占比例	20%
社区人民调解制度建设	岗位责任制度	主任的岗位设置人数及其职责	1人/职责明确
		副主任的岗位设置人数及其职责	1人/职责明确
		调解员岗位设置及其职责	若干/职责明确
		调解信息员岗位设置及其职责	若干/职责明确
		岗位责任追究率	100%
	纠纷预防制度	纠纷排查率	100%
		重大纠纷提前介入率	100%
	纠纷登记制度	纠纷登记率	100%
		纠纷登记内容	全面
	纠纷回访制度	纠纷回访率	100%
	纠纷档案制度	纠纷档案率	100%
	纠纷报告制度	纠纷报告率	100%
	考核奖励制度	考核的标准	建设指标体系
		考核的方式	多样化
社区调解程序	接待当事人	被接待的当事人与需要进行社区调解人的比例	100%
	调前准备	很充分、充分、不充分	充分
	调解的合法性	适用法律是否正确、适当	合法、适当
社区人民调解的结果	调解率	已调解的纠纷与需要调解的纠纷的比率	60%
	调解成功率	调解成功的纠纷与接受调解的纠纷的比率	高于60%
	调解失败率	调解失败的纠纷与接受调解的纠纷的比率	低于40%
	调解协议的规范性	规范的调解协议与所有调解协议的比率	90%
调解不成的处理	调解不成的处理率	调解失败已处理的纠纷与所调解失败的比率	100%
	调解不成处理的满意率	调解失败已得满意处理的纠纷与调解失败的纠纷之比率	50%
	调解不成上移案件	调解不成的上移案件与调解失败案件之比率	80%
	社区人民调解与社区居民家庭联网	调解组织与居民家庭联系与社区家庭总数比率	100%
	网上学习人员	网上学习人数与社区居民总人数	50%

（续表）

一级指标	二级指标	三级指标	标　准
人民调解的管理	网上与社区调解组织及调解员沟通人员	网上与社区调解组织及调解员沟通人员与社区上网居民总数之比率	40%
	调解组织橱窗内内容更换	平均多少次/日	1
	法律专栏内容更换	平均多少次/季	1
	社区人民调解组织领导健全率	社区人民调解组织领导的设置与规范社区要求设置之比率	100%
	社区人民调解计划制订执行率	社区人民调解计划的执行数与制订数之比率	100%
	社区人民调解的经费保障率	社区人民调解已有保障数额与总经费额的比率	100%

在构建建设指标体系的基础上，还需要制订切实可行的实施方案，实施方案相对指标体系而言更详细，也更具有指导性。

2. 加强社区人民调解的基础设施与队伍建设

方法提示：基础设施建设→组织网络建设→队伍建设。

（1）加强基础设施建设。

加强人民调解工作，基础设施是组织建设的基础。司法所直接担负着组织和指导人民调解工作的重要职责，要认真贯彻中央关于加强"两所一庭"建设规划，按照当地实际和纠纷的特点，制定调解组织基础设施建设，例如办公所、资料室、印章、标识、徽章以及其他必要的办公设备，包括文书存放柜、电话、桌子、椅子等。

（2）因地制宜，构建组织网络。

建立健全各种形式的人民调解组织，重点是巩固和加强居委会人民调解委员会；健全完善乡（镇、街道）人民调解组织，充分发挥化解疑难复杂纠纷的作用。加强企事业单位调解组织建设，着力推进改制企业、民营企业和中外合资企业建立调解组织。要积极探索区域性、行业性的自律性调解组织建设，推进在流动人口聚居区、毗邻接地区、大型集贸市场、物业管理小区、消费者协会等建立调解组织，最大限度地扩大人民调解组织网络的覆盖面。

（3）实行专、兼职、志愿者相结合，加强队伍建设。

一方面建立人民调解员准入制，对选任人民调解员经培训、考核合格，由司法行政机关颁发统一的人民调解员证书。另一方面，要采取动态管理办法，引入竞争机制，积极推行专职人民调解员、专业人民调解员、首席人民调解员制度，乡（镇、街道）和村（居）人民调解委员会要有2～3名专职人民调解员。同时，要注意吸纳退休法官、检察官、警官，以及律师、公证员、基层法律服务工作者和社会志愿者参与人民调解工作，不断改善调解员队伍的知识结构、专业结构。要加大培训工作力度，统一规划、分级负责、分期分批对人民调解员进行岗前培训、在岗定期培训，并经常组织经验交流、现场观摩、法院旁听等活动，不断提高广大人民调解员的政治素质、业务能力和调解技巧。

3. 完善矛盾纠纷排查机制，建立维护社会稳定的长效机制

方法提示：建立健全矛盾情报信息网络→建立健全纠纷排查制度→建立健全矛盾纠纷信息反馈制度。

（1）建立健全矛盾情报信息网络。

建立健全矛盾纠纷情报信息网络，完善信息收集、报送、分析制度，准确了解掌握民间矛盾纠纷信息，及时发现可能导致矛盾纠纷的潜在因素，对各类矛盾纠纷信息做出迅速反应、及时处置。

（2）建立健全矛盾纠纷排查制度。

对于社区的矛盾纠纷，要立足抓早、抓小、抓苗头，变被动调解为主动调解，变事后调处为事先预防，努力把矛盾纠纷化解在萌芽状态，防止简单民间纠纷转化为刑事案件，防止群体性事件发生。

（3）建立健全矛盾纠纷信息反馈机制。

对于矛盾纠纷，要及时向基层党委、政府反映社情民意，特别是群众反映强烈的热点、难点问题，为党委、政府依法妥善解决各类矛盾纠纷提供依据。

4. 规范社区人民调解程序

方法提示：熟悉一般人民调解程序→规范具体的调解程序。

（1）熟悉一般的人民调解的程序。

一般的人民调解程序包括纠纷的受理、调解前的准备、进行调解，如果调解不成，则要采取适当的方法来处理，例如告知纠纷当事人，可申请基层人民政府处理；可申请行政主管机关调解；可向有管辖权的人民法院起诉；如果是简易经济纠纷，告知纠纷当事人，可向有管辖权的仲裁机关申请调解或仲裁。

（2）规范调解程序。

规范调解程序，其实是使社区调解减少其随意性、加强其法律化的表现。《中华人民共和国人民调解法》第四章规定了人民调解的程序。

第一，规范受理纠纷。受理纠纷的方式包括申请受理、主动受理。受理纠纷的程序分为接待当事人、对纠纷当事人的申请进行审查。对下列纠纷不予受理：构成违反治安管理行为的，构成犯罪的，法律规定由有关部门处理的。有下列情形的虽属于调解范围，但也不能受理：已经申请基层人民政府处理或处理完毕的，人民法院已经受理或正在审理的，一方当事人不同意调解的。审查结束后进行纠纷登记。

第二，规范调解前的准备。首先是有关程序方面的准备工作：将调解日期通知当事人；确定调解主持人；将调解人员情况告知当事人，以解决回避问题。其次是调查研究、收集证据：确定调查的重点内容；调查要深入，收集证据要广泛，既要收集有利于申请人证据，也要收集有利于被申请人的证据。再次是对调查、收集的证据进行审查判断，进而对纠纷进行分析判断。最后是拟定调解纠纷实施方案：确定调解所要达到的目的，准备好消除双方争执的各种可行性方案，调解中当事人可能提出的问题和解决方案，调解纠纷所需要的法律政策条款。

第三，规范调解各个步骤。首先要做调解开始前的准备：调解委员会通知纠纷当事人到指点地点按时出席，确定一人或数人调解；选择直接调解、公开调解或共同调解方式。然后调解开始：主要通过说服教育，耐心疏导，提高当事人思想认识，使他们互相谅解，主动达成协议；如果一方因故不能出席，应另定时间调解，不能缺席调解。最后是达成协议：调解协议书有表格式和制作式两种，基本内容如下：双方当事人的自然状况，即姓名、性别、年龄、民族、籍贯、职业（工作单位、职务）、住址；扼要写明纠纷性质、事实与经过，写明争执的焦点；详细、准确记明调解所达成协议的具体内容，履行协议的方式、期限。主持调解的人民调解员和双方当事人签名盖章；加盖人民调解委员会印章，写明调解时间。多方工作仍达不成协议的为调解不成。调解结束后要监督协议的履行。

5. 加大经费投入，规范制度建设

方法提示：建立经费保障机制，加大经费投入→规范制度建设。

（1）建立健全经费保障机制，加大财政投入。

建立经费保障机制，是开展人民调解工作的必要条件。要积极争取党委、政府的支持，加大对人民调解工作的投入，解决好人民调解委员会的办公场所和设施等实际问题，切实提高人民调解工作的物质保障能力；要将司法行政机关指导人民调解工作的经费、人民调解委员会工作补助经费和人民调解员补贴经费列入财政预算；同时，建立人民调解员案件办理奖励制度，对每起调节成功的矛盾纠纷，可根据纠纷的难易程度、社会影响大小及调解的规范化程度，立即兑现一定金额的奖金，奖金由指派单位或委托单位及受益单位解决，切实引导好、发挥好、保护好广大人民调解员的工作积极性。

（2）推进社区人民调解规范化建设。

规范化是开展人民调解工作的重要保障。要健全完善人民调解工作流程，明确受理、调解、履行等环节的具体要求；要健全完善人民调解委员会的岗位责任制、重大纠纷讨论、学习、例会、回访、业务统计和档案管理等制度，推进统一格式化人民调解文书、标识徽章工作；要健全完善人民调解员行为规范，严格人民调解工作纪律，避免随意性，保障公正性。人民调解委员会要达到"五有"（有标示牌、有印章、有固定的工作场所、有调解及回访等记录薄、有统计台帐）、"四落实"（组织落实、制度落实、工作落实、报酬落实）、"六统一"（标识、徽章、印章、制度、程序、文书）的标准，确保调解工作依法、规范进行。

6. 促进工作创新，强化协调配合

方法提示：人民调解工作理念的创新→强化协调配合。

（1）工作创新。

积极推进人民调解理念创新，切实强化以人为本的理念，强化服务的理念，把服务群众、促进民生问题解决，服务大局、促进经济社会协调发展，作为人民调解工作的价值追求；积极推进人民调解的手段和方法创新；善于根据矛盾纠纷的性质、难易程度和当事人的具体情况，运用民主的方法，运用法、理、情结合的方法，因地制宜、因人制宜地开展调解工作；推进人民调解工作机制创新，积极推动人民调解工作与基层民主政治建设相结合，与社会治安综合治理相结合，与人民审判工作相结合，与人民来信来访工作相结合，与政府法制工作相结合,实现与有关部门的良性互动。积极探索和建立健全人民调解、行政调解和司法调解相互衔接配合的工作机制,在党委领导下,由综治部门牵头,有关部门共同参与,实现"三调联动"。

(2)强化协调配合。

司法行政机关和人民法院共同肩负着指导人民调解工作的重要职责。要切实加强协调配合,共同做好对人民调解工作的指导;要建立健全联系制度,采取定期或不定期召开联席会议等方式,通报情况、沟通信息、研究工作,提高指导的针对性。要根据形势、任务和人民调解工作的实际需要,在人民调解员培训、调解与诉讼衔接、业务指导等方面,建立健全协调配合机制,增强人民调解工作的合力。

7. 建设社区人民调解示范区

方法提示:国家主管部门规划→地方进行建设。

(1)国家主管部门规划。

国家主管部门通过统一规划,制定人民调解示范区标准,加大支持开展人民调解社区示范点工作,树立典型,充分发挥人民调解基层组织的职能,推进全区基层人民调解组织的规范化建设。

(2)地方建设。

地方各级政府及主管部门,根据统一规划、按照示范建设标准,结合本地社区建设的实际,制订开展基层人民调解示范社区的工作方案,大力改善社区调解委员会的办公条件,努力提高人民调解员队伍的整体素质,全面加强社区调解委员会的制度建设,提高基层调解工作水平,为开创各地人民调解工作新局面打下坚实基础。

案例示范 6-2

在蔡滩社区开展人民调解示范社区的工作方案(节选)

一、指导思想

开展人民调解示范村(社区),坚持以"三个代表"重要思想和十七大精神为指导,以科学发展观为统领。

二、创建目标

通过开展人民调解村(社区)示范点工作,树立典型,充分发挥人民调解基层组织的职能,推进全街道基层人民调解组织的规范化建设。

三、工作标准

(一)硬件建设

村(社区)调解委员会应有专门的办公场所,并按规定建立专门的办公室、资料室和人民调解室,调解室面积在 10 平方米以上,配有专门的调解桌椅。办公室要有办公桌椅、电脑和专用电话,资料室要有存放文件资料的档案柜。村(社区)调委会要达到"六统一"和"四规范"。即"标牌、印章、人民调解标识、程序、制度、文书六统一"和"组织人员、工作制度、调解程序、调解文书四规范"。

（二）组织机构

1. 成立调解委员会

调委会设主任1名，由村（社区）主任或副书记兼任，副主任2名，由村（社区）治保主任、驻村（社区）民警兼任。委员由小组各设1名组长参加组成，并配备1名专（兼）职人员负责调委会的日常工作。

2. 队伍结构

村（社区）调解人员有一定的法律、政策和文化水平，为人公正、善于联系群众、热心调解工作，遵守调解工作方针、原则、制度和纪律。调委会可聘请人大代表、政协委员等担任兼职调解员，有条件的可聘请专职调解员或专门工作人员，组建以学者、律师、司法行政工作者以及离退休的法官、检察官为主体，多方结合的志愿者调解队伍，不断提高人民调解员队伍的整体素质。调委会委员应有三分之一以上达到高中以上文化程度，调解员要达到高中以上文化程度，有条件的要达到大专以上文化程度。

（三）制度建设

试点社区调委会必须完善各项工作制度，村（社区）的调解工作程序、有关制度必须规范且上墙悬挂。

1. 岗位责任制度

（1）调委会主任：①组织开展人民调解工作和矛盾纠纷排查调处工作，及时向村（居）民委员会、上级主管部门报告人民调解工作情况和重大纠纷信息；②组织学习、贯彻落实各级党委、政府和司法行政机关关于人民调解工作的指示、部署等；③负责人民调解员的调整，保持调解人员的相对稳定和工作网络的顺畅；④组织开展法制宣传；⑤积极探索人民调解工作新路子、新方法。

（2）调委会副主任：协助调委会主任做好本辖区人民调解工作。

（3）调委会委员（含专职调解员）：①调解民间纠纷；②组织开展矛盾纠纷排查调处；③组织实施法制宣传教育；④做好业务登记统计、档案管理等内务工作；⑤接待群众来信来电来访，指引或提供法律援助、法律咨询服务；⑥组织参加上级工作会议或业务培训；⑦完成其他工作任务。

（4）兼职调解员：①调解民间纠纷；②了解掌握、及时上报矛盾纠纷信息；③参与矛盾纠纷排查调处；④协助法制宣传教育。

（5）调解信息员：主要负责辖区有关矛盾纠纷的收集及报送工作。

2. 例会制度

（1）每周召开一次矛盾纠纷排查调处工作会议，并将有关情况向街道调委会办公室报告。

（2）调解主任参加街道调委会半月工作会议，并组织召开本级调委会工作会议，传达上级调解和排查工作指示，布置本级调解和排查工作任务。

（3）参加街道调委会年度工作会议。

（4）重大群体性纠纷专项调处会议。

3. 学习、培训制度

（1）调委会每年应制订年度学习培训计划。

（2）调委会每月应结合月工作会议，集中传达学习上级文件精神和有关政策法规。

（3）调委会每月安排不少于两次学习党的路线、方针、政策、法律法规和业务知识。

（4）调委会每年组织调解员，采取以会代训的形式，集中学习调解工作法规。

4. 考评制度

（1）从队伍建设、制度建设、设施配套建设、业务建设以及纠纷调解成功率、矛盾纠纷排查率等实际工作表现；从思想道德品行、工作态度表现、业务和政策法规水平、解决实际问题能力、完成任务情况等方面，推选年度先进调解委员和调解员。

（2）建立《调解委员、调解员工作业绩登记本》并及时登记工作业绩作为年度考评的重要依据。

（3）对考评不合格的调委会，给予通报批评；考评不合格的调解委员，在年度工作会议上给予点名批评，对不称职或因工作过失造成严重后果的，予以罢免或辞退。

（4）调解委员必须按要求参加区调处办组织的培训学习，并做好学习登记，做到持证上岗。

5. 业务登记制度

调委会应按照工作分工，归口负责登记，及时整理归档备案，达到真实、准确、规范的要求。主要登记本包括：《人民调解委员会印章使用登记本》、《纠纷登记簿》、《学习会议纪要本》、《资料收发登记本》、《档案管理登记簿》、《调解人员花名册》、《重大纠纷、群体性事件登记簿》。

6. 统计制度

主要统计表格包括：《人民调解委员会组织建设统计表》、《人民调解委员会工作月统计表》、《人民内部矛盾纠纷排查调处工作月统计表》、《法制宣传教育业务统计月报表》。

7. 文书档案管理制度

（1）文书档案资料由专人负责管理，做到类别分明，整理及时，资料完备，做到无丢失、无损坏、无霉烂、无尘染。

（2）各种登记本（簿、册）和统计表按时间、年限分类装订成册，建立统计档案和统计台账，保管备案。

（3）纠纷调解"一事一卷"，编号存档，卷宗的调解申请书、民间纠纷受理调解登记表、调查记录、调解笔录、人民调解协议书、回访记录及履行情况、各种证明材料齐全、准确完整。

（4）档案的交接和外借必须进行登记。查阅时不得拆散、涂改、撕毁，未经批准不准带走或影印。

（5）档案保管一般保存3~5年，档案销毁须报经上级主管部门批准，并在监督人监督下进行。

8. 汇报制度

调解员应定期向所在调委会汇报工作情况，村（社区）调委会或信息员应定期向所在街道调委会汇报工作情况。当发生重大群体性纠纷时，村（社区）调委会要立即向街调处办及有关部门报告，并做好情况登记。

9. 回访制度

调委会应对经调解的纠纷进行回访,跟踪调解协议的履行情况。负责回访的调解员要做好情况登记工作,按要求填写好《回访记录及履行情况》登记表。

四、具体完成时限

2008年9月30日前人民调解示范社区建设应取得明显成效,2008年底达到规范化建设标准,2009年争创省级人民调解先进单位。

五、工作要求

(1) 做好沟通协调,积极开展示范点工作;(2) 完善调解调处网络,及时排查调处矛盾纠纷;(3) 及时调解矛盾纠纷,防止矛盾激化;(4) 要建立登、统工作记录制度;(5) 认真开展法制宣传和道德教育工作。

(资料来源:泰州市高港区人民政府信息公开——街道文件——口岸街道——在蔡滩社区开展人民调解示范社区的工作方案)

案例评析:上述材料作为一份社区人民调解示范建设的策划方案,有明确的指导思想和创建目标;制定了创建人民调解示范区的工作标准:硬件设施标准、组织机构建设标准、制度标准;为了具体、切实落实前述内容,还提出了工作要求和示范建设的时限。这反映了该社区确实把社区人民调解示范性建设放在了工作日程上。

(四)社区人民调解建设评估

方法提示:确定评估主体→确定评估内容→确定评估标准→确定评估方式。

社区人民调解建设的评估指标以社区人民调解建设的指标体系为主要内容,结合国家的相关规定制定,把握全面、客观、公正的原则。

评估主体要多方参与,评估方式要多角度、多样化,保证公正、公开,达到评估的真正效果。

三、任务实训

以某一社区为例,以学生小组为单位,完成一项社区人民调解情况的调研工作,拟定一个该社区人民调解的改进方案;以小组为单位,交流社区人民调解工作改进方案设计与策划。

四、巩固提高

1. 知识回顾

(1) 社区人民调解的概念与性质。
(2) 社区人民调解制度内容。
(3) 社区人民调解建设的基本流程。
(4) 社区人民调解的基本业务流程。

2. 社区人民调解的相关规定解读

《最高人民法院、司法部关于进一步加强新时期人民调解工作的意见》与《中华人民共和国人民调解法》

任务二 社区矫治建设

一、基础知识

(一) 社区矫治的概念与性质

1. 社区矫治的基本含义

社区矫治,作为一种帮助犯罪人员改造和回归社会的方式,产生于20世纪70年代的美国,是一种不使罪犯与社会隔离并利用社区资源教育改造罪犯的方法,是所有在社区环境中管理教育罪犯方式的总称。国外较常见的包括缓刑、假释、社区服务、暂时释放、中途之家、工作释放、学习释放等。

2003年7月由最高人民法院、最高人民检察院、公安部、司法部颁布的《关于开展社区矫治试点工作的通知》指出:"社区矫治是与监禁矫治相对的行刑方式,是指将符合社区矫治条件的罪犯置于社区内,由专门的国家机关在相关社会团体和民间组织以及社会志愿者的协助下,在判决、裁定或决定确定的期限内,矫治其犯罪心理和行为恶习,并促进其顺利回归社会的非监禁刑罚执行活动。"这是到目前为止我国对社区矫治比较全面的界定。

2. 社区矫治的性质

社区矫治是充分利用社会资源,积极运用各种方法、手段,整合政法部门、社区等各方力量,着力对社区范围内罪行较轻、主观恶性较小、社会危害性不大的罪犯或者经过监管改造、确有悔改表现、不致再危害社会的罪犯,例如假释、监(所)外执行、管制、剥夺政治权利、缓刑等罪犯进行针对性的管理、教育和改造的手段和方法,是当今世界各国刑罚制度发展的趋势。

(二) 社区矫治的功能

社区矫治作为一种与监禁矫治相对应的非监禁刑罚执行活动,对矫治对象的矫治功能主要体现在以下方面。

1. 惩罚功能

社区矫治作为刑罚执行的过程,体现了对犯罪人的惩罚。对于矫治对象而言,不能享有被法律所剥夺或限制的一定权利,必须服从矫治组织的管理和教育,必须遵守各项矫治制度并参加公益劳动,使其感受到犯罪之后所受到的否定性的法律评价,切实感受到刑罚痛苦和国家法律的威严,不敢再以身试法,从而矫治其不良的思想和行为习惯。

2. 教育功能

社区矫治是惩罚与教育的有机结合,而不是单纯的惩罚。社区矫治的教育就是对矫治对象实施有目的的、有计划的、积极的系统影响活动。矫治组织通过法制教育、劳动教育、文化教育、技能教育和心理健康知识教育，提高矫治对象道德水平和法制观念，增强谋生技能，达到使矫治对象顺利回归社会，改造成为新人的目的。

3. 塑造功能

社区矫治的塑造功能是指通过矫治活动的连续实施，促进矫治对象公民人格的最终塑造。社区矫治将罪犯置于社会化交际生活，使其能够最大可能地承担家庭和社会责任，并在此基础上进行心理引导和行为规范，促进矫治对象的再社会化，形成健康人格，顺利回归社会，避免监禁矫治可能出现的以消极服从、自信心与进取心丧失为特征的"监狱人格"、"囚犯人格"的出现。

4. 感化功能

社区矫治的感化功能是指实施社区矫治的过程中，矫治对象基于矫治组织所给予的人道待遇和人性关怀而产生的积极的心理效应。社区矫治组织不仅对矫治对象进行思想教育与行为引导，也通过多种形式传授文化知识与生产技能，并积极推荐就业，对于家庭生活困难的矫治对象，在符合法律规定的条件下，还可以申请享受政府的最低生活保障待遇。通过这些人道待遇和关心爱护矫治对象的措施使矫治对象产生感化的心理效应，促使其更深刻地认罪悔罪，调动改造的积极性和自觉性。

5. 治疗功能

社区矫治的治疗功能主要体现为对矫治对象进行普遍的心理健康教育和对有心理危机的矫治对象进行心理危机干预，实施有效的心理矫治。社区矫治对罪犯心理的矫治，实际上就是把符合社会主义精神文明的客观要求转化为罪犯的自觉需要，帮助罪犯逐步削减或消除犯罪心理和各种消极心理。

6. 控制功能

在社区矫治的实施过程中，矫治对象始终处于社区矫治组织和人民群众的视野之内，其行为置于监督管理之下，其行踪由矫治组织及时掌握。因此，矫治对象的人身自由虽未被剥夺，但其行为受到一定的控制，有利于防止其重新犯罪或从事其他违法活动。

（三）社区矫治的意义

1. 社区矫治是进行司法改革的重要内容

社区矫治是对我国刑罚执行制度的探索与实践，进行社区矫治试点工作，有利于巩固和发展民主团结、生动活泼、安定和谐的政治局面，有利于积极推进民主法制建设，有利于为社会主义政治文明建设服务，为全面建设小康社会服务，有利于社会治安综合防控体系的进一步充实和完善。

2. 社区矫治能够提高罪犯改造质量

刑罚的最终目的就是将罪犯改造成为守法公民，实施社区矫治可以提高改造的质量，主要体现为：一方面可以减少监狱内交叉感染，也使罪犯在与社会的密切交往中，不再排斥社会、仇视社会，有效地防止其重新犯罪；另一方面也为罪犯创造了极为宽松的改造环境，解除了高墙电网的束缚，充分体现立法本意的人道主义原则。

3. 社区矫治有利于合理配置行刑资源，降低行刑成本

社区矫治的过程是把罪犯放在社区进行矫治：一方面可以减少监狱人口和国家对监狱运行的投入，降低行刑成本，缓解监狱改造的压力，使监狱能够集中财力、人力、物力矫治那些恶习深且社会危害性大的罪犯；另一方面，也可以合理配置行刑资源，充分地利用社会力量和社会资源，提高对罪犯的教育改造质量。因此，无论是刑罚投入量，还是各种资源的科学利用，社区矫治都能使行刑效率进一步得到提高。

4. 社区矫治已成为世界行刑改革发展的趋势

20 世纪 50 年代，西方发达国家的刑罚适用逐步进入非监禁刑为主的阶段。1954 年，美国监狱协会更名为矫治协会，标志着西方国家在行刑的理念和实践上发生了较大变化，特别是随着"报应主义"刑罚执行被"目的主义"的刑罚执行观所代替，社区矫治模式开始成为刑罚适用的主导。社区矫治方法已经成为世界各国惩罚和改造罪犯的重要方式，不仅社区矫治适用的数量大并继续呈增长趋势，而且有一套完整的法律制度，多数国家设有专门的社区矫治执行机构和人员。社区矫治的种类也很多，社区矫治的成本低、效果好是深受世界各国青睐的主要原因。

（四）社区矫治的对象、内容与方式

1. 社区矫治的对象

根据我国现行法律的规定，社区矫治的适用范围主要包括下列五种罪犯：一是被判处管制的；二是被宣告缓刑的；三是被暂予监外执行的，具体包括：有严重疾病需要保外就医的、怀孕或正在哺乳自己婴儿的妇女、生活不能自理的，吸毒的适用暂予监外执行不致危害社会的；四是被裁定假释的；五是被剥夺政治权利并在社会上服刑的。符合上述五种条件的罪犯，都应当实施社区矫治。

2. 社区矫治的内容

社区矫治的内容主要有五项：一是贯彻落实上级有关社区矫治工作的政策和工作部署，加强对社区服刑人员的管理和监督，确保刑罚的顺利实施；二是以个性化教育为主，通过多种形式，加强对社区服刑人员的思想教育、法制教育、社会公德教育，矫治其不良心理和行为；三是依照有关规定和政策，帮助社区服刑人员解决在生活、法律、心理等方面遇到的困难和问题，以利于他们顺利适应社会生活；四是依法组织社区服刑人员参加适合其年龄、身体条件、劳动技能的社会公益劳动；五是对社区内服刑人员进行日常考核和奖惩，增强其社会责任感，并完成上级社区矫治组织交办的其他工作任务。

3. 社区矫治的方式

司法所应当根据有关规定，针对不同类型的社区服刑人员采取不同的具体管理教育措施，确保社区矫治工作的有序进行。

（1）教育。

司法所应当每月对社区服刑人员的思想动态进行分析，遇有重大事件，应当随时收集分析，并根据分析的情况，进行有针对性的教育。聘请社会专业人员，定期为社区服刑人员提供心理咨询服务，开展心理健康教育。组织社会团体和社会志愿者对社区服刑人员开展经常性的帮教活动，并通过社区服刑人员的亲属加强对社区服刑人员的教育。

（2）公益劳动。

司法所应当按照符合社会公共利益、社区服刑人员力所能及、可操作性强、易于监督检查的原则，组织有劳动能力的社区服刑人员参加必要的公益劳动。

二、实务操作

基本流程：学习有关社区矫治的相关法律政策→调研社区矫治的现状→社区矫治建设的策划与实施→社区矫治建设的评估。

（一）学习有关社区矫治的相关法律政策

方法提示：搜集、学习相关部门社区矫治的相关法律政策，领会其指导精神。

现行法律对社区矫治没有系统明确的规定。2003年7月，最高人民法院、最高人民检察院、公安部、司法部联合印发了《关于开展社区矫治试点工作的通知》（以下简称《通知》），北京、天津、上海、江苏、浙江和山东六省市相继开展了社区矫治试点工作，标志着我国开始进行社区矫治的探索和实践。《通知》以司法解释的形式明确了社区矫治的定义、适用对象、适用范围等重要问题。

《通知》第二部分规定的"根据我国现行法律的规定"，这里的"现行法律"指的主要是《中华人民共和国刑法》（以下简称《刑法》）、《中华人民共和国刑事诉讼法》、《中华人民共和国监狱法》等法律的一些规定。例如我国《刑法》第五、六、七节内容中的缓刑、减刑与假释的规定；《中华人民共和国预防未成年人犯罪法》第47、48条的规定；《中华人民共和国未成年人保护法》第44条的规定；《中华人民共和国监狱法》第三章第三、四节就监外执行、假释、释放与安置做了规定；还有，《最高人民法院关于办理减刑、假释案件具体应用法律若干问题的规定》、司法部、最高人民检察院、公安部关于印发《罪犯保外就医执行办法》就相关的犯罪人的管理、教育、保外就医等都有规定。其实上述这些规定都是可以适用于社区矫治来实现的。

（二）调研社区矫治的现状

方法提示：采用问卷调查、实地访谈、查阅文献资料等方法调研拟建设社区的社区矫治的情况，主要包括社区矫治基本情况、社区矫治已经取得的成绩、社区矫治建设中存在的问题。

案例示范 6-3

长寿区社区矫治现状（节选）

一、我区社区矫治试点工作的基本情况

1. 健全机构，建章立制

我区在 2005 年 9 月 13 日就成立了社区矫治工作领导小组和办公室，办公室设在司法局，并落实了专人抓社区矫治试点工作。

在 2006 年 3 月底就摸清了试点街镇的社区服刑人员底数，完成了人员和档案的接收。

试点街镇相继完成了对社区矫治工作者的业务培训，社区服刑人员坚持了"八个一"制度，社区矫治工作者严格按照 9 个制度的规定开展工作。同时《社区矫治工作细则》、《社区矫治工作者手册》、《社区矫治对象手册》、《社区矫治对象的奖惩办法》等一系列的制度得到了初步的落实和建立。

2. 扎实开展社区矫治的基础工作

规范矫治对象本人和档案的同步接受，为每个矫治对象建立较完整的矫治档案，统一印章，并进行规范化管理。因人而异的制订矫治方案，定期家访和了解矫治对象的思想动态，在不影响其正常的工作和生活的同时促使其完成社区义务劳动；同时给予矫治对象实际意义的生活帮助和尽可能的解决其就业的困难。

截止目前为止，共接收社区服刑人员 110 人，解除了社区矫治人员 46 人，在社区矫治试点中，社区服刑人员无一人重新违法犯罪，社区矫治试点工作取得了良好的社会效果。

二、我区社区矫治工作初见成效

一是建班子，明确工作职责。

18 个街镇均成立了以分管政法的领导为组长的社区矫治工作领导小组，18 个街镇所辖村居也建立相应的社区矫治工作站。

二是强素质，健全工作网络。

18 个街镇的村居现有专职工作人员 125 名，区社区矫治领导小组对社区矫治专职工作者和社区矫治工作站成员进行了业务培训。

三是抓规范，建立长效机制。

为了进一步规范矫治流程，提高矫治质量，我们一是把好人员接收关；二是把好工作关，严格落实"八个一"的管控制度；三是把好解除关，严格社区矫治的解除；四是求实效，创新工作思路。

三、存在的问题和困难

1. 思想认识不太高。在社区矫治的实施工程中，一些群众表现出过度的忧虑、恐惧，尽量避免与服刑人员接触，这给社区矫治工作带来了许多的困难。

2. 矫治对象本人的心理障碍。某些矫治对象对社区矫治方式存在一定的社会和心理压力，不愿意回到社区执行刑罚，不愿意让亲戚朋友知道自己犯事。

3. 矫治工作难度大。目前，我区 18~45 岁（占总人数的 90%）的矫治对象大多无固定职业，外出打工的多，流动性大，给矫治工作带来了一定难度。

4. 司法工作人员少、工作量大。

5. 矫治经费的短缺和无着落。矫治经费短缺问题是一个普遍性的问题。矫治工作需要社会力量的支持。

（资料来源：节选自《我区社区矫治的现状和建议》、《长寿区社区矫治工作初见成效》，重庆市长寿区司法局网站之社区矫治）

（三）社区矫治建设的策划与实施

基本流程：构建社区矫治建设的指标体系→策划社区矫治的建设方案→实施具体的建设措施。

1. 构建社区矫治建设的指标体系与实施方案

方法提示：参考相关部门的法律与政策规定→联系本社区实际，建立风险与质量评估体系→制订个性化矫治方案。

（1）建立社区矫治风险评估体系。

社区矫治风险是指社区服刑人员在矫治过程中可能实施的危险行为，主要包括自杀、脱离管控区域、其他侵害行为三大类。这三类风险会不同程度地对社区服刑人员、社区居民、社区矫治工作者和社区矫治事业本身造成伤害，故需要对此风险发生的几率进行评估并加以防控，这就需要建立社区矫治风险评估体系。通过对矫治人员个人、家庭、社会环境、生存能力、个人认知等方面的调查了解，综合评估，量化风险，将矫治对象划分为一级宽管、二级宽管、普管、严管四个风险等级，分别采取不同的管理方式。综合上述内容，参考江苏省社区服刑人员风险情况定性分析表，拟制社区服刑人员风险情况定性所涉及的因素分析表如下（参见表 6-2）。

表 6-2 风险评估定性所涉因素分析表

社区服刑人员风险评估定性所涉因素		是	否
基本情况	文化水平低：小学或初中文化水平		
	年龄轻：30 岁以下		
	法律意识：欠缺法律知识，法治意识淡薄		
家庭环境	未成年时，缺乏家庭的关爱与教育		
	有过不幸的家庭经历		
	有无丧偶、离婚经历或不幸婚姻		
	有无子女		
	有无家庭责任感		
人际关系	与家人、亲属、同事、同学或者邻居关系紧张		
	交友不慎且繁杂，容易受到不良环境影响		
	情感存在纠纷		

(续表)

社区服刑人员风险评估定性所涉因素		是	否
就业与工作情况	无就业或失业		
	对就业单位不满、表现较差		
经济状况	没有收入或者很少		
	生活压力很大且经济负担很重		
	开销随意性很大		
品行行为	游手好闲、贪图享乐		
	不切实际、好幻想		
	表现欲强		
	脾气暴躁、易冲动		
	情感淡漠、性情孤僻		
	思维混乱、做事马虎		
	优柔寡断无主见		
	自控能力差		
	敏感多疑、情绪不稳		
	生活无规律、无计划		
	为达目的可不择手段		
	沉迷网络		
	曾经或正在吸毒		
	曾接受精神疾病诊治或接受心理咨询		
处世态度	不满或抵触社会状况		
	抵触排斥道德与法律规范约束		
	歧视一些社会群体		
	不在乎别人的看法与感受		
	认同他人的犯罪行为		
	对被害人并无歉意		
	对自己的处罚表示不满		
	对社区矫治的态度消极、得过且过		
	对未来生活态度悲观		
犯罪情况	交友不慎误入歧途		
	投机取巧赚取钱财		
	结伙犯罪		
	黑社会性质犯罪		
	是否有前科		
矫治情况	不配合社区矫治工作者的交流与沟通		
	常常违反社区矫治的规章制度		

综上所述情形或未尽事项，社区矫治工作者结合实际，对特定的社区服刑人员风险进行情况定性分析：

(2) 制订个性化教育矫治方案。

建立了风险与质量体系后，还要有具体的实施方案。综合风险评估和质量评估结果，发现其中问题明显、矛盾尖锐的特殊个案，个别分析并制订个性化教育矫治方案。

2. 加强社区矫治立法

方法提示：制定地方法规和规章→部门规章、行政法规→国家立法。

目前，制定地方性法规和规章具有一定的优势，或者说制定地方法规和部门规章的条件已经具备：一方面由于各地政治、经济、文化以及社区状况的不同，结合地方的特点制定地方性法规，对充分利用地方的资源，适用地方的特点，大有好处，它不仅使地方立法机关能更有主见的根据当地的特点制定法规，而且在修改法规时也更加方便灵活，不必拖延很长的时间；另一方面，由于地域广阔，各地经济和文化的发展极不平衡，在全国实行开放式的行刑方式存在困难，可以先考虑通过地区立法的方式对我国的社区矫治工作进行规范。待我国社区建设进入一定阶段，可以进行立法层次的提高，可以进行国家立法来进一步规范社区矫治工作。

3. 理顺管理体制，完善社区矫治工作机构建设

方法提示：理顺管理体制→建立社区矫治工作专门机构→明确社区矫治机构的职责。

（1）理顺管理体制。

《司法行政机关社区矫治工作暂行办法》第3条规定，司法行政机关开展社区矫治工作，遵循党委政府统一领导，司法行政机关具体实施，人民法院、人民检察院、公安机关密切配合，社会力量广泛参与的原则。为此，必须理顺司法所的管理体制，司法局要与公安局、法院、检察院、监狱局实行联合办公，把司法所作为司法局的派出机构，实行垂直管理。

（2）建立社区矫治工作专门机构，明确职责。

理顺管理体制后，由各省市政法委牵头，成立罪犯社区矫治工作委员会，由法院和检察院、公安局、司法局、监狱局联合组成，采取联合办公的形式，决定投入社区矫治的对象，研究和指导社区矫治工作。

公安局作为社区矫治执法主体的身份不变，其职责是：依法办理《刑法》、《中华人民共和国监狱法》规定的相关法律手续，实施对矫治对象的监督管理，对重新违法犯罪的矫治对象依法及时处理，对违反有关规定脱离监控范围的矫治对象进行抓捕。

司法局负责社区矫治工作的组织实施。各市、区县司法局成立社区矫治工作协调办公室，各街道以基层司法所为主，按照"一社区一所"，一所3人的要求配齐司法行政专项编制。司法所的社区矫治工作职责是：具体实施对本社区内社区矫治对象的教育工作，建立起相应的教育制度，对矫治对象适时进行谈话教育，组织社会志愿者对矫治对象进行帮教，帮助矫治对象解决就业及生活等方面的困难。

监狱局派人民警察协助司法所具体实施。监狱局派驻社区的监狱警察的职责是：协助司法所长指导司法助理员开展对社区矫治对象的日常教育工作，对矫治对象进行考核；对违反有关法律规定，但未构成重新违法犯罪的保外就医等监外执行人员，及时报请市监狱局收监；对违反规定但未构成重新违法犯罪的假释人员，会同当地公安机关向人民法院提出撤消假释的建议；对违反有关法律规定，构成重新犯罪的社区矫治对象，协助当地公安机关依法予以处理；对违反有关规定，故意逃脱监控的矫治对象，协助当地公安机关进行抓捕。派驻社区的监狱警察，行政上隶属于监狱局，业务上接受当地司法所的领导。

4. 加强社区矫治制度与队伍建设

方法提示：熟悉相关法律政策的规定，结合当地实际，制定相应的社区矫治制度→优化运行机制、加强社区矫治工作者队伍建设。

（1）结合当地实际条件，制定社区矫治制度，规范社区矫治工作。

参照有关政策和试点城市的建设经验，联系实际，制定出符合本地的实施规划，按照规划进一步进行制度建设。

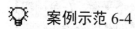
案例示范 6-4

"24 字流程"规范社区矫治（节选）

云南省政法机关高度重视社区矫治工作规范化，提出了"裁前评估、全员接收、分类管控、有效施教、解矫跟踪、全程监督"的 24 字工作流程。截至 2010 年 2 月，全省共接收社区服刑人员 22 124 名，矫治期间重新犯罪率为 0.18%，解除矫治的 4 760 人无一人重新犯罪。

裁前评估——范围内容方式三确定。

裁前评估就是，由法院、监狱、公安等机关在做出非监禁刑罚决定前，通过一定方式获取与刑事被告人或罪犯相关的资料信息、评估报告，并将其作为参考依据，评估刑事被告人或罪犯是否适合处以非监禁刑罚进行社区矫治。一是明确评估的范围，二是确定评估的操作方式，三是确定调查的内容。

全员接收——"五种罪犯"不遗漏。

全员接收时，一是明确责任。法院、监狱、公安等机关应主动将"五种罪犯"人、档齐全、安全地移送给司法行政机关。二是及时交付。对"五种罪犯"做出非监禁刑罚决定且"五种罪犯"已符合交付执行条件时，应及时移交给司法行政机关。三是掌握底数。法院、监狱、看守所三家单位负责按月填报自己做出决定的"五种罪犯"的基本情况，准确掌握每月入矫的"五种罪犯"确切底数，保证全员移交、全员接收。

分类管控——等级处遇走访监督。

实施等级处遇。根据社区服刑人员的犯罪类型、重新犯罪可能性、人身危险性、个体差异性等进行分类，分别实施宽松管理、普通管理和严格管理三个不同等级的处遇和管理强度。定期不定期走访监督。亲友担保共同监督、共同管理。在裁前评估阶段，矫治机构要求被调查人提供担保，并把担保作为适合社区矫治的必要条件。

有效施教——分别开展针对性教育。

一是完善和适时分阶段教育，二是探索开展心理矫治，三是灵活多样开展公益劳动，四是完善奖惩。

解矫跟踪——解矫安置问效维稳环扣环。

对于矫治期限届满的社区服刑人员，一是注重解矫与安置帮教工作相衔接，防止其重新违法犯罪；二是跟踪问效，根据其在社会上的表现查找和反思矫治工作中存在的问题和不足，及时加以改进；三是与维稳工作对接，对后期跟踪过程中发现的不稳定因素，主动及时化解或及时反馈给相关维稳职能部门妥善处理。

全程监督——政法部门社会力量齐动员。

云南省要求，检察机关负责对社区矫治工作所涉及的非监禁刑罚决定进行监督，确保正确适用；对"五种罪犯"的移交接收进行监督，防止漏管；对监管措施的落实进行监督，防止脱管；对社区矫治执行过程中的违法行为进行监督，维护社区服刑人员合法权益。同时，社区矫治工作还全程接受党委、人大、政府、政协和社会舆论、社区群众的监督。

（资料来源：节选自《法制日报》昆明6月6日电 记者 储皖中）

案例评析：本案例体现了落实社区矫治工作的制度建设，其中包括矫治前的风险与质量评估制度、接收制度、分类管控制度、有效施教制度、解矫跟踪制度与全程监控制度等的建设，这给各地社区矫治的制度建设提供了一个可以参考的实践经验。

（2）优化"四位一体"运行机制的效能，加强队伍建设。

建立专业社区矫治力量与社会矫治力量相结合的工作队伍，是开展社区矫治工作的根本保证。司法部颁布的《司法行政机关社区矫治工作暂行办法》第12条规定，社区矫治工作者应当由司法所工作人员、有关社会团体成员和社会志愿者组成；第13条规定，社区矫治工作志愿者应当具备下列条件：拥护宪法，遵守法律，品行端正；热心社区矫治工作；有一定的法律政策水平、文化素质和专业知识。对于自愿参与和从事社区矫治的社会志愿者，向居住地的街道、乡镇司法所报名，符合前款规定条件的，由司法所报请县级司法行政机关颁发聘书。同时还要有矫治联络员队伍的建设，这为矫治信息的收集与传递的建设提供人力保障。

5. 加强社区矫治的法律监督

方法提示：组织监督机构，加大监督力度。

任何一项工作的开展，都应当建立高效有力的监督机制，社区矫治工作的开展也一样要建立严密、完善的法律监督机制。社区矫治的法律监督，就是专门的国家机关依法对社区矫治活动是否合法进行的监督：从社区矫治的决定、社区矫治机构对社区服刑人员的管理、服务等行为、社区矫治过程中处罚措施的制定，到社区矫治过程中各个相关部门的协调配合情况等，是否合乎法律以及当前的政策的规定；尤其是社区矫治管理过程中的个别违法状况出现时，法律监督机制作用非常大。所以，一个良好的法律监督机制有利于社区矫治工作的顺利开展，有利于维护社区服刑人员的合法权益。

6. 积极探索科学的矫治措施

方法提示：借鉴具有成熟的社区矫治经验的国家和城市的经验→结合本国或本地区的实际→有针对地采取矫治措施。

我国目前的社区矫治措施比较单一，而且很大程度上倾向于福利性的帮教措施。在实践中，社区服刑人员的矫治工作大多限于定时报告、填写表格等，使得社区矫治作为一种刑法执行方式，其根本属性（即惩罚性）无法实现，因此，应当探索如何充实社区矫治的措施，采取科学的矫治措施实现社区矫治的目的。我们可以学习借鉴发达国家或城市的成熟经验。由于各国情况不同，采取的矫治措施也有不同的特点。例如英国作为具有成熟的社区矫治经验的国家，其社区矫治措施也比较完备，主要有社区服务、宵禁、参与中心等矫治措施，值得我国借鉴。这些措施既可以惩罚矫治对象，唤醒其回归社会，为社会创造价值，同时其中一部分还能补偿受害人。

（四）社区矫治建设的评估

方法提示： 确定评估主体→确定评估内容→确定评估标准→确定评估方式。

建立社区矫治质量评估体系。社区矫治质量评估又称为社区矫治效果评估，是对社区矫治工作者能力、社区服刑人员的改造情况以及整个社区矫治环境氛围等进行的全方位检验与评判。社区矫治质量评估既可以是阶段性的效果评估，也可以是对服刑人员矫治期满后总的矫治效果的评估。

社区矫治质量评估体系的建构应当包括四个方面：一是对社区矫治的内容进行评估，二是从社区矫治的法制建设进行评估，三是对社区矫治的设计目标进行评估，四是从社区矫治相关人员的需求进行评估。通过评估，发现实际工作中存在的问题，促进社区矫治工作制度、方法和管理模式的改进与完善。社区矫治质量评估体系的实际应用包括内容和方法两个方面。关于社区矫治质量评估体系的内容，可参见表6-3。

表6-3 社区矫治质量评估体系

指标	指标内容	指标具体说明	评估标准
重新犯罪率	与没有进行社区矫治的缓刑、假释人员的重新犯罪率比较	把社区矫治服刑人员与没有进行社区矫治的社区服刑人员在服刑期中每一年的重新犯罪率或收监率比较	降低、没有
		把社区矫治服刑人员与监狱服刑人员刑满后1~2年内重新犯罪率进行比较	降低、没有
刑罚成本	社区矫治与监狱行刑从总体上测定	对社区矫治服刑人员每人每年平均花费与监狱在押犯人每人每年的平均花费比较	低、高、持平
		用于刑事执法的总体费用	降低、高、持平
社区居民对社区矫治的感受	社区居民对社区矫治的态度	社区居民对社区矫治是否理解	理解、不理解
		社区居民对社区矫治是否支持	支持、不支持
		对现行的社区矫治模式是否满意	满意、不满意
对犯罪受害人的影响	主要是直接犯罪受害人对服刑人员的评价	犯罪受害人能否接受犯罪人在社区接受矫治服刑	接受、不接受
		犯罪受害人的权利是否得到应有保障	能保障、不能
社区服刑人员的感受	主要是针对服刑人员对社区矫治的管理、教育改造以及服务措施的态度	服刑人员对社区矫治工作的质量的态度	满意、不满意
		进行社区矫治的服刑人员回归社会的障碍	无、有

（续表）

指 标	指标内容	指标具体说明	评估标准
社区矫治项目有效性	针对监督管理、教育改造以及对服刑人员的帮助与服务	服刑人员是否体验到惩罚、对潜在的犯罪分子有威慑性	有、无
		是否威胁社区的安全	无、有
		是否触动服刑人员的思想	有、无
		社区服刑人员表现与分类管理的效果	好、一般、差
社区矫治的机构设置和人员配备	机构的类型、职权、工作效率以及与司法部门关系，矫治工作者的准入资格、绩效、工作量与劳动分配原则等	机构设置的类型及其职权、工作效率	合法、合理、高效如否
		与司法部门的关系	参与、不参与
		矫治工作者的准入资格	有、无
		矫治工作者的绩效、工作量与劳动分配原则	按劳分配

评估主体要多方参与，评估方式要多角度、多样化，保证公正、公开，达到评估的真正效果。

评估的方式不能仅仅根据已有的知识与信息进行，而应当用实证的方式，包括定性与定量的方式进行。当然还可以通过个别访谈、问卷、小组座谈、实地观察、历史研究、内容分析等方法，进行理论分析。在实际操作中，需要结合不同的评估对象采取适当的评估方法。

三、任务实训

以某一社区为例，以学生小组为单位，完成一项社区矫治情况的调研工作，拟订一个该社区矫治的改进方案；以小组为单位，交流社区矫治工作改进方案设计与策划。

四、巩固提高

1. 知识回顾

（1）社区矫治的概念与性质。
（2）社区矫治的对象与内容与方式。
（3）社区矫治的功能与意义。
（4）社区矫治建设的基本业务流程。

2. 社区矫治的相关规定解读

《上海社区矫治工作流程（试行）》。

任务三　社区治安防控建设

一、基础知识

（一）社区治安防控的基本含义

社区治安防控是指运用各种治安行政措施和现代科学技术手段，组织和发动社区各方力量，对可能引发治安问题的各种直接原因、直接条件和直接相关因素进行积极预防、控制，有效维护社区治安秩序的一项综合性业务工作。

（二）社区治安防控的重要意义

加强治安防控是预防和减少违法犯罪的治本之策，大力加强治安防控工作，事关保护和发展人民群众的根本利益，事关社会稳定和长治久安。"打防结合，预防为主"是实践"三个代表"重要思想，发展先进生产力和先进文化，维护最广大人民群众根本利益的本质要求。随着我国改革开放力度的加大和社会主义市场经济的发展，广大人民群众的生活水平不断提高，对社会治安的要求也越来越高，人民群众更加关注社会治安对自身利益的影响。

（三）社区治安防控的手段

1. 人防

（1）专业保安联防队伍。

专业保安联防队伍是现代社区治安防控的骨干力量，主要包括社区保安联防队和居民小区专业保安力量：前者是采取政府出资、社会赞助、居民集资等形式，筹措资金，按社区实际居住人口万分之十的比例组建社区保安联防队伍，在社区开展治安巡逻和卡口工作；后者是房地产开发商、物业管理企业或小区主管单位出资，聘请专业保安人员，或者在公安机关的指导下自建保安组织，承担小区内治安巡逻、门卫值班等安全防控工作。

（2）治安志愿者队伍。

治安志愿者队伍是群防群治的重要组织形式，是现代社区治安防控力量的补充。在零散居民区和老旧居民小区，治安志愿者是一支重要的人防力量。

治安志愿者应具备自愿从事社会治安活动，年龄在 18 周岁以上，身体健康，有从事维护社会治安服务活动的能力和技能，没有违法犯罪经历等基本条件。治安志愿者主要从大中专学生、机关干部、企事业单位职工、社区组织成员、民兵、离退休人员、享受低保待遇人员、治安积极分子等人群中招募。治安志愿者队伍的使用管理主要由社区治保主任和社区民警负责，对治安志愿者队伍进行分组，参与治安巡逻、看楼护院、邻里守望、法制宣传，参与抗险救灾、应急救援行动，参与对刑释解教人员、违法犯罪青少年和其他重点人员的教育转化和控制工作。

2. 物防、技防

社区要经常开展物防、技防宣传，向单位和群众推荐实用、高效的物防、技防措施，协助公安机关做好各项防控措施的普及和推广工作。

二、实务操作

具体流程：学习有关社区治安防控的相关法律、政策→调研社区治安防控的发展现状→社区治安防控工作建设的策划与实施→社区治安防控建设的评估。

（一）学习有关社区治安防控的相关法律、政策

方法提示：搜集、学习国家及有关部门治安防控的相关法律政策，领会其指导精神。

在社区治安秩序维护过程中，适用最为广泛的是自 2006 年 3 月 1 日起施行的《中华人民共和国治安管理处罚法》（以下简称《治安处罚法》），它属于行政法律规范，也是维护社区治安的有力武器。社区治安管理是国家行政管理的一项重要内容，依据《治安处罚法》进行社区治安管理，其中违反治安管理的行为主要包括扰乱公共秩序的行为、妨害公共安全的行为、侵犯人身权利、财产权利的行为、妨害社会管理的行为等。这些行为都是社区治安工作中防控和打击的重点；同时，在打击这些违反治安管理行为时，应当合乎《治安处罚法》的程序和处罚方式的规定。

同时，还有相应的行政法规和规章，例如《中央社会治安综合治理委员会关于加强社会治安防控工作的意见》以及中共中央办公厅国务院办公厅关于转发《中央社会治安综合治理委员会关于加强社会治安防控工作的意见》的通知，就治安防控工作也做了明确规定。除此之外，还有一些地方性法规，其规范明确、内容具体、操作性强，成为地方社区治安管理中不可或缺的重要法律依据。

目前，我国城市社区治安建设初步形成以国家法律、地方法律相衔接、政府规章相配套、各主管部门规范性文件为补充的社区治安综合治理的法律框架，实现了由行政调整转向法律调整的局面，这说明社区治安工作正逐步走向法制化与规范化的道路。换句话说，在城市社区治安管理过程中，要做到十六个字：有法可依、有法必依、执法必严、违法必究。

（二）调研社区治安防控的现状

方法提示：采用问卷调查、实地访谈、查阅文献资料等方法调研拟建设社区的社区治安防控情况，主要包括社区治安防控的基本内容、社区治安防控已经取得的成绩、社区治安防控建设中存在的问题。

总的来说，近年来根据形势需要，全国各地城市开始探索适应新时期的社区治安防控建设，并取得了一定的成效，积累了一定的经验。概括起来，其成绩与经验主要表现在以下几个方面。

1. 贯彻了社区治安建设的指导思想与工作方针

在中国共产党的领导下，建设社会主义物质文明、政治文明、精神文明，充分尊重和保障人权，是社会主义中国奉行的基本政治原则和宪法原则，也是指导公安机关治安管理工作的重要思想。

1978 年，第三次全国治安工作会议提出了治安管理工作的指导方针："党委领导，依靠群众，预防为主，管理从严，及时打击，保障安全。"实践表明，"二十四字方针"清晰地反映了治安管理工作的基本内涵，符合社会治安管理基本规律的要求，指明了治安管理工作的基本方向。

2. 提出了社区治安防控工作的目标

社区治安防控工作的目标：社区群防群治组织健全；社区群众防控意识明显提高；防控力量建设显著增强，社区按万分之十的标准配备专职保安联防力量，居民住宅小区实现封闭式管理，实行专门人员 24 小时值班，规模较大的建立专业保安队伍，社区治安志愿者队伍日益壮大、组织有序；居民住宅防踹、防撬、防攀爬、防跨越的能力增强，防盗门、防盗窗、防攀爬等防护设施安装得到普及；电子监控、周界报警、智能报警系统等高科技防产品得到推广。社区对社会治安防控能力明显增强，协助现场抓获、提供线索破案率明显提高，刑事案件发案率得到有效遏制。社区群众安全感显著提高，社会秩序良好，人民安居乐业。

3. 理清了社区治安防控体系的特点

（1）长期性。

我国经济体制与社会结构转型在时间上的延续性，决定了建立并完善治安防控体系是一项长期任务。

（2）整体性。

治安防控体系是由多元化的防控主体、途径、目标等构成的统一整体。

（3）协同性。

治安防控体系充分发挥"打防管控一体化"的协同优势，实现防控结构与效益的最佳化。

（4）规范性。

制定相应的规范进行引领和约束，系统才有其稳定性，才能形成治安防控的长效机制。

（5）开放性。

治安防控体系强调开放性，是因为其本身具有极强的社会性，应最大限度地取得社会防控资源的支持与配合。

（三）社区治安防控工作建设的策划与实施

基本流程：构建治安防控体系→策划治安防控建设方案→实施具体的建设措施。

1. 构建治安防控体系

方法提示：遵循原则→构建防控体系。

（1）遵循治安防控体系建设的原则。

一是快速反应原则。据研究，警察如果不能在十分钟之内到达现场并采取相应的控制措施，抓获犯罪嫌疑人的希望几乎为零。快速反应是构建社会治安防控体系的目的之一，也是构建社会治安防控体系必须遵循的一个重要原则。

二是以动制动原则。目前违法犯罪形式呈现多样化、复杂化和动态化。新的治安形势，对传统的静态式的治安防控机制、方式提出了挑战，以静制动在时间、空间、地域上受到了一定限制，必须建立以动制动，动静结合的社会治安管理模式。

三是超前部署原则。治安防控分为被动防控和主动防控。实践证明，提前防控和主动防控即超前部署是能够做到且必须做到的。

四是实效性原则。社会治安防控体系建立的目的是为了维护社会治安秩序，使良好的社会治安秩序在系统的支持下具有长久的稳定性。在制定防控考核指标时，一定要以整体效益为最高原则。

五是警民共同参与原则。人民群众既是良好社会治安秩序的受益者，也是国家专门机关管理社会治安秩序中的被管理者，更是良好社会治安秩序的维护者。由于社会治安本身的琐细与复杂性、群众性，决定了公安机关必须发动、带领群众共同参与社会治安秩序的管理，才能取得良好的效果。

（2）构建治安防控体系。

一是要健全治安主管机关打防控一体的防控体系。健全这一体系是以公安民警为主体，其重点是"推进一项改革，提高两种能力"。"推进一项改革"是大力推进公安警务制度改革，强化责任，确保阵地控制；"提高两种能力"是提高快速反应能力和区域防控能力。快速反应能力主要体现在设备上，例如建立110指挥中心、设置GPS卫星定位、电视监控、信息查询等智能化程度较高的快速反应系统，配置警用车辆以专门负责接警任务等；区域控制能力则体现为在进出市区的主要交通路口设置堵截点和检查站，在繁华路段和重点场所设置治安亭，在临街单位传达室设立报警点，在重点单位及主要交通干线安装监控探头以实施24小时全天候监控，进一步扩大防控覆盖面，增强打击效能。

二是完善社区安全创建体系。建立以社区为重点，群防群治为骨干的安全创建体系。首先要做好人防工作。以万分之十的标准配备专职保安联防力量，同时积极组建由社区志愿者组成的群众性自治组织——社区治安保卫委员会，在公安民警的带领下开展治安巡逻工作，维护社区秩序。同时，进一步健全城区街居治保、调解、普法、帮教、巡逻、消防"六位一体"的群众性治安防控队伍，完善群防群治网络。其次要做好物防、技防工作。普及防盗门、防盗窗、防攀爬等防护设施的安装，推广电子监控、周界报警、智能报警系统等高科技防控产品的使用。

三是要健全单位内部防控体系。各单位内部有必要建立起三级技防报警网络，即技防网络为主体，人防、物防相结合。社区内的金融、财务、仓储等重点要害单位与公安机关可以建立无线报警联网。本着"谁主管、谁负责"的原则，加大对社区内的机关、重点单位、要害部位的依法监督、检查和指导力度。

四是要健全社区犯罪预防体系。这一体系的建立以社区调解、帮教和法制教育为主体，建立四个机构来实现。四个机构是指刑释释教人员安置帮教机构、民间纠纷调解机构、社区青少年法制教育机构、社区文化教育机构。

五是要健全特殊行业、特殊群体的规范管理体系。以休闲娱乐业、以特殊行业为重点，进一步强化依法管理，完善各项管理法规规章，不间断地对社区内的游览景点及住宿、餐饮、娱乐场所进行专项整治。同时，要关注并解决特殊群体的规范管理，它包括两个方面：一是以解决下岗职工和困难家庭为重点，推进再就业工程；二是以外来人口为重点，健全暂住人口管理网络。

2. 深入开展法制宣传教育，增强社区的凝聚力

方法提示：宣传社区治安理念，营造良好群防氛围→积极引导、调动居民主动参与治安防控工作的积极性和主动性。

（1）宣传社区治安理念，营造良好群防氛围。

在社区治安防控工作中应积极倡导"社区是我家，防控靠大家"的理念，加大宣传发动攻势，通过向居民印发宣传资料，组织社区文体活动，举办文明市民学校，开展志愿者服务等各种方式，不断增强社区的凝聚力，调动社区居民参与社区治安管理的积极性。充

分发挥治安积极分子的榜样示范作用，不断发展、壮大社区治安管理队伍，营造群防群治的良好氛围。

（2）积极引导社区居民、调动居民主动参与治安防控工作的积极性和主动性。

通过积极的宣传，引导居民治安防控意识方向，发动社区治安防控教育，调动群防群治的主动性积极性。例如通过设立户外公益广告，张贴宣传画，悬挂宣传标语，开展咨询活动，出动宣传车，组织文艺汇演，开辟宣传专栏，组织普法知识竞赛等灵活多样的形式，加强对居民治安防控意识教育，引导居民正确运用法律武器保护国家、集体、个人的合法权益，提升辖区居民遵纪守法的自觉性，不断提高居民的防控意识和防控能力，号召全体居民主动投身于治安防控体系建设中，进一步增强居民同违法犯罪行为作斗争的勇气，为群防群治工作的顺利开展营造良好的舆论氛围。

3. 加强防控基础设施的建设

方法提示：加强主要街道、巷道的照明等设施建设→改善社区治安工作办公环境，备齐治安防控技术、通信设备。

加强社区基础设施建设，增强居住环境的安全感。城市管理部门要在社区的主要街道、小巷弄设置路灯，特别是群众反映强烈的平房社区路段要尽早安装路灯，以增强行人和周边居民的安全感。同时加强小区居民住宅防踹、防撬、防攀爬、防跨越等设施的安装，以增强人们出行的放心感。

改善社区治安办公环境，备齐治安防控技术、通信设备，不仅对提高出警反应能力和工作效率是必要的，也是为实现社区治安防控体系的实施奠定相应的物质、技术基础。

4. 加强组织领导，健全和完善社区治安综合治理的保障机制

方法提示：健全组织机构→建立查究机制→加大资金投入。

（1）加强组织领导，健全组织机构。

一是按照国家要求，加强政法和综合治理工作的领导力量。二是在各街道全部落实分管领导的职位。明确公安派出所分管社会治安综合治理，要统筹负责辖区社会治安综合治理工作，并将各街道的综合治理办公室正式列编，作为街道办事处的办事机构，充实具体工作人员。三是加强居委会建设。调动居委会参与"创安"活动的积极性，使社会治安综合治理工作层层有人抓、层层有人管，有力地保证各项方针政策的贯彻落实。

（2）建立查究机制，做到有章理事。

为保证社会治安综合治理各项政策措施的有效实施，有必要建立起市、区（市）、街道（乡镇）、居（村）、单位四级综合治理责任体系。为确保各项目标责任都能落到实处，实行重点工作目标季度督查、半年检查、年终考核制度，切实加强对领导干部的目标责任管理和激励约束。制定规范性文件，加大治安防控责任查究力度，以此进一步增强各级党政领导干部做好社会治安综合治理工作，维护社会稳定、保一方平安的自觉性和责任感。

（3）加大资金投入。

一方面加大对社会治安综合治理的投入，用于建设公安110、119、120三个指挥中心系统，为政法部门和综合治理基层基础工作创造良好的工作条件。另一方面加大对社区治安综合治理的投入，用于培养治安工作队伍。通过开展评选专业技术拔尖人才、工程技术带头人增加政府津贴和其他福利待遇，来调动政法干警或治安人员的学习积极性。

（四）社区治安防控建设评估

方法提示：确定评估主体→确定评估内容→确定评估标准→确定评估方法。

1. 社区治安防控建设评价指标体系的确立

社区治安防控建设指标体系是社区治安建设指标体系的一个部分，也是社区治安状况的一种体现；反之，社区治安状况也反映了社区治安防控工作的优劣（参见表6-4）。

表6-4 社区治安防控建设评价指标体系

一级指标	二级指标	指标说明	分值 0	3	5	8	10	备注
治安状况	社区居委会建有警务室，社区警务人员配置（人）	社区建有专门的警务室，警务人员按照社区每千户配置一人计算	不达标				达标	
	刑事案件发生率	与上年相比（参照公安部门标准）	升幅度高于上年	0	-10%	升幅-20%	升幅-30%	
	盗案发生率	与上年相比（参照公安部门标准）	升幅度高于上年	0	-10%	升幅-20%	升幅-30%	
	重大火警安全事故（件/年）	经济损失达10万元以上，并发生人员死亡	1以上				无	
	其他重大安全事故（件/年）	按照公安、劳动部门的认定的标准	1以上				无	
	卖淫、嫖娼、贩黄等现象查处数	与上年相比（参照公安部门标准）	-20%以上	10%	0	+10%	+20%	
	赌博现象查处数	与上年相比（参照公安部门标准）	-20%以上	10%	0	+10%	+20%	
	吸毒、贩毒发生率	与上年相比（参照公安部门标准）	+20%	+15%	+10%	0	-10%	
治安工作	刑释解教人员帮教落实率	参照司法部门认定的标准				95%	100%	
	刑释解教人员重新犯罪率	参照司法部门认定的标准	不达标		基本达标		达标	
	民事纠纷调解率	参照司法部门认定的标准				90%	95%以上	
	社区防火防盗设施达标情况	参照公安消防部门认定的标准	不达标				达标	
	外来人口登记管理率	已登记外来人口占全部外来人口数		70%	80%	90%	95%以上	
	普法教育宣传覆盖率	接受教育数与社区全部居民之比		60%	70%	80%	90%以上	

（续表）

一级指标	二级指标	指标说明	分值					备注
			0	3	5	8	10	
群防群治	社区成员群防群治参与率	参与人数与社区总人口之比	0	4%	6%	8%	10%以上	
	社区成员参与群防群治工作量（小时/月）	按每人每月平均工作小时	0	2	3	4	5以上	
社区居民对治安的满意度	对治安状况的满意度	按居民抽样调查满意回执与有效回执总数之比			50%	60%	70%	80%以上
	对居委会治安工作与民警工作的满意度	按居民抽样调查满意回执与有效回执总数之比			50%	60%	70%	80%以上

2. 确定社区治安防控评估的主体及方式方法

由于社区治安评估主体具有法定性，所以社区治安防控评估的主体也具有法定性特征，其主体亦为公安机关，不过公安机关可以借鉴其他行政机关的成功经验，聘请有关治安管理、安全防控专家以及热心于社区治安防控工作的知名人士组成评估委员会来具体实施这项任务。

评估办法包括评估表格、填表程序、指标评分标准、评估得分计算方法、图形制作、运用指引等内容。

三、任务实训

以某一社区为例，以学生小组为单位，完成一项社区治安防控建设情况的调研工作，拟定一个该社区治安防控建设的整改方案；以小组为单位，交流社区治安防控工作改进方案设计与策划。

四、巩固提高

1. 知识回顾

（1）社区治安防控的概念与意义。
（2）社区治安防控工作内容。
（3）社区治安防控建设的基本流程。
（4）社区治安防控工作开展的基本方法。

2. 社区治安防控的相关规定解读

《公安机关实施保安服务管理条例办法》。

项目七 社区环境建设

项目简介

社区环境是社区的重要组成因素,是社区赖以生存的基础,是社区发展的条件。社区环境建设在社区建设中占有重要的地位,这是因为:一方面,社区建设是在一定的社区环境内进行的,离开一定的社区环境,社区建设就无从谈起;另一方面,社区环境是社区建设中一项必不可少的重要内容。

本项目主要从社区绿化、社区环境保护和社区环境污染防治等方面对社区环境建设进行基本理论知识与实务操作的讲解。

学习目标

知识目标:通过学习,学生需要掌握社区环境的基本定义、特点、主要类型;掌握社区绿化的概念、原则与绿化类型;掌握社区环境保护的定义与内容;掌握社区环境污染的定义与类型,比较系统地掌握社区环境建设的相关理论知识。

技能目标:在掌握理论知识的基础上,系统掌握社区绿化、社区环境保护、社区环境污染防治的基本流程,并结合案例分析、课后实训,掌握每个具体环节的方式方法、技能技巧,真正达到学以致用。

学习导航

公共知识链接
任务一 社区绿化建设
任务二 社区环境保护
任务三 社区环境污染防治

公共知识链接

一、社区环境的界定

1. 从自然和社会的不同角度来分析

社区环境可分为硬环境和软环境：硬环境是指居住范围内的道路、场地、绿化等与房屋建筑相匹配的区域容貌和周边地区的大市政条件及繁华程度；软环境是指居住区域内的治安状况、社会风气、文明程度、人口素质等社会状况。硬环境是居住环境的基础和先决条件，软环境则是保持良好硬件环境的指标与形象标准。

从以上两个角度去看就能对社区环境有一个全面的认识，软环境是目的，而硬环境是基础。建设硬环境的时候要以能塑造良好的软环境为目的，这样才能创造出良好的社区环境。

2. 广义的社区环境和狭隘的社区环境

人们对社区环境的理解有广义和狭义之分。广义的社区环境是指"社区的外部环境"，即把社区作为主体，研究社区的外部环境对社区的影响。狭义的社区环境是指"影响社区居民生活的环境因素"，即社区的内部环境。狭义的社区环境也可称为特殊意义的社区环境，它把居住在某一特定社区的居民作为主体，研究社区范围内一切与居民生活密切相关的各种环境因素对社区的影响。

二、社区环境的特点

1. 客观性

社区环境是客观存在的，它是独立于社区居民主体活动之外并制约着社区居民主体活动的东西。社区环境中的基本部分是自然条件和社会条件，它们是物质实体或物质关系，不但客观存在，而且是第一性的存在物；社区环境中的文化条件虽然不能说是第一性的存在物，但它是一个社区、一个民族、一个国家物质文明和精神文明长期积淀的结果，对于当时活动着的社区居民主体来说，是一种既成的现实的存在，也具有客观性。

2. 整体性

社区环境的各个要素（例如自然条件、社会条件、文化条件等）不是孤立存在的，而是相互联系、相互影响、相互制约的有机整体。所谓整体，就是构成社区环境的各个要素彼此不断地进行物质、能量和信息的交换，使得它们相互关联、相互作用，从而表现出社区环境的整体性和整体功能。

3. 特殊性和多样性

社区环境是环境的具体化，它既有普遍性和统一性，又有特殊性和多样性，就是说，它既要反映一般环境的共同内容，又要反映社区环境的自身特点。例如温州市鹿城区无马街道鼓楼社区，针对辖区内的有名建筑——谯楼，以及有繁华的商业街和现代气息浓厚的大厦等特点，把社区定义为"文化型"，从而将鼓楼社区的传统文化与现代气息贯穿成一气，打造了鼓楼社区独特的文明风貌。很显然，这与该社区自身的特殊性有很大的关系。

任务一　社区绿化建设

一、基础知识

（一）社区绿化建设的基本含义

绿化环境是建设环境优美社区的重要环节，也是美化环境的重要内容。社区环境绿化建设主要包括有计划地种植花草树木，扩大地表、空间的绿色植被，发展小区公园。同时，要开展全民环保教育，提高全民的环保意识，推进绿色消费方式。

（二）居住区绿化类型

居住区绿地的种类有居住区级小游园、居住区或小区公共绿地（宅团绿地）、居住区宅旁绿地、居住区道路绿地、公共建筑专用绿地等。

1. 居住区级小游园

居住区级小游园（以下简称小游园）属于小区级绿地，内容包括儿童和青少年学习活动场所、老人和居民的游憩活动绿地，它集中反映了小区绿地的质量水平。

2. 公共绿地（宅团绿地）

公共绿地是全区或小区居民公共使用的绿地，一般为1 000平方米左右，也叫居住区或小区公园、宅团地、花园。公共绿地可根据居住区原地形、原有绿地和四周山坡绿地等进行布局，在其中种植花草树木、摆放儿童活动设施以及休息座椅等。

3. 宅旁绿地

宅旁绿地是指居住区内住宅建筑四周的绿地和庭院绿地。

4. 道路绿地

道路绿地是指居住区内各种道路两旁的绿地，包括行道树和小块草坪等。

5. 公共建筑及设施专用绿地

公共建筑及设施专用绿地是指居住区内各类公共建筑和公共设施旁的绿地，包括居住区内的文化娱乐活动中心、托儿所、幼儿园、中小学、商店、饭店、农贸市场、医院、门诊所、锅炉房、街道办事处、物业管理公司、公安派出所等门前绿地。

(三)社区绿化的重要性

1. 社区绿化是人们生活范畴的一个重要组成部分

随着社会主义经济体制的不断改革深化,人们的经济状况得到了根本性的改观。步入小康社会后,人们对生活的要求不再仅限于吃、穿方面,而更注重于生活环境的改造,也就是质的提高。环境因素和经济因素成为人们考虑的首要因素,从而反映出人们对居住环境的重视。

2. 社区绿化是整个生态环境的重要组成部分

绿化具有净化空气、改善生态、美化环境、保护水土等多方面的作用,也是改善生活质量、提高环境质量的必要内容。绿化主要包括道路绿化、河道绿化、公共绿化、企业绿化、居住区绿化(社区绿化)、块状绿化(经济林)等多种绿化,而居住区绿化(社区绿化)对人们居住环境的改善和整个生态环境起着重要的作用。

3. 社区绿化是整个社区建设的重要组成部分

道路是骨骼,绿化则是血液和肌肉,延伸到各个角落,以丰富躯体的外表及内涵,给人以美的享受。绿化不仅能反映出一个社区的外在形象,同时可以体现一个社区的文化内涵和地方特色,还反映一个地区的经济发展水平、文明程度和人的精神风貌。社区绿化在保护环境、调节气候,为人们提供科普教育和游玩休息场所,美化景观等方面都具有重要的作用。

二、实务操作

基本流程:学习社区绿化建设的相关政策→调研社区绿化建设现状→社区绿化建设的策划与实施→社区绿化建设的评估。

(一)学习社区绿化建设的相关政策

方法提示:搜集、学习相关部门社区绿化建设的相关政策,领会其指导精神。

近年来,国务院、建设部及各省、市级政府相继出台了有关社区绿化建设的相关政策、法规,例如国务院出台的《城市绿化条例》、建设部出台的《社区绿化规划建设指标的规定》,江苏省也出台了《江苏省城市居住区和单位绿化标准》等。这些政策法规对于我们进行社区绿化建设具有很好的指导作用和规范作用,需要认真学习,深入领会其精神。

(二)调研社区绿化建设现状

方法提示:采用问卷调查、实地访谈、查阅文献资料等方法调研拟建设社区绿化建设情况,主要包括社区绿化建设的主要方面、社区绿化建设已经取得的成绩、社区绿化建设中存在的问题。

案例示范 7-1

城北街道绿化工作现状

近几年来，城北街道在改善绿化面貌、增加绿地面积、调整绿化结构等方面有了较大发展，但是也存在诸多不足之处，有待改善和提高。

一、城北街道绿化工作现状

城北街道是江北主城区的重要组成部分，区域面积 6 平方公里，下辖 10 个社区(含 2 个村改居社区)，辖区内有机关企事业单位 47 家，住宅小区 165 个。近年来，街道党工委、办事处把绿化工作作为一项长期的重点工作来抓，成立绿化工作领导小组，并由街道城管办具体负责组织、协调、督查等职责。街道和 10 个社区签订了绿化工作责任书，实行一把手负责制，定岗到人，明确责任。

在街道和社区的共同努力下，"绿色城北"建设有了良好基础。如北苑社区建成绿化面积 10.3 万平米，2005 年创建为国家级绿色社区；红湖路社区对公共绿地和零散小区进行全面提档改造，2003 年创建为省级绿色社区；凤凰山、郑岗山、祝丰亭、站前、军民和新建等 6 个社区先后创建为区级绿色社区；街道办事处等 31 家单位创建为市级绿化达标单位，四季园小区等 4 家单位创建为市级园林式单位；五星和洪源两个村改居社区也先后对绿化工作投入资金七十多万元。

二、城北绿化工作存在的主要问题

（1）居民爱绿护绿意识不够。
（2）化硬件基础比较薄弱。
（3）绿化地块设置不够科学。
（4）绿化苗木结构比较单一。
（5）绿化管理养护不够专业。

（资料来源：节选自《关于社区绿化工作的思考》婺城新闻网）

（三）社区绿化建设的策划与实施

基本流程：构建社区绿化建设的指标体系→策划社区绿化的建设方案→实施具体的建设措施。

坚持人与自然的和谐发展，生态优先，反映特色的规划理念和保护与发展并举的绿化方针，大力开展新型社区的道路、河道、庭院、边缘块状以及公共绿地的建设，完善社区的绿地系统，以达到绿化、美化、香化、净化的效果。

1. 构建社区绿化建设指标体系

方法提示：根据社区绿化建设的现状以及相关政策的规定，制定切实可行的社区绿化建设的指标体系。

具体的指标体系如下（参见表 7-1）。

表 7-1　社区绿化建设的指标体系

指　　标	单　　位	标　　准
社区绿化覆盖率	%	>30
人均公共绿地面积	m²/人	>6
木本植物种类	种	>40
绿化层次（草、灌、乔）	层	3
中心花园	m²	>80
宅前后绿化面积占土地面积	%	80
喜鹊窝	个	>2
露天黄土	有、无	无
分片包干落实率	%	100
养护责任追究率	%	100
绿树注册率	%	100
绿地修复时间	天	<60

2. 做好社区绿化建设的规划设计

方法提示：遵循社区绿化设计的原则→制订社区绿化建设规划方案。

（1）遵循社区绿化设计的原则。

① 统一规划，协调发展的原则。社区的绿化规划要适应城市化进程不断加快和城乡统筹发展的要求，要纳入整个城区绿化布局范畴，绿化用地要与各部门的专项规划进行整体协调；在编制社区规划时，要将社区内的道路、绿地等一并规划，使其整体协调。

② 因地制宜，适地适树的原则。绿化一定要根据本地区所处的地理环境、气候条件、土壤性质而布置不同的花卉苗木，采用不同的绿地布局，不搞千篇一律、呆板的形式，形成丰富多彩、形式多样的绿化格局，以衬托社区的整体风格。

③ 生态优先，兼顾景观和经济的原则。要将生态效益放在规划的首位，多种植乔木，营造社区的森林生态系统，在此基础上利用自然空间，运用园林艺术的手法，营造出景观效果，使人们在享受天然氧吧的同时还享受到绿化的美；要充分利用边缘地块，营造经济林，既起到生态绿化的效果，又提高了经济效益。

④ 保护为主，改造结合的原则。在拆并老村庄，建设新社区的过程中，要严格保护好风景林、古树名木等原有的绿地，在规划新绿化中充分考虑原有的绿地，并将其纳入新的规划中，这不仅节约资金，短期内体现绿化效果，更主要的是可以充分体现一个地区的历史文化。

（2）制订社区绿化建设规划方案。

社区绿化建设的规划方案主要包括社区绿化的指导思想、任务目标以及最主要的建设步骤，此外也包括组织机构、实施机构、领导机构等信息。总体要求规划方案具有指导性和实效性。

案例示范 7-2

定兴县社区办 2006 年春季社区绿化工作方案

根据 2006 年我县春季绿化工作会议精神，结合城区绿化实施方案中社区绿化任务，特制订本方案。

一、指导思想

以县春季绿化工作会议精神为指导，以新建小区、散居居民区和庭院绿化为重点，坚持因地制宜、社区发动、全民参与、科学管理的原则，广泛发动驻社区单位和居民群众积极参与，采取多种方法和途径进行小区、庭院绿化，不断提高社区绿化工作水平，为创建"绿色社区（小区）"奠定良好基础。

二、任务目标

（一）范围

1. 新建小区绿化：包括新长安小区、水榭康都、燕城、秀府。
2. 不达标小区绿化：包括辖区内还没有进行绿化或绿化标准不高的家属小区。
3. 居民庭院绿化。

（二）具体标准

1. 新建小区绿化按照有关新建小区规划标准中绿化要求进行绿化（新建小区绿地率不应低于 30%）。
2. 不达标小区绿化根据实际情况进行栽种或补栽，原则上已建成小区绿化率掌握在可绿化面积的 60% 以上。
3. 庭院绿化根据居民意愿和庭院实际进行栽种，但社区庭院树木总数应达到总户数的 90% 以上。

三、绿化分工及资金来源

对于新建小区绿化，社区负责与开发商及建设部门协调，对新建小区绿化进行整体规划，制作规划图，绿化资金应在开发项目资金中列支。对于其他已建成小区绿化，有物业、有管理单位的小区由所辖社区居委会负责协调，在此基础上发动居民自愿集资；无人管理的小区及散居家属院公共绿化组织居民自愿集资或捐资。庭院绿化由居民住户负责。

四、实施步骤

（一）调查摸底、宣传发动阶段（3 月 13—16 日）。召开社区绿化工作会议，安排部署春季绿化工作。通过走访宣传、制作专栏等形式做好发动工作，提高相关单位和广大居民群众的绿化积极性。组织社区干部、居民小组长等深入社区，调查各小区、散居居民区及庭院的绿化现状，从而确定今年绿化的主要任务。在此基础上，协调相关单位、部门制定新建小区绿化规范图，已建成小区、散居居民区制定详细列表，明确绿化种类、树种、数量等。制订出本社区具体绿化方案报社区办。

（二）绿化实施阶段（3 月 17 日—4 月 10 日）。集中时间，按照各社区绿化方案要求，在保数量、保质量、保成活的前提下，抓紧实施，确保完成计划任务。

（三）检查评比阶段（4月11—18日）。社区办就社区各自制订的绿化方案，组织各社区负责人，逐社区对今年绿化项目进行检查验收。通过现场评比，排出名次，并对工作成绩优异的社区予以表彰奖励。

五、保证措施

1. 加强领导。社区办成立以赵进同志任组长，孙正江、王若松同志任副组长，各社区支部书记为成员的"社区绿化工作领导小组"，统一领导社区绿化工作。在社区建立支部书记为组长，居委会主任为副组长，楼院长、居民小组长为成员的"社区绿化工作小组"。

2. 深入宣传。通过召开座谈会、走访等多种形式广泛进行宣传，对新建小区开发部门讲清按标准进行小区绿化是建设部分的硬性规定，是开发商的责任和义务，同时也是提高小区品位、档次的一个直接、有效的途径，是可以收到相应经济效益的。对相关单位部门、居民群众讲清楚做好绿化工作，最大的受益者是自己，投资是短期的，受益是长期的。组织大家迅速行动起来，达到"人人参与、个个动手"的良好氛围。

3. 把握原则。各社区制订具体绿化方案前，要积极与相关单位部门、居民群众协商，采取因地制宜、社区发动、全民参与的方针，对于新建小区绿化，严格按有关规定督导落实，对没有按标准进行绿化的部门，协调相关单位按有关规定进行处理。对于有建制家属小区绿化，有管理单位和物业公司的首先考虑单位和物业公司负责。对于居民集资绿化项目，一方面要积极鼓励和引导，另一方面应充分尊重居民自主意愿，不搞强制绿化和硬性摊派。

4. 严格奖惩。社区办将组织验收组对各社区绿化情况进行检查互评，对成绩突出的社区予以表扬，并给予300元奖励。对发动不力、没有取得明显效果的社区将取消年终评优资格，并给予通报批评。

定兴县社区办
2006年3月14日
（资料来源：定兴县社区办网站）

3. 加强社区绿化工程建设，改善社区绿化环境

方法提示： 有关部门保证社区绿化用地→共驻共建→植物合理配置。

一方面，政府有关部门要加强社区绿化管理工作，切实保证社区绿化用地。所有社区建设、开发、改造项目的绿化工程都要与建设项目同时规划、同时设计、同时审批、同时竣工。对已规划和建成的社区绿地，任何组织和个人都不得擅自改变用地性质和私自占用，确需占用的，必须与业主委员会和居民委员会协商并经政府有关部门审批。

另一方面要充分调动社区成员的参与积极性，最大限度地共驻共建，成果共享。为此，驻社区各单位应该拆墙透绿，用栅栏围墙取代实体围墙，甚至拆除围墙，让封闭在大墙内的各单位绿地露出秀色，使社区居民得以共享。广大社区居民应该积极参加义务植树、阳台绿化、庭院绿化等社区绿地建设、养护活动，形成爱绿、护绿的自觉性。

在具体施工中，要把握植物配置的以下原则：一是多种乔木、少铺草坪，这不仅节省管理成本，更主要的是生态效益显著；二是常绿、落叶树种比例合理，这不仅能体现季相变化，在生活区域更能体现"以人为本"的原则；三是处理好绿量与绿质的关系，使其更

能发挥生态的功能；四是充分考虑生物多样性，这不仅能使人们欣赏到自然界丰富多彩的自然资源，更能使植物生长得更好；五是处理好新品种的引进与乡土树种的关系，乡土树种是经过千百年的自然驯化、蔓延下来的，它不仅适应了本地区的自然规律，更承受了历史上出现的各类灾害性气候，同时对病虫害有天然的抗性，因此适应性更强，生命力更旺。

4. 健全社区的绿化管理机制

方法提示：主管部门监督→建立社区绿化养管队伍→增强居民护绿意识。

新型社区的绿化实施主体及管理主体是社区所在地的人民政府，要根据本行政区域的绿化规划，落实绿化责任单位，林业行政主管部门负责督促，指导绿化责任单位完成绿化任务，指导其养护管理。

建立一支社区绿化专业养管队伍。绿化工作"三分种，七分养"，养护管理至关重要，必须建立一支社区绿化专业队伍。一方面要充分发挥住宅开发建设单位和物业管理企业在社区绿地建设、养护中的重要作用，监督其按住宅规划或合同约定切实履行社区绿地建设、养护职责。另一方面，安排专人专区的负责养管工作，责任到人。另外绿化实施及养护管理可以走社会化、专业化、市场化的道路，这样既可提高绿化效果，又可节省资金，要淡化政府的职能，同时把环境绿化同栽培经济作物结合起来，同产业结合起来，大力开展树木认养活动，走出一条适合本地区的社区绿化管理新道路。

本着属地管理原则，以社区为主，加强宣传力度，增强居民爱绿护绿意识。随着社会经济的发展，人民群众对生活环境的要求越来越高，但是部分居民的爱绿护绿意识却没有相应提高，绿化破坏现象时有发生。因此，一方面我们要加大宣传力度，增强居民的社会公德意识；另一方面要积极发动群众，共同参与社区绿化监督管理，同时城市管理部门要充分利用城管进社区机制，积极发挥城管执法部门的行政职能。

（四）社区绿化建设的评估

方法提示：确定评估主体→确定评估内容→确定评估标准→确定评估方式。

社区绿化建设工作的评估主要从以下几方面着手进行。

1. 确定评估主体

在整个评估体系的评估过程中，应设立"评估工作小组"，一般主要是由区民政主管部门代表、街道有关部门代表、环保部门代表、居民部分代表、驻区单位部分代表和社区工作人员代表组成的。

2. 确定评估内容和评估标准

社区绿化建设的评估指标应以社区绿化建设的指标体系为主要内容。根据我国城市规划中常用的绿地数量衡量指标，社区绿地建设目标应该包括两个方面：一是社区绿化覆盖率，二是人均园林绿地面积。社区绿化覆盖率是指社区地域内的乔木、灌木和多年生草本植物所覆盖的面积占社区总面积的百分比，其中乔木和灌木的覆盖面积按树冠的垂直投影估算，乔、灌下生长的草本植物不再重复计算。按照植物学原理，一个城市的绿化覆盖率只有在30%以上，绿地才具有改善城市生态的作用；绿化覆盖率达到40%以上，绿地才具有缓解城市热岛效应的功能；绿化覆盖率在50%以上，绿地的绿化、美化以及与人工环境的协调效果才能达到最佳境界。据此,社区绿地建设的总体目标之一应该是社区绿化覆盖率达到30%以上,这也是社区绿地建设指标体系中的主要内容之一。

3. 确定评估方式

评估方式可以采用自评和有关单位组织评估相结合的方式,具体的评估方法主要有三种。

(1) 现场打分。

例如社区绿化面积、绿化层次、露天黄土等方面都是可以通过直接观察就可以立刻得出结果的,都属于现场打分范围。

(2) 通过查阅资料打分。

这是要通过查阅大量的有关资料才能评估的。例如社区绿化的具体措施、养护方面的实际工作,都需要查阅大量的工作资料才能得出结果。此种方法打分可以同时检查社区绿化建设方面的实际工作情况和台账记录情况。

(3) 民意调查。

社区绿化建设工作的出发点和落脚点都是群众满意不满意,必须采用多种方式调查社区居民对社区绿化建设的意见和建议。

三、任务实训

调研某一具体社区的绿化建设情况,并制订社区绿化计划或者建设方案,应包括以下内容:

(1) 绿化目标;
(2) 绿化方式;
(3) 绿化时间。

四、巩固提高

1. 知识回顾

(1) 社区绿化的基本含义。
(2) 社区绿化的类型。
(3) 社区绿化建设的基本流程。
(4) 社区绿化建设各环节的方式方法。

2. 附:社区绿化参考树种

(1) 乔木:香樟、杜英、广玉兰、白玉兰、雪松、银杏、深山含笑、女贞、水杉、池杉、木荷、合欢、棕榈、枫香、杜仲、榉树、朴树、桂花、薏杨、喜树、榆树、垂柳、梧桐、红枫、七叶树、鸡爪槭、红果冬青、紫薇等。

(2) 灌木:月季、木槿、海棠、夹竹桃、紫荆、金叶女贞、红花檵木、茶花、火棘、杜鹃、文母、海桐、小叶女贞、八角金盘等。

(3) 地被及草本:鸢尾、麦冬、常春藤、爬山虎、美人蕉、马蹄金、马尾松、红花酢浆草、白三叶、高羊茅、石蒜等。

(4)经济树种：桃树、梨树、枇杷、杏子、柑橘、枣子、杨梅、茶树、竹、梅、柿子、石榴等。

3. 查阅以下相关社区绿化建设的法规，认真领会其指导精神

(1)《城市绿化条例》；
(2)《社区绿化规划建设指标的规定》；
(3)《江苏省城市居住区和单位绿化标准》。

任务二　社区环境保护

一、基础知识

（一）环境保护的基本含义

环境保护是国家和政府通过运用行政、法律、经济、教育和科学技术诸方面的手段，防治环境污染和生态破坏，以保护和改善人们生活环境和生态环境，使之有利于可持续发展而开展的各项活动。这些活动包括：环境保护理论和技术的研究，环境保护管理制度的制定和实施，环境保护的立法，环境保护知识的教育，环境污染的防治等。

（二）环境保护的内容

环境保护的内容十分广泛，不同的国家由于自然条件、经济条件和国情不同，环境保护的内容也不尽相同，但概括起来主要包括以下两大方面的内容。

(1)保护自然环境和自然资源，即合理地开发利用、保护自然资源，包括对土地资源、水资源、矿产资源、森林资源、牧草资源、野生动植物资源、海洋资源的合理开发利用和保护，并采取各种办法和措施减少和消除各种有害物质进入自然环境，保护生态环境的平衡，促使自然资源能为人类充分利用和永续利用。

(2)防治环境污染和公害，即采取各种防治办法和措施，减少和消除人类在生产和生活活动中产生的废气、废水、废渣、粉尘、垃圾、放射性物质、有毒有害物质、噪声等对环境的污染和危害，维护人民良好的生产、生活环境，保障人们的身体健康，促进社区经济的发展。

本任务重点介绍环境保护的方式方法，环境污染的防治将在任务三中具体讲解。

（三）我国环境保护的基本原则

环境保护的基本原则是我国环境保护立法的依据，是规范人们自觉维护生态环境、生活环境的基本准则。熟悉和掌握环境保护的基本原则，对遵守和执行环境保护的法律法规，促进社会经济和环境的协调发展，具有十分重要的意义和作用。我国环境保护要贯彻以下五大原则。

1. 经济建设与环境保护协调发展的原则

加强环境保护对经济建设具有促进的作用；同时，经济发展了才可以为环境治理和保

护提供充裕的资金和先进的技术支持。因此，环境保护与经济建设存在着相互联系、相互促进、相互制约的辩证关系。协调经济建设与环境保护的关系，是社会发展的关键。

2. 预防为主、防治结合、综合治理的原则

"预防为主"，就是采取各种预防手段和措施，防患于未然，把环境污染和危害控制在尽量低的水平，这是解决环境污染问题所遵循的普遍原则。"防治结合"，就是把预防环境污染和治理环境污染结合起来，预防环境污染只是手段，而治理环境污染才是根本。只有把防治结合起来，才能真正有效地控制和消除环境污染，改善环境质量，为人们提供一个安全、适宜的生产和生活环境。"综合治理"，就是把环境系统看成一个有机的整体，把单次处理、治理技术措施综合到全面规划、统筹安排中去。把防与治，环境规划和布局，管理与防治，环境治理与人体健康、生态平衡，环境治理与经济因素，环境保护与发展生产等紧密结合起来，进行综合治理。

3. 谁污染谁治理、谁开发谁保护的原则

"谁污染谁治理（谁缴费）"的原则，是我国根据联合国经济合作发展组织规定的"污染者负担原则"提出来的，是指凡是造成环境污染危害的单位和个人，必须承担治理环境的责任，缴纳环境污染补偿金或罚金。"谁开发谁保护"的原则，是我国提出的对自然资源开发利用与保护并重的原则，是指一切开发利用自然资源的单位和个人，不仅有开发环境资源的权利，同时还有保护自然资源和自然环境的义务。

4. 政府对环境质量负责的原则

各级政府应对本辖区的环境质量负责，采取措施改善环境质量，从而消除环境质量应由环保部门负责的片面认识，充分发挥各级政府的有效权力和职能，防治环境污染。

5. 依靠群众保护环境的原则

环境保护是一项全民的事业，如果环境保护工作仅靠政府、环保部门，而没有动员群众参与则将难以开展。只有坚持依靠群众参与环保事业，树立"环境保护、人人有责"的意识，开展群众性的监督和管理，环境保护事业才能顺利开展，才会有坚实的基础。

二、实务操作

基本流程：学习社区环境保护的相关政策→调研社区环境保护现状→社区环境保护的策划与实施→社区环境保护工作的评估。

（一）学习社区环境保护的相关政策

方法提示：搜集、学习相关部门社区环境保护的相关政策，领会其指导精神。

1989 年国家出台了《中华人民共和国环境保护法》，明确了环境保护的内容及相关法律责任，对我国的社区环境保护工作具有很强的指导作用。有关环境保护的政策、法规同样适用于社区环境保护，也是社区环境保护的指导思想与行动指南。

根据我国环境保护工作开展的不同阶段，党和国家提出了环境保护的方针。其中，"三

十二字"方针为：全面规划，合理布局，综合利用，化害为利，依靠群众，大家动手，保护环境，造福人民；"三同步"、"三统一"的方针为：环境建设与经济建设、城市建设同步规划、同步实施、同步发展，实现经济效益、社会效益与环境效益的统一。

（二）调研社区环境保护现状

方法提示：采用问卷调查、实地访谈、查阅文献资料等方法调研拟建设社区的社区环境保护情况，主要包括社区环境保护的主要方面、社区环境保护已经取得的成绩、社区环境保护工作中存在的问题。

 案例示范 7-3

常州老社区环保氛围浓

在江苏省常州市茶山街道清凉二社区一片 20 世纪 80 年代建起的老居民楼里，一块块图文并茂的环保主题画板，被镶嵌在居民楼的一个个楼道里，让生活在这里的居民每天接受生态文明的熏陶。受此影响，一批退休职工自发成立的"绿袖章"社团，活跃在这片社区里，为传播绿色生活到处奔波。

"楼道文化"环保氛围浓

为稳步推进环保"楼道文化"，清凉二社区首先在社区内选取 4 幢楼共计 12 个单元作为试点，在每个单元一楼楼道口设置一个固定式可更换宣传栏，每个单元 1～3 层楼道设置环保宣传画框，每幢楼道展现一个主题，定期循环换置。

宣传栏和画框内容主要是选择符合社区居民现有知识结构和认知水平的环保宣传资料，也可以介绍社区各项创建或公益活动、家庭节能的小窍门、生活保健、安全常识等，既有宣传挂图，也有自绘的宣传画。

楼道宣传栏和画框保洁与换置工作，主要由社区环保志愿者和居民共同完成。许多居民表示：独创的环保"楼道文化"，让他们每天上下楼，不仅心情舒畅了，还接受了环境文化的教育。

"绿袖章"让绿色更鲜艳

清凉二社区的环保"楼道文化"，不仅让居民在"润物细无声"中培育了绿色生态理念，也引发了广大退休职工自觉参与环保的热情。他们为了环境保护这一共同的追求，相聚到了一起，成立了天宁区首个正式环保民间组织——"绿袖章"环保志愿者队伍。

"绿袖章"环保志愿者队承担了社区环境的日常监督工作：专门安排了一名志愿者对社区的乱涂写、乱张贴进行清除、整改；组织队员对绿化带进行全面清理，清除陈年垃圾二十余车；修剪树木，增种、补种花草，号召居民爱绿、护绿、养绿，开展认养绿地、绿化带卫生包干、阳台绿化、门前绿化等活动；组织队员开展社区巡查活动，有效控制社区噪声污染。

根据居民投诉，"绿袖章"还积极向社区居委会反映居民对环保工作的意见和建议，在社区和相关部门的共同努力下，取缔了铝合金加工点 3 家，改善了社区环境。

同时,"绿袖章"坚持每周组织活动一次,以居民喜闻乐见的形式,传递环保工作的最新动态,带动居民共同参与环境保护。

(资料来源:2009年9月30日中国环境报第3版)

(三)社区环境保护的策划与实施

基本流程:构建社区环境保护的指标体系→策划社区环境保护的建设方案→实施具体的建设措施。

1. 构建社区环境保护的指标体系和建设方案

方法提示:根据社区环境保护的现状以及相关政策的规定,制定切实可行的社区环境保护的指标体系。

具体的指标体系如下(参见表7-2)。

表7-2 社区环境保护的指标体系

一级指标	二级指标	三级指标	单位	标准
社区环保管理组织体系	社区环保管理委员会	领导成员齐全(社区党委、居委会、政府环保部门、物业及驻区单位)率	%	100
		规章制度健全率	%	100
		创建绿色社区规划有效率	%	>95
		年度计划落实率	%	100
		社区环保问题排查遗漏率	%	0
		绿色环保信息档案资料齐备率	%	100
	楼宇环保管理小组(由楼居民小组兼)	楼宇绿色环保宣传	次/年	8
		楼道楼外环境卫生监督有效率	%	>95
		楼周绿地养护监管完好率	%	100
		楼内装修污染预防有效率	%	>90
		楼外驻区单位污染监控率	%	100
		限养限放落实率	%	100
		垃圾分类监管落实率	%	100
	社区环保志愿者队伍	环保党员志愿者队伍	支	1
		环保居民志愿者队伍	支	1
		环保学生志愿者队伍	支	1
		环保单位志愿者队伍	支	多
		环保教育志愿者队伍	支	1
	社区环保协会	研究项目	项	>20
		宣传教育	次/年	8
		开展活动	次/年	5
社区环保教育	宣传设施	科普画廊	m²	4
		环保橱窗	块	4
		环保板报	块	2

(续表)

一级指标	二级指标	三级指标	单 位	标 准
社区环保教育	宣传设施	楼宇壁报	块/楼门	1
		绿色生活手册发放	本/户	1
	教育内容	绿色消费知识	课时/年	>20
		垃圾减少与处理知识	课时/年	>20
		大气污染与保护知识	课时/年	>20
		节约用水与保护水源知识	课时/年	>20
		防止噪声知识	课时/年	>20
		保护生态知识	课时/年	>20
		节约能源知识	课时/年	>20
社区环保活动	推荐绿色食品活动	认识绿色食品标志的家庭	%	>90
		知晓绿色食品种类的家庭	%	>90
		明白公害食品的成因	%	>90
		食用绿色食品的家庭	%	>70
	推荐环保用品活动	认识与选用环保产品	%	>90
		认识与选用环保家具	%	>90
		认识与选用环保装修	%	>90
		认识与选用天然服装	%	>90
		认识与选用阻隔室外噪声门窗材料	%	>90
		认识与选用低污染的家电产品	%	>90
	节省资源活动	不用一次性制品家庭	%	>70
		用篮子买菜家庭	%	>60
		运用节水技术家庭	%	>60
		使用再生纸家庭	%	>60
		节约用电家庭	%	>60
		垃圾分类家庭	%	>90
	社区环保创优活动	居民对环境评议会	次/年	1
		绿色家庭年增长	%	>30
		绿色单位年增长	%	>30
		绿色先进个人年增加	%	>10
社区环保管理	绿地管理	分片包干落实率	%	100
		养护责任追究率	%	100
		绿树注册率	%	100
		绿地修复时间	天	<60
	卫生管理	垃圾清理率	%	100
		乱涂乱画	有、无	无
		公共设施器具消毒	次/周	1
		随地吐痰	有、无	无
		餐饮卫生保证率	%	100
		商店食品卫生保证率	%	100

(续表)

一级指标	二级指标	三级指标	单 位	标 准
社区环保管理	区容管理	乱停车	有、无	无
		乱晒被褥	有、无	无
		私搭乱建	有、无	无
		噪音扰民	有、无	无
		油烟扰民	有、无	无
		蚊蝇鼠蟑螂杀灭	%	>99
		餐饮垃圾扰民	有、无	无
	环境共建管理	环保共建签约率	%	100
		共建签约落实率	%	99
		驻区单位门前三包落实率	%	100
		环保资源共享	%	>50
		物业公司由业主聘用率	%	>90
		居民对驻区单位环境监督整改率	%	100

注：此表中的部分内容参考了苑文新主编的《品牌社区》，中国经济出版社，2006年版。

参考具体的指标体系，策划社区环境保护的具体实施方案。

2. 做好社区环境保护宣传工作

方法提示：环保倡议书→督促实施。

"社区是我家，环保靠大家。"在社区环境保护工作中，要充分发挥家庭作为社区细胞的特殊作用。家庭作为社区的细胞，不仅是社区环境保护的主体，更是社区环境保护的最终受益者。社区环境保护离不开每一个家庭的积极参与。一个行之有效的方式就是发布社区环境环保的倡议书，引导家庭改变他们的生活消费和卫生习惯，具体内容包括：节约用水、保护水源、节约用电、乘坐公交车或骑自行车、使用再生纸、使用绿色产品、少用一次性制品、做好垃圾分类回收、爱护动物，保护自然、参加植树护林等环保活动等。

案例示范 7-4

让天更蓝，让水更清
——创建国家环境保护模范城市倡议书

我们生活中同一片蓝天下，生活在同一片土地上，我们拥有共同的家园。为了给我们市民提供一个更加优美洁净、绿色健康的生态环境，市委市政府决定从现在开始到 2012 年，在全市开展创建国家环境保护模范城市活动，标志着我市已经进入一个崭新的历史阶段。创建国家环境保护模范城市是全市人民共同的心愿，是一项系统工程，工作量大，任务艰巨，需要我们携起手来、全民动手、全社会参与，齐心协力、通力合作、共同推进。为此，我们向社区居民发出倡议，遵照"十要十不要"行为规范。

一、要自觉遵守环保法律法规，保护环境，不要破坏环境。

二、要治理污染实现达标排放，不要违法超标排污。

三、要使用可再生物品、清洁能源，不要使用一次性用品和重污染原料。
四、要节水节电节能，不要浪费资源能源。
五、要倡导绿色消费，使用环保型产品，不要使用危害环境的物品。
六、要综合利用农作物秸秆，不要露天焚烧，污染大气环境。
七、要植绿护绿，不要损害花草树木。
八、要爱护公共卫生，实行垃圾分类，不要随意倾倒和乱扔杂物。
九、要积极举报污染环境和破坏生态的行为，不要袖手旁观。
十、要积极参加环保公益活动，不要漠不关心。

为了我们的父母，为了我们的孩子，为了我们的未来，为了我们美好的生活，让我们都献一份爱心、尽一份责任。我们期盼着您的热情、您的关爱、您的行动，为创建国家环境保护模范城市，构建和谐社会作出应有的贡献。我们也相信，通过大家的共同努力，一定能够赢得这张"绿色名片"，一定能够让天更蓝，水更清！

2009年4月

（资料来源："教育社区"网站）

3. 积极开展社区环保活动

方法提示：策划系列活动→引导居民参与。

社区居民的环保观念通过社区环保活动来巩固，社区居民的环保习惯通过社区环保活动来养成。社区环境保护工作的有效推进需要积极开展全体社区居民参与的环保活动。具体的环保活动的开展主要从以下几个方面进行。

（1）推荐绿色食品活动。

在社区倡导消费绿色食品，让全体居民和家庭认识绿色食品的标志，了解绿色食品的种类，明白公害食品是怎样制成的，对食用绿色食品的家庭进行指导，统计造册。

（2）推荐环保用品活动。

指导居民和家庭学会识别各类环保用品，并积极使用环保用品，包括环保家具、电器、装修材料、隔声门窗、办公用品、餐具及服装等。

（3）开展节省资源活动。

评选不用一次性制品的家庭、用篮子和布袋买菜的家庭、运用节水技术的家庭、用再生纸的家庭、节电节水家庭和垃圾分类家庭。

（4）开展环保消费活动。

常年宣传吸烟和酗酒的危害，每年开展一次禁烟限酒教育活动，登记参与戒烟限酒比赛的居民，评比戒烟限酒模范人物；每年开展两次禁养禁放活动，宣传养宠物对健康的不利以及依法、科学、卫生养狗的知识；每年春、夏、秋三季开展拒绝不卫生消费活动，包括公害食品、不洁餐馆、不洁医疗器械、不洁诊所等。

（5）开展环境卫生活动。

每年春季和秋季开展两次大规模的环境卫生活动，主体是环保志愿者，彻底消灭卫生死角；每季开展一次助老助残的卫生活动，上门为无依靠的老人和残疾人搞卫生。

（6）开展社区环境检查活动。

每季由居委会和物业及其他有关部门一起开展一次环境卫生大检查，包括对驻区单位和地下室卫生的大检查，公布检查结果，评比先进楼宇、楼层和单位，限期改善。

（7）开展社区环保创优活动。

每年召开社区居民对环境的评议会议，物业和各单位代表听取居民意见和建议，评选绿色家庭、绿色单位和绿色先进个人。

（四）社区环境保护工作的评估

方法提示：确定评估主体→确定评估内容→确定评估标准→确定评估方式。

社区环境保护工作的评估内容主要参考社区环境保护的指标体系，本着全面、客观的原则，公开、公平、公正、多角度、全方位、多形式、多主体地开展评估工作。

具体的评估程序、评估主体和方法等可以参考社区绿化建设的评估事项。

三、任务实训

（1）调研某一具体社区的社区环境保护现状，在此基础上，制订一份切实可行的绿色环保型社区创建的策划方案并参与实施建设工程。

（2）针对某一社区环境保护的具体情况，写一份社区环保倡议书。

四、巩固提高

1. 知识回顾

（1）社区环境保护的含义、内容。
（2）社区环境保护工作的基本流程。
（3）社区环境保护每个环节的具体措施。

2. 资料阅读

学习《中华人民共和国环境保护法》。

任务三　社区环境污染防治

一、基础知识

（一）社区环境污染的基本含义

社区环境污染是指由于人为的或自然的原因，使环境中本来的组成成分、状态以及环境质量发生了不良变化，扰乱并破坏了社区生态平衡，给人体健康带来直接、间接或潜在的影响。

（二）社区环境污染的类型

房屋的建设、室内装修、配套设施的运行、周边环境、各种生活习惯、小区内商业活动等都会对住宅环境造成污染。社区污染类型大体分为以下几个方面。

1. 大气污染

（1）大气污染的概念。

大气是由一定比例的氮、氧、二氧化碳、水蒸气和固体杂质微粒组成的混合物。就干燥空气而言，按体积计算，在标准状态下，氮气占 78.08%，氧气占 20.94%，氩气占 0.93%，二氧化碳占 0.03%，而其他气体的体积大约是 0.02%。随着现代工业和交通运输的发展，向大气中持续排放的物质数量越来越多，当大气正常成分之外的物质达到对人类健康、动植物生长以及气象气候产生危害的时候，我们就说大气受到了污染。

（2）大气的主要污染源和污染物。

① 工业：工业是大气污染的一个重要来源。工业排放到大气中的污染物种类繁多，有烟尘、硫的氧化物、氮的氧化物、有机化合物、卤化物、碳化合物等。其中有的是烟尘，有的是气体。

② 生活炉灶与采暖锅炉：城市中大量民用生活炉灶和采暖锅炉需要消耗大量煤炭，煤炭在燃烧过程中要释放大量的灰尘、二氧化硫、一氧化碳等有害物质污染大气。

③ 交通运输：汽车、火车、飞机、轮船是当代的主要运输工具，它们烧煤或石油产生的废气也是重要的污染物。特别是城市中的汽车，量大而集中，排放的污染物对城市的空气污染很严重。

2. 水污染

（1）水污染的概念。

1984 年颁布的《中华人民共和国水污染防治法》中为"水污染"下了明确的定义，即水体因某种物质的介入，而导致其化学、物理、生物或者放射性等方面特征的改变，从而影响水的有效利用，危害人体健康或者破坏生态环境，造成水质恶化的现象称为水污染。

（2）水污染的污染源。

水污染主要是由人类活动产生的污染物造成的，它包括工业污染源，农业污染源和生活污染源三大部分。工业废水为水域的重要污染源，具有量大、面广、成分复杂、毒性大、不易净化、难处理等特点。农业污染源包括牲畜粪便、农药、化肥等。农药污水中，一是有机质、植物营养物及病原微生物含量高，二是农药、化肥含量高。生活污染源主要是城市生活中使用的各种洗涤剂和污水、垃圾、粪便等，多为无毒的无机盐类，生活污水中含氮、磷、硫多，致病细菌多。

3. 噪声污染

（1）噪声污染的概念。

噪声是声波的一种类型，是指声波的频率和强弱变化毫无规律、杂乱无章的声音。噪声的强弱大小，一般用分贝为单位来衡量。在我国规定的各种房间的允许噪声标准中，会议室为 30～40 分贝，教室、图书馆、实验室为 38～42 分贝，市区公寓和市区住宅为 42 分贝，办公室为 46～50 分贝，商店为 54 分贝，餐厅为 50 分贝，车间为 85 分贝。

（2）噪声污染的污染源。

导致噪声污染这一城市公害的原因主要来自三个方面：一是城市工业噪声，也就是来自工厂、建筑等机械设备运转过程中的振动、摩擦、撞击等产生的噪声；二是城市交通噪声，也就是各种汽车、摩托车、拖拉机、飞机、火车等交通工具在运行中发生的振动声和鸣笛声，这是城市社区环境噪声的最主要来源；三是城市社会噪声，是指城市社会生活中产生的噪声，这种噪声普遍存在于社区生活环境之中，且有增多趋势。

4. 光污染

（1）光污染的概念。

一般认为，光污染泛指影响自然环境，对人类正常生活、工作、休息和娱乐带来不利影响，损害人们观察物体的能力，引起人体不舒适感和损害人体健康的各种光。波长 $1\times10^{-8}\sim1\times10^{-3}$ m 的光辐射（即紫外辐射）、可见光和红外辐射，在不同的条件下都可能成为光污染源。

（2）光污染的类型。

国际上一般将光污染分成三类，即白亮污染、人工白昼和彩光污染。

① 白亮污染。当太阳光照射强烈时，城市里建筑物的玻璃幕墙、釉面砖墙、磨光大理石和各种涂料等装饰反射光线，明晃白亮、眩眼夺目。

② 人工白昼。夜幕降临后，商场、酒店上的广告灯、霓虹灯闪烁夺目，令人眼花缭乱。有些强光束甚至直冲云霄，使得夜晚如同白天一样，即所谓人工白昼。

③ 彩光污染。舞厅、夜总会安装的黑光灯、旋转灯、荧光灯以及闪烁的彩色光源构成了彩光污染。

5. 固体废弃物污染

（1）固体废弃物污染的概念。

固体废弃物是指人类在生产和生活中丢弃的固体和泥状物，例如采矿业的废石、尾矿、煤矸石；工业生产中的高炉渣、钢渣；农业生产中的秸秆、人畜粪便；核工业及某些医疗单位的放射性废料；城市垃圾等。社区固体废弃物污染是指社区居民在生产和生活活动中丢弃的工业固体废渣、城市生活垃圾和农业固体废弃物等造成的周边环境污染。目前城市居民的生活垃圾、商业垃圾、市政维护和管理中产生的垃圾，以及工业生产排出的固体废弃物，数量急剧增加，成分日益复杂。世界各国的垃圾以高于其经济增长速度2~3倍的平均速度增长。

（2）固体废弃物污染的种类。

固体废弃物可以分成三类：有机类，例如果皮、菜皮、剩菜剩饭（即"泔脚"）；无机类，例如废纸、废玻璃、废金属等；有害类，例如废电池、废荧光灯管、过期药品等。

（三）社区环境污染防治的手段

社区环境污染防治的主要方式有行政手段、法律手段、经济手段、教育手段和技术手段。

（1）行政手段是环境管理的常用手段。

通过研究制定环境政策，组织和实施环境计划；运用行政权力，对某些危害环境的工业、交通业，提出要求限期治理、以至停产、转产或搬迁；采取行政制约手段，例如审批环境影响报告书，发放与环境有关的各种许可证件，对重点社区的环境防治工作提供资金和技术等。

（2）法律手段是社区环境管理的强制措施。

按照环境法规、环境标准来处理破坏社区环境的各种问题。对违反环境法规，污染和破坏环境，危害社区成员共同生活的行为给予批评、警告、罚款或责令赔偿等方式保护社区环境。

(3) 经济手段是社区环境管理中的又一重要措施。

对积极防治环境污染而在经济上有困难的企业、事业单位给予资金援助；对排放污染物超过国家规定标准的单位，按照污染物的种类、数量和浓度征收排污费；对违反规定造成严重污染的单位或个人处以罚款。此外还有推行开发、利用自然资源的征税制度等。

(4) 教育手段是环境管理不可缺少的手段。

教育手段主要是利用书报、期刊、电影、广播、电视、展览会、报告会、专题讲座等多种形式，向公众传播环境科学知识，宣传环境保护的意识以及国家有关环境保护和防治污染的方针、政策、法令等。

(5) 技术手段种类很多。

可通过多种技术手段来加强对环境污染的防治，例如推广采用无污染工艺和少污染工艺；因地制宜地采取综合治理和区域治理技术；登记、评价、控制有毒化学品的生产、进口和使用；交流国内外有关环境保护的科学技术情报；总结卓有成效的管理经验和环境科学技术成果；开展国际环境科学技术合作等。

二、实务操作

基本流程：学习社区环境污染防治的相关政策→调研社区环境污染防治现状→社区环境污染防治的策划与实施→社区环境污染防治工作的评估。

(一) 学习社区环境污染防治的相关政策

方法提示：搜集、学习相关部门社区环境污染防治的相关政策、法规，领会其指导精神。

我国出台了不少关于环境污染防治的相关法律法规，包括《中华人民共和国固体废物污染防治法》、《中华人民共和国大气污染防治法》、《中华人民共和国环境噪声污染防治法》、《中华人民共和国水污染防治法》，以及上海市制定的首部限定灯光污染的地方标准《城市环境装饰照明规范》。法规涵盖了环境污染防治的方方面面，同样适用于社区环境污染的防治。社区工作者要认真学习、深刻领会其精神，以其为指导做好社区环境污染防治工作。

(二) 调研社区环境污染防治现状

方法提示：采用问卷调查、实地访谈、查阅文献资料等方法调研拟建设社区的社区环境污染防治情况，主要包括社区环境污染防治的主要方面、社区环境污染防治已经取得的成绩、社区环境污染防治过程中存在的问题等。

案例示范 7-5

青岛市环境保护局开展"机动车污染防治宣传进社区"活动

2009年5月23日上午，青岛市环保局"机动车污染防治宣传进社区"活动启动仪式在中山路街道办事处中山路社区举行，市环保局鞠荣辉副局长出席活动并讲话，市南环保分局、市机动车排气污染监控中心、市环保局宣教中心、市南区人民政府中山路街道办事处有关领导及办事处所属7个社区五十余名居民代表参加了活动。

青岛市机动车排气污染监控中心现场播放了机动车污染防治专题片《长缨缚乌龙、真情护蓝天》,并在老舍公园向社区居民现场发放了机动车污染防治宣传材料。环保工作人员共发放便民服务卡三千余张,便民手册一百余本,宣传页六百余张,现场答疑一百余条,发放问卷调查资料六十余份,收到居民建议意见57条。下一步,环保部门将认真研究居民提出的建议意见,采取切实可行的措施,进一步做好机动车污染防治工作。

青岛市环保局在全市开展机动车污染防治宣传"进社区、进企业、进乡村"活动(以下简称"三进"活动),其目的就是根据市委关于"深入开展学习实践科学发展观活动"的总体部署和要求,全面贯彻落实《青岛市机动车排气污染防治条例》的各项规定,通过组织全局党员干部深入社区体察民意、了解社情,组织问卷调查,征集社区居民对机动车污染防治工作的意见建议,用实际行动诠释"科学发展、环保为民"主题,大力推进生态文明建设。

目前我市机动车已经达到近138万辆,而且正以每天三百余辆的速度持续增长,由此带来的空气污染压力越来越大。由于机动车排放的污染物正处在人的呼吸带附近,直接危害人体健康,尤其是对抵抗力较弱的老人和儿童影响更为突出。2008年3月1日,《青岛市机动车排气污染防治条例》颁布实施,青岛市环保局、公安局联合发布的《关于实行在用机动车环保分类合格标志管理制度的通告》也同步实行,为防治机动车排气污染提供了强有力的法律保障。初步统计,我市80%以上的车主都能按时参加排气检测、及时申领环保标志,尚有部分车主没有及时申领环保标志,自觉防治机动车污染的意识需要进一步加强。这次联合开展"机动车污染防治进社区"活动,其目的是通过与社区居民面对面交流,讲解排气污染防治政策,解答市民现场提出的咨询,进一步扩大防治机动车污染宣传效应,积极探索以社区为单元加强机动车排气污染监管的新路子,促进机动车污染防治工作向人人参与、共同防治、高效科学的方向发展。

(资料来源:青岛政务网)

(三)社区环境污染防治的策划与实施

基本流程:构建社区环境污染防治的指标体系→策划社区环境污染防治的建设方案→实施具体的建设措施。

1. 构建社区环境污染防治的指标体系及策划实施方案

方法提示:根据社区环境污染防治的现状以及相关政策的规定,制定切实可行的指标体系。

以生活饮用水为例,其水质参考指标及限值参见表7-3。

表 7-3 饮用水水质参考指标及限值

指　标	限　值
肠球菌（CFU/100mL）	0
产气荚膜梭状芽孢杆菌（CFU/100mL）	0
二（2-乙基己基）己二酸酯（mg/L）	0.4
二溴乙烯（mg/L）	0.000 05
二噁英（2,3,7,8-TCDD，mg/L）	0.000 000 03
土臭素（二甲基萘烷醇，mg/L）	0.000 01
五氯丙烷（mg/L）	0.03
双酚 A（mg/L）	0.01
丙烯腈（mg/L）	0.1
丙烯酸（mg/L）	0.5
丙烯醛（mg/L）	0.1
四乙基铅（mg/L）	0.000 1
戊二醛（mg/L）	0.07
甲基异莰醇-2（mg/L）	0.000 01
石油类（总量，mg/L）	0.3
石棉（＞10μm，万/L）	700
亚硝酸盐（mg/L）	1
多环芳烃（总量，mg/L）	0.002
多氯联苯（总量，mg/L）	0.000 5
邻苯二甲酸二乙酯（mg/L）	0.3
邻苯二甲酸二丁酯（mg/L）	0.003
环烷酸（mg/L）	1.0
苯甲醚（mg/L）	0.05
总有机碳（TOC，mg/L）	5
萘酚-（mg/L）	0.4
黄原酸丁酯（mg/L）	0.001
氯化乙基汞（mg/L）	0.000 1
硝基苯（mg/L）	0.017
镭 226 和镭 228（pCi/L）	5
氡（pCi/L）	300

结合本社区环境污染防治的具体情况，参考相关指标体系，制订本社区环境污染防治的实施方案。

2. 加强宣传与监督管理

社区环境污染的防治任重道远，需要社区居民从思想方面认识环境保护的重要性与紧迫性。相关部门可以通过讲座、宣传栏、倡议书等方式向社区居民介绍社区环境污染的种类及其危害，宣传社区环境污染防治的意义，并介绍一些切实可行的防治措施。环境保护部门要做好指导与监督工作，责任到人，奖惩分明。

3. 社区大气污染的防治

大气污染的防治措施很多，但最根本的一条是减少污染源。一般可采用以下几种措施。

（1）工业合理布局：这是解决大气污染的重要措施。工厂不宜过分集中，以减少一个地区内污染物的排放量。另外，还应把有原料供应关系的化工厂放在一起，通过对废气的综合利用，减少废气排放量。

（2）区域采暖和集中供热：分散于千家万户的炉灶和市内密如树林的矮烟囱，是煤烟粉尘污染的主要污染源。采取区域采暖和集中供热的方法，即用设立在郊外的几个大的、具有高效率除尘设备的热电厂代替千家万户的炉灶，是消除煤烟的一项重要措施。

（3）减少交通废气的污染：减少汽车废气污染，关键在于改进发动机的燃烧设计和提高汽油的燃烧质量，使油得到充分的燃烧，从而减少有害废气。

（4）改变燃料构成：实行从煤向燃气的转换，同时加紧研究和开辟其他新的能源，例如太阳能、氢燃料、地热等。这样，可以大大减轻烟尘的污染。

（5）绿化造林：茂密的林丛能降低风速，使空气中携带的大粒灰尘下降。树叶表面粗糙不平，有的有绒毛，有的能分泌粘液和油脂，因此能吸附大量飘尘。蒙尘的叶子经雨水冲洗后，能继续吸附飘尘。如此往复拦阻和吸附尘埃，能使空气得到净化。

4. 社区水污染的防治

（1）要建立因地制宜、灵活有效的城市污水治理模式。

针对现实生活中的水污染源，应坚持分散治理和集中控制相结合。对家庭这样的污染源应该采取集中治理的方法解决污染问题。要发展循环经济，提倡水资源的循环利用，就要提倡污水的分散处理、分散利用、就近处理、就近利用。例如对于那些有特殊污染物的污染源，就必须采取分散治理的方法。同时，在提高污水处理能力和效率的同时，还必须重视污泥分离及无害化处理，防止二次污染，实现污泥的无害化处置和资源化利用，提升水污染治理的整体效益。

（2）运用经济手段，加快城市水污染防治的市场化进程。

深入推行污水处理收费制度，加快水价改革的步伐，建立有利于促进企业加强成本控制和改善经营的水价形成机制，界定污水处理企业成本核算的范围。对收取的污水处理费实行专款专用、滚动使用，采取有效措施，确保城市污水处理设施的正常运营和建设贷款及债券本息的偿还。对城市供水和污水处理工程所购置的设备可加速折旧。城市主要是生活污水排放，应该坚持"谁收排污费谁治理"的原则，把企业治污归为污水处理厂和社会专业公司治理，排污单位不直接参与，付费即可。

（3）加强城市规划，统筹城市污水治理基础配套设施建设。

城市基础设施建设应该统筹规划，坚持城市污水处理厂与城市废水收集管网建设同步进行。同时，应编制城市排水系统规划，纳入城市环境综合治理规划和城市建设总体规划，与经济建设和城市建设同步发展。污水处理厂与城市景观、人工湿地等结合，提高处理的深度并降低处理成本。与此同时，还要转变管网投入的观念，改变一些城市雨污合流管网的状况，推行雨污分流，更好地治理污水。

案例示范 7-6

苏州市水利水务学会走进社区 举办"水污染及防治"知识讲座

2007年9月18日下午，平江区科协、平江区机关党工委和平江区委党校根据《提高全民科学素质纲要》和区科普宣传教育计划，同时为配合水环境保护行动，联合举办了一场科普讲座，邀请我会会员、苏州市水务局排水处钟爱成副处长作了"水污染及防治"的科普报告。因受今年第13号台风"韦帕"外围影响，当天苏城一直下着大雨，给人们出行带来不便，但各街道、社区党员、居民聆听科普知识讲座的积极性不减，参加讲座会的人员仍达78人。

这次科普报告，向平江区的党员、市民讲解了水资源知识、水质指标的标准、人们面临的严峻的水污染情况和根本原因及危害，详细介绍了城市污水截流收集与处理排放系统的组成、污水处理的工艺技术、污泥处置技术等，并向到会听众提出了在水环境治理、保护方面的行为要求和配合措施。讲座内容丰富生动，以大量的图片资料和详实的数据进行演示说明，使到会的平江区各街道党员、居民受到了一场生动的环保教育，得到大家欢迎。

（资料来源：苏州市水利水务学会网站）

5. 社区噪声污染的防治

我国心理学界认为，控制噪声环境，除了考虑人的因素之外，还须兼顾经济和技术上的可行性。充分的噪声控制，必须考虑噪声源、传声途径、受声者所组成的整个系统。控制噪声的措施可以针对上述三个部分或其中任何一个部分。

（1）降低声源噪声。

工业、交通运输业可以选用低噪声的生产设备、改进生产工艺，或者改变噪声源的运动方式（例如用阻尼、隔振等措施降低固体发声体的振动）。对于工程施工噪声污染，相关部门应明确工程施工时段。采用性能良好的隔声墙、门、窗等隔声建材设备，控制噪声扩散。居住区内汽车噪声对小区住户的干扰可以采用人车分流的道路系统来避免，并在车行道两旁种植绿化带来减缓噪声，也可以在小区内实行步行化。在居住区入口处安装声音分贝显示器，加大城市道路路网密度，使车辆有序分流，减少交通量大及车辆拥堵地段对居住区的噪声污染。

（2）在传声途径上降低噪声。

① 声在传播中的能量是随着距离的增加而衰减的，因此可使噪声源远离需要安静的区域。城市内有噪声污染的工厂也应逐步搬迁出居住区。居住区内住宅应与交通主干道、高架路、铁路等有强烈噪声的地段保持一定的距离。

② 声的辐射一般有指向性，处在与声源距离相同而方向不同的地方，接收到的声强度也就不同。因此，控制噪声的传播方向（包括改变声源的发射方向）是降低噪声尤其是高频噪声的有效措施。

③ 建立隔声屏障。在建筑物中，隔声就是将声源隔离，防止声源产生的噪声向室内传播。在马路两旁种树，对两侧住宅就可以起到隔声作用。在建筑物中将多层密实材料用多孔材料分隔而做成的夹层结构，也会起到很好的隔声效果。

④应用吸声材料和吸声结构，将传播中的噪声声能转变为热能等。常用的吸声材料主要是多孔吸声材料，例如玻璃棉、矿棉、膨胀珍珠岩、穿孔吸声板等。另外，建筑物周围的草坪、树木等也都是很好的吸声材料。

（3）受声者或受声器官的噪声防护。

在声源和传播途径上无法采取措施，或采取的声学措施仍不能达到预期效果时，就需要对受声者或受声器官采取防护措施，例如长期职业性噪声暴露的工人可以戴耳塞、耳罩或头盔等护耳器。

案例示范 7-7

天津市河西区"安静居住小区"创建公约

一、遵守市民规范，执行安静居住小区标准；
二、装修房屋要审批，不得在午间和夜间进行装修作业；
三、社区禁止大声喧哗，禁止设置高音喇叭；
四、居民室内播放音乐和演奏乐器要控制音量；
五、社区群众体育娱乐活动不影响邻里休息，控制音量；
六、社区内机动车禁止鸣笛，设有专用规范停车场；
七、禁止农用运输车进入社区，机动车防盗装置不应扰民；
八、社区内没有其他噪声污染源；
九、遵守宠物饲养的有关规定，不扰民；
十、垃圾袋装，清运及时，轻拿放。

（资料来源：天津市河西区人民政府网）

6. 社区光污染的防治

（1）在企业、卫生、环保等部门，一定要对光的污染有一个清醒的认识，要注意控制光污染的源头，要加强预防性卫生监督，做到防患于未然；科研人员在科学技术上也要探索有利于减少光污染的方法。在设计方案上，合理选择光源。要教育人们科学合理地使用灯光，注意调整亮度，不可滥用光源，不要再扩大光的污染。

（2）加强城市规划和管理，改善工厂照明条件等，以减少光污染的来源。

（3）采用个人防护措施，主要是戴防护眼镜和防护面罩。光污染的防护镜有反射型防护镜、吸收型防护镜、反射-吸收型防护镜、爆炸型防护镜、光化学反应型防护镜、光电型防护镜、变色微晶玻璃型防护镜等类型。对有红外线和紫外线污染的场所采取必要的安全防护措施。

7. 社区固体废弃物污染的防治

（1）减少废弃物产量。

节约 1 吨纸可少产生 1 吨垃圾，少生产 400 吨左右造纸黑液，少产生 $2.4 \times 10^4 m^3$ 的废气，少砍伐一片树林，少消耗相应数量的煤、电、碱等。随着塑料工业的发展，社区中"白色污染"也日益严重。为了防止白色污染继续蔓延，我们在日常生活中尽量不用或者少用塑料制品，例如塑料袋、一次性餐具、饮料瓶、饮水杯等，同时积极推广使用能迅速降解的淀粉塑料、水溶塑料、光解塑料等，养成用布袋子、菜篮子购物的习惯。

（2）科学分类，再利用废弃物。

一方面，在倒垃圾的地方设几个垃圾箱，要求居民在倒垃圾时利用1~2分钟时间，将上述各种物质分类倒入几个垃圾箱内，使这些废弃物在丢弃前有一个较为粗略的分类。另一方面，环卫工人处理城市垃圾时，首先回收其可利用的废旧物资，例如废纸、废金属、旧织物、玻璃、塑料等；又如果皮、菜叶、泔脚等可加工为饲料；实在无法利用的集中填埋，覆土造地，保护环境。目前在固体废弃物处理方面主要采用的方法包括压实、破碎、分选、固化、焚烧、生物处理等。

案例示范 7-8

垃圾处理"变废成肥" 城阳一社区搞起"循环经济"（节选）

城阳惜福镇盛世家园社区，在居民楼里小区自建的有机废弃物生化处理站，约有40平方米，里面放着两台庞然大物——垃圾微生物生化处理机。工作人员将瓜果皮核等生活垃圾从机器舱口倒进去后，在机器的搅拌下，这些垃圾打碎后和一些褐色粉末掺和起来，而机器只是发出低微的响声，对附近居民生活不会造成影响。这些垃圾经过6~20小时生化处理就能得到分解，剩下的残留物就可用于小区里园林绿地的绿化施肥。

垃圾生化处理机里面褐色粉末是木屑，而这些木屑表层生长着微生物菌群，通过这些菌群的迅速繁殖，并经过复杂化学反应将这些有机垃圾分解，释放出的二氧化碳和有机酸经水喷淋除异味装置处理后，达到环保标准的空气和水排出，所剩余的5%残留物用作小区绿化有机肥料。据介绍，目前两台垃圾处理机每天可处理有机生活垃圾400公斤，能够满足社区有机垃圾的处理。

垃圾生化处理一年成本4万元左右，比起垃圾清运处理来成本要低得多。此外，目前社区里约有6万平方米绿化带，有了垃圾生化后的肥料，也节约了成本。市环保部门有关负责人介绍说，目前瓜果皮核和剩饭菜等生活垃圾是环境污染的很大因素，这些垃圾腐烂会孳生细菌，而且容易招来蚊蝇传播病菌。而垃圾生化处理不仅可以避免二次污染，还可以变废为宝，值得推广。

（资料来源：半岛都市报）

（四）社区环境污染防治工作的评估

方法提示：确定评估主体→确定评估内容→确定评估标准→确定评估方式。

作为评估主体的"评估工作小组"一般主要由区民政主管部门代表、街道有关部门代表、环保部门代表、居民部分代表、驻区单位部分代表和社区工作人员代表组成。

评估内容应该是在环境污染治理方案中提出的本社区需要解决的环境污染问题解决的效果。

评估标准可以依据国家或当地环境保护标准来制定。

评估的方式应根据社区环境污染的具体解决方式来确定，需专业机构介入的复杂的环境问题应委托有关专业的机构或专家运用专业方法来评估，若仅是社区内简单的在社区内就可以解决的环境污染问题则可通过污染受害户或居委会来评估。

三、任务实训

调研某一具体社区的环境污染防治现状，制订切实可行的防治策划方案并参与实施工作。

四、巩固提高

1. 知识回顾

（1）社区环境污染的定义、类型。
（2）社区环境污染防治的手段。
（3）社区环境污染防治的基本流程。
（4）社区环境污染防治每个环节的具体方式方法。

2. 查阅以下社区环境污染防治的相关法律法规

（1）《中华人民共和国大气污染防治法》；
（2）《中华人民共和国水污染防治法》；
（3）《中华人民共和国环境噪声污染防治法》；
（4）《中华人民共和国固体废物污染防治法》。

项目八　新型社区建设

项目简介

新型社区是适应城市现代化的要求，以地域性为特征、以认同感为纽带构建成的社区组织体系，居民的素质和整个社区文明程度高，社区内管理有序、服务完善、环境优美、治安良好、生活便利、人际关系和谐。新型社区在党的领导下实行居民自治，社区内实行民主选举、民主决策、民主管理、民主监督。新型社区坚持以人为本，把改善人居环境放在重要位置，社区服务实行网络化和产业化，做到经济建设、城市建设和社区建设同步规划、同步实施。

党的十六大报告把"完善城市居民自治，建设管理有序、文明祥和的新型社区"作为社区建设的目标和方向。当前，我国正在努力创建的新型社区主要有学习型社区、自治型社区、服务型社区、"绿色"社区和数字型社区。

学习目标

知识目标：通过本项目的学习，学生需要掌握学习型社区、自治型社区、服务型社区、"绿色"社区和数字型社区等新型社区的基本概念及其相关理论知识，能够指导实践工作。

技能目标：系统掌握五种新型社区建设的基本流程以及每个环节的具体方法，通过实训作业和课后练习，能够在实践操作中熟练运用。

学习导航

任务一　学习型社区建设
任务二　自治型社区建设
任务三　服务型社区建设
任务四　"绿色"社区建设
任务五　数字型社区建设

任务一 学习型社区建设

随着知识经济和信息时代的来临,学习型社区的建设成为全球社区发展的一个新趋势。美国的"社区教育"、德国的"邻里之家"、日本的"公民馆"、新加坡的"居民联络所"、香港的"街坊会"和"屋屯中心"、我国台湾地区的"学习型社区"等展示了不同经济、社会、文化背景下的学习型社区建设的多样性。

一、基础知识

(一)学习型社区的基本含义

一般来讲,学习型社区是指以学习型组织和终身教育体系为基础,以学习者为中心,能保障和满足社区各年龄段成员的基本学习权利和积极主动的终身学习需求,从而促进社区成员素质和生活质量的提高以及社区可持续发展的新型社区。"学习型"的意义并不在于单纯强调学习,而在于使学习成为社会的一种运行模式和发展方式。

胡锦涛同志指出,要"建设全民学习、终身学习的学习型社会"。学习型社区是学习型社会的重要基础,既反映了学习型社会的内涵特征,也体现了社区自身的发展特点,其包括以下几个要素:

(1)社区组织和成员认同的共同愿景;
(2)社区共同学习系统与机制,共享学习平台;
(3)社区各种学习型组织(例如机关、学校、企业等);
(4)学习型组织理念广泛渗透到社区发展、社区管理、社区文化、社区环境、社区党建、社区家庭、社区成员。

学习型社区以知识为资源,以创新为动力,以全员学习、终身学习为基础,以人才为根本,以可持续发展为模式,以教育和科技为依托。学习型社区建设模式与其他社区建设模式相比,不仅让人认识到社区建设的最终目标就是要建立一个具有共同利益和归属感的现代文明社区,更重要的是其以社区教育为主导,有效地增强了人们的共同利益意识和归属感,这就构成了学习型社区建设的基本内涵。

学习型社区建设是以社区教育为手段,以学习为动力,以学习型家庭建设和学习型单位建设为重点,以社区居民需求和不断提高居民素质为目的,采用多种形式学思想、学文化、学科学,有效调动一切积极因素,营造良好的外部环境,建设现代文明新社区的一种创新形式。

(二)学习型社区的基本特征

1. 主动性

主动性实际上反映了社区中多数成员的学习动力特性,反映了他们的学习动力是内发的、主动的。如果某一社区的多数成员的学习是被强制的、被动的、迫不得已的,那么该社区还不是学习型社区。

2. 自主性

学习型社区是一种基本上无学习障碍的社区。多数社区成员可以根据需求、时间和其他条件，自主选择学习内容、学习层次、学习时间、学习场所、学习进度、学习工具和手段等。学习者不再受传统教育的种种限制。学习基本上变成了一种学习者自主的行为。

3. 平等性

所有的学习机会向所有的有学习能力和学习需求的社会成员公平、平等地开放。教育不再是少数人的特权，而是全体社会公民的基本权利之一。在学习型社区，不分种族、民族、年龄、性别、职业与身份，只要有学习能力和学习需求，都可以获得不同的学习机会。

4. 开放性

学习型社区是一个在学习方面高度开放的"小社会"，是教育由封闭性走向开放性的途径之一。开放性主要体现在：

（1）社区内各级各类具有一定教育功能的机构，在一定的时间内对社区开放；

（2）教师与学生的相互地位、关系，具有开放性，两者通过即时的、交互式的交流，互通信息；

（3）教育思想、学习内容、教授（提供的）内容、学习手段、教授手段，都可以高度开放。

5. 终身性

学习型社区建立了终身教育体系，单个分散的教育资源能连结起来，得到充分的使用和进一步开发。学习型社区终身教育体系的沟通与衔接不但包括社区中的正式教育机构，还包括非正式教育机构。同时，还要注重与社区外部有关机构合作，例如社区外的各种大学、研究所、媒介机构、文化娱乐机构等。

二、实务操作

基本流程：学习创建学习型社区的相关政策→调研学习型社区建设现状→学习型社区建设的策划与实施→学习型社区建设的评估。

（一）学习创建学习型社区的相关政策

方法提示：搜集、学习相关部门学习型社区建设的相关政策，领会其指导精神。

2001年江泽民同志首次在国际场合（亚太经合会）明确提出："构筑终身教育体系，创建学习型社会。" 2001年11月教育部召开全国社区教育实验工作经验交流会议，确定首批全国社区教育实验区（28个），现已扩大到61个。2002年创建学习型社区明确写进十六大报告，作为全面建设小康目标之一。2003年我国印发了《关于进一步推进学习型企业创建工作暨推荐创建学习型企业成绩突出单位的通知》（各省推荐了114家）等。2004年1月国家九部委印发《关于开展全国"创建学习型组织，争做知识型职工"活动的实施意见》的通知。2004年2月教育部印发《2003－2007年教育振兴行动计划》50条

（二）调研学习型社区建设现状

方法提示：采用问卷调查、实地访谈、文献资料等方法调研拟建设社区的学习型社区建设情况，主要包括学习型社区的基本信息、学习型社区建设已经取得的成绩及建设中存在的问题。具体的可参考社区教育的现状。

（三）学习型社区建设的策划与实施

基本流程：构建学习型社区建设的指标体系→策划学习型社区的建设方案→实施具体的建设措施。

1. 构建学习型社区建设的指标体系和建设方案

方法提示：根据学习型社区建设的现状以及相关政策的规定，制定切实可行的学习型社区建设的指标体系。具体的可参考社区教育的指标体系。

案例示范 8-1

鼓楼区关于创建学习型社区的实施方案

鼓委宣联[2010]3号

为认真贯彻落实区委《关于推进学习型党组织建设的实施意见》（鼓委办[2010]1号）精神，全面掀起学习贯彻党的十七大、十七届四中全会、胡锦涛总书记来闽考察时的重要讲话精神的热潮，切实提高社区居民的综合素质，加快我区建设学习型社会的步伐，努力实现"打造'首善之区'，构建和谐鼓楼"的战略目标，现就创建学习型社区制订如下实施方案。

一、指导思想

以科学发展观为指导，认真贯彻落实党的十七大、十七届四中全会精神、《国务院关于支持福建省加快发展海峡西岸经济区的若干意见》、胡锦涛总书记来闽考察时的重要讲话精神和省八届七次全会、市九届十一次全会以及区委十届九次全会精神，按照科学理论武装、具有世界眼光、善于把握规律、富有创新精神的要求，以促进人的全面发展为中心，以提升社区居民综合素质和增进社区和谐为目标，以学理论、学知识、学技能、学先进为重点，以树立学习创新理念、开展全民学习活动、创建学习型社区为途径，大立学习之志，大兴学习之风，为推动我区经济社会又好又快发展，提供强大的精神动力和智力支持。

二、工作目标

以促进人的全面发展为中心，以提升社区居民综合素质和增进社区和谐为目标，建设和完善社区市民学校、社区图书室、社区阅览室、文化长廊等学习教育和文化娱乐阵地，以社区各类人才为主力，邀请专业人员，按照科普、文体、法律、卫生四大类，为居民群众提供包括书画、舞蹈、医疗保健、电脑、家政、花卉栽培等多门课程培训。积极创新载体，组织开展"共享书香读书月"、"鼓楼历史文化进社区"、"辖区共建共享"、"示范工程"等系列学习主题活动，开展"鼓楼区学习型社区示范点"评选，营造爱学习、勤学习、善学习的良好氛围。

三、实施步骤

（一）宣传发动阶段（2010年1—4月）

各社区要学习先进经验，制定创建实施方案、意见，广泛宣传发动，形成强大的舆论声势，结合社区特色，突出重点，抓好典型，以点带面，推动学习型社区创建工作的全面开展。

（二）推广实施阶段（2010年5—9月）

各社区要结合实际，围绕各自职责分工，制订创建计划，认真开展工作。各社区要结合《鼓楼区学习型社区评估标准》（附后）制订创建方案，实质性地推进工作，确保创建工作取得全面成果。

（三）达标验收阶段（2010年10—12月）

各社区要充分做好各种资料信息收集工作，档案整理要规范。宣传部将从创建学习型社区工作中评选出10个"鼓楼区学习型社区示范点"，并给予表彰奖励。

四、工作要求

（1）健全组织，加强领导。为确保创建工作扎实有效开展，社区要建立学习型社区创建工作领导机构，由街（镇）分管领导、社区干部、社区单位、社区居民代表等组成，下设办公室，领导小组全面负责对学习型社区创建工作的指导、协调。各社区要把学习型创建工作列入议事日程，定期召开专题会议，研究部署创建工作，切实加强对学习型社区创建工作的领导，按照学习型社区创建任务和标准要求，落实到人。

（2）创新载体，完善网络。各社区要紧紧围绕创建学习型社区、学习型楼栋、学习型家庭的等富有特色的创建活动，建立健全法律、科普、文化、体育、音乐、健身、医疗等教育网络，加大对各类专（兼）师资队伍建设。要结合科教、文化、体育、卫生、环保、法律六进社区，以"共享书香读书月"、"鼓楼历史文化进社区"、"辖区共建共享"、"示范工程"等系列学习主题活动为重要载体，开展读报会、读书月、交流读后感、诗歌朗诵、演讲展示、好书共赏等喜闻乐见的学习实践活动，不断提高社区居民道德素质、文化品位和生活质量。各社区要结合自身实际，创造性地设计多层次、宽领域、有实效的活动载体，学习型社区建设要与精神文明创建活动有机结合，加快学习型社区建设步伐。

（3）完善设施，强化管理。各社区要加大对社区市民学校、文化教育活动中心、图书阅览室、文化长廊及各类教学设备的建设力度，整合社区内的各类教育资源，充分发挥现有文化教育设备的作用，不断改善社区居民学习的基本条件。同时，要严格落实各项管理制度，要切实把各类教学设施的管理日常工作落到实处，防止因管理不善而造成设备损坏和资源浪费。

（4）共同参与，形成合力。各有关部门要积极发挥职能作用，齐抓共管，形成合力。各职能部门要把学习型社区创建工作当作一件大事来抓，要对社区的创建工作进行面对面的指导。

附件：1.《鼓楼区学习型社区评估标准》

> 2. 《鼓楼区学习型社区示范点基本标准》
> 3. 《鼓楼区学习型社区示范点申报表》
>
>
> 中共鼓楼区委宣传部
> 中共鼓楼区委社区办
> 2010年3月23日
> （资料来源：福州市鼓楼区人民政府网）
>

2. 建章立制，建立学习型社区的保证机制

方法提示：建章立制→纳入法制轨道。

要建立人人学习、终身学习的学习型社区，一项十分重要的战略任务就是制定与完善相关的政策法规，形成社区居民广泛参与学习的良好氛围，使学习逐渐成为社区的基本生存状态和行为准则。有专家认为，建设学习型社区目前需要建立健全的制度，主要有：居民免费培训制度，社区学习网络开放制度，社区干部的任职制度，评比考核制度，当地教育机构免费提供教育资源评价制度等。同时，要逐步把构建学习型社区这一工作纳入法制轨道。

3. 加强骨干队伍建设

建设学习型社区，社区是平台，居民是主角。提高居民参与度，可以从抓好学习型社区骨干队伍建设入手，组成一支专职、兼职与志愿者相结合的社区文化和社区教育工作者队伍，担当起提高社区居民参与度的任务：一是要把社区离退休老干部、转复员军人组织起来，形成一支革命传统教育的宣传队伍；二是把社区内学校的教员、机关党政干部组织起来，形成一支政治理论宣传队伍；三是把社区内各类有文艺专长的骨干组织起来，形成一支社区文化的师资队伍；四是把社区内各个健身点的业余教练组织起来，形成一支居民强身健体的辅导员队伍；五是把社区内各种热爱养鸟种花、剪纸收藏等有一技之长的居民组织起来，形成一支各类兴趣小组的指导员队伍；六是把社区内在职党员组织起来，形成一支倡导文明新风的先行者队伍。

4. 整合学习资源，加大投入

方法提示：统筹兼顾，整合资源。

要建设学习型社区，仅仅依靠社区现有的学习教育设施是不够的，必须充分挖掘和整合驻区单位的学习教育资源，充分发挥驻区单位的作用。各机关、团体、企事业单位，特别是教育、文化单位要尽可能地向社区开放图书室、阅览室、活动室、教室等学习教育场所和其他有关设施；要积极开展驻区单位和社区的共创共建活动，共同参与，共同学习，共同提高；各驻区单位要积极参与社区的学习活动，尽其所能为社区的学习活动提供财力、物力、人力和智力支持，共同促进学习型社区的健康发展。

5. 培育学习型社区的载体

方法提示：培育学习型党组织、学习型政府、学习型企事业单位、学习型军警组织、学习型家庭、学习型街、乡镇。

第一,建设学习型党组织。

建设学习型党组织是创建学习型社区的重中之重。通过社区各类组织中的党组织创建学习型党委(总支、支部、小组)的活动,将带动社区内学习型机关、学习型企业、学习型家庭的创建,从而推动学习型社区的整体建设。

具体方法如下。

(1)建立学习制度。例如可以规定党员干部每周集中学习一次,自学不得少于2小时,并做好笔记,全年写学习体会2篇以上,党委委员、支部委员写出调研文章2篇。

(2)形式多样化。可以采取集体学习、专题调研、形势政策教育、党员培训等学习教育形式,也可以运用学习班、读书会、知识竞赛、参观考察等党员喜闻乐见的形式,提高学习型党组织创建活动的覆盖面和参与度。

(3)建立考核制度。制定科学量化的考核标准和考核办法。年度考核时,把述学与述职、述廉结合起来,一同部署、检查。把学习情况作为民主评议党员、综合考核评价领导班子和领导干部的重要内容,把理论素养、学习态度和学习能力作为评定奖惩的主要依据之一。

案例示范 8-2

黎明街道"五个有"扎实开展"学习型党组织"创建

黎明街道率先在我区开展"学习型党组织"创建,做到了"五个有",使基层党组织学习力、创新力得到了明显增强。

一、有阵地载体。第一,打造机关百米特色文化长廊。特邀请区书法家协会多名书法家,现场书写五十多张格言警句悬挂在机关走廊。第二,出版《今日黎明》杂志。内容有"工作创新"、"街道信息"、"经典故事"等13个版块,成了干群学习交流的重要平台。第三,开设革命歌曲每日两播。开设广播站,安设12个音响,选择不同曲调的革命歌曲在早晨和中午播放。第四,发挥街道党校功能。100平方米的教室里配齐电脑、音响、投影、桌椅等设备,结合远程教育播放系统,积极开展党课教育,发挥教育阵地作用。第五,健全图书阅览室。丰富党建类与业务类书籍、报刊、杂志,指定阅读书目,营造了整洁、宁静的学习场所。

二、有学习活动。第一,结合第三批学习实践活动,街道班子成员和党员至少形成1篇理论文章或调研文章,共上报心得体会35篇、调研报告10篇。第二,积极动员党员、职工利用业余时间动笔。第三,认真承接区级课题研究,课题报告被评为区党政系统优秀调研成果二等奖。第四,开展各类主题学习活动。结合每月党员组织生活开展学习活动,党员、职工积极参加各类学习培训。

三、有队伍人员。第一,成立兼职宣讲队伍。由街道领导和各党组织书记组成,每年给党员、职工作学习报告不少于1次。第二,学习积极分子队伍不断扩大。街道机关、村、社区、"两新"党组织出现了一批学习型党员。第三,成立创建学习型党组织领导小组办公室。指导各学习小组学习,督查党员、职工学习情况,指导开展学习主题活动。

四、有制度规定。第一,出台具体的考评细则。率先在我区出台《创建学习型党组织活动实施意见》、《党员创建学习型党员考评细则》以及街道机关、行政村、社区、

"两新"组织创建学习型党组织考评细则。第二，出台"学习日"制度。规定每月最后一周周五下午为机关人员集中学习时间，做到个人自主学习和组织集中学习相得益彰。第三，健全理论中心组学习制度，坚持每月二次集中学习制度。

五、有激励机制。第一，制定表彰激励规定，定于"七一"期间，编印先进材料，召开先进典型报告会，表彰学习型党组织和学习型党员，扩大学习影响。第二，健全信息奖励规定，制定详细的信息工作奖励办法。第三，建立考核评学规定。每半年开展一次述学和评学，从党员领导干部向普通党员、职工逐步推开。

(资料来源：鹿城学习网)

第二，建设学习型政府。

建设学习型政府是创建学习型社区的重要基础。地方政府在学习型社区建设、发展过程中发挥着关键作用，这在世界范围内是共同的，在我国这种作用更加明显。通过学习型政府的创建，优化社区发展环境，转变政府职能，优化政务环境，为社区的可持续发展注入活力。

具体方法如下。

（1）拓展学习内容与学习领域。坚持政治理论、经济管理、科学文化等知识学习；针对工作中的难点热点问题，组织学习和谐建设、民生保障、生态文明等方面知识；结合政府系统工作实际，组织学习行政管理、业务知识、职能职责等方面知识；还可以增设礼仪接待、艺术欣赏、休闲健身、传统文化等方面知识学习，陶冶情操，净化心灵，全面提升领导干部素质修养。

（2）创新学习方式。推出体验式（即组织开展现场观摩、外出考察等学习活动）、网络式（即利用互联网开设政府系统领导干部学习专栏，开通网上图书室）、深入开展基层调研等都是很好的学习方式，并定期组织学习交流会，畅谈学习体会、工作经验等，提高学习成效。

（3）政府机关年终考核、述职要结合学习型政府创建要求进行。

第三，建设学习型企事业单位。

建设学习型企事业单位是创建学习型社区必不可少的重要方面。通过学习型企事业单位的创建，从而全面提高员工的业务素质、创新能力、团队精神，倡导终身学习的理念，形成工作学习化、学习工作化的氛围，鼓励他们岗位成才、自学成才。建设学习型企事业单位必将有力地带动社区居民的学习热情，提升社区核心学习力的水平，为学习型社区的创建找到着力点。

案例示范 8-3

宁波市学习型单位基本条件

1. 指导思想：单位领导是学习型单位的倡导者、组织者、创建者，把创建学习型单位作为本单位可持续发展的根本措施，纳入发展规划。有创建的长远规划和分步实施的计划。

2. 环境氛围：终身学习、终身教育理念深入人心，有鼓励员工不断学习、不断发展的要求，努力创设良好的学习环境，制定本单位人力资源建设和开发的规划、分步实施的计划，教育培训安排能满足本单位员工终身学习、自我超越的需求。

3. 组织机构：单位有相应的机构和人员具体负责实施人力资源建设与开发，有专人负责教育培训的管理和实施；其他相关部门能积极配合，给予支持。

4. 运行机制：加强制度建设，建有健全的科学规范的管理制度，并能很好的实施；有激励和检查、考核等约束机制，实现培训考核、使用、待遇一体化，调动员工的学习积极性。

5. 学习资源：单位具备较为丰富的学习资源，有教育培训基地、设施、设备、图书室（资料室）等，有实施现代远程教育的网络和学习资源；善于利用社区和社会学习资源，建立学习资源共享系统。

6. 学习要求：单位组织学习培训活动内容丰富，形式多样，重点突出，学习培训有针对性、创新性，有利于员工素质提高；单位每年有80%以上的人参加专项学习，人均累计脱产培训时间应达12天以上，员工对教育培训工作满意度达80%以上。

7. 经费投入：建立单位、个人双方共同分担的继续教育投入机制，单位的教育培训经费支出达到或超过国家规定的标准，专款专用，根据单位经济效益和物价指数逐年增加。

8. 员工素质：员工素质不断提高，领导者、管理者90%具有大专以上学历，专业技术人员90%以上达到大专以上学历，具有高中以上文化程度的员工应达到80%以上；员工有自我发展目标和自觉学习、终身学习的行为；积极参加单位的教育培训，员工能相互交流、探讨分享自我修炼的学习成果；与单位有着共同的愿景。爱岗敬业，乐于奉献，勇于创新。

9. 创建成效：单位团体学习能力得到增强，组织化学习程度高，单位整体在持续学习状态下运作；结合单位实际学习有成果，以研究推动工作有成效；单位工作富有创新性，员工对工作有使命感、兴奋感、凝聚力强，为民服务好，社会满意度高，在同行业或社区中被评为先进单位。

（资料来源：宁波成人教育信息网）

第四，建设学习型军警组织。

建设学习型的军警组织是创建学习型社区的坚强保障。以军民共建、警民共建为载体，围绕"驻社区、爱社区、建社区"的目标，建立起军、警、民治安防控体系，推动社区的安全稳定。大力开展国防、治安教育和革命传统教育，为居民增设提供学习、参观、实践的基地，推动双拥文化建设。围绕军队官兵、干警的学历教育、专业技能培训等，大力提升官兵、干警的学习能力，提高学习型社区建设的水平。

第五，建设学习型家庭。

学习型家庭是学习型社区的细胞、基本单元。以学习型家庭为基础，夯实学习型社区建设根基，提高学习型社区建设的有效性，以提高家庭成员综合素质和生活质量为重点，重视家庭学习教育，开展家庭读书活动，不断提升学习型家庭的创建成效，建设道德高尚、学习上进、生活宽裕、富裕文明的新家庭。

具体方法如下。

（1）制定学习目标和计划：家庭成员有学习的共同愿景和各自的学习目标、学习计划。

（2）建立家庭成员共同学习活动制度，父母带头学习，创建良好的家庭学习氛围。

（3）家庭订有一定数量的、健康的报刊杂志，具有一定数量的藏书（不含在校生学习用书），每个家庭成员均有相应的教育费用支出，学习环境较好，并逐年增加必要的学习设施。

第六，建设学习型街、乡镇。

建设学习型街、乡镇是创建学习型社区的重要基础。通过建设学习型街、乡镇，从而加强对学习型社区建设的整体把握能力、调控能力、推进能力等，整合辖区内的各类学习教育资源，健全各类学习型组织，构建教育平台，建设社区学校，构筑社区教育网络，组织学习型社区之间的学习、交流活动，促进学习型社区的整体建设和实力提升。

6. 构建学习型社区网络体系

从社区整体与组织之间的关联程度看，学习型社区具有严密的组织结构，各个组成机体之间密切联系、有机配合，共同构成了完整有序的网络系统（如图8-1所示）。各种组织在发挥自己专业职能的同时，不断为成员的学习创造机会和条件，促进本组织的可持续发展。

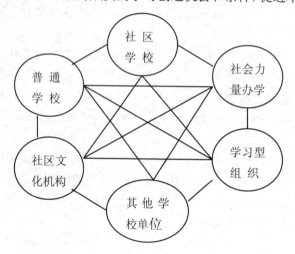

图8-1 学习型社区网络系统

（四）学习型社区建设的评估

方法提示：确定评估主体→确定评估内容→确定评估标准→确定评估方式。

制定学习型社区评估指标既是发现学习型社区建设问题的主要工具，也是进一步推进学习型社区建设的主要内容。学习型社区建设指标体系的建立可以为我们评价和衡量学习型社区建设提供标准，同时，学习型社区建设指标体系的构建也为学习型社区建设过程中进行基准管理提供操作性工具。

1. 确定评估主体

在整个评估体系的评估过程中，应设立"评估工作小组"，一般主要是由区民政主管部门代表、街道有关部门代表、居民部分代表、驻区单位部分代表和社区工作人员代表组成的。

2. 确定评估内容和评估标准

一方面评估要以学习型社区建设的指标体系为主要内容，另一方面根据我国现有的发展水平和创建学习型社区的基本要求，学习型社区的评估指标一般应包括领导和计划指标、制度和保障指标、基地和网络建设指标、实施和成效指标、特色与创新指标等。

3. 确定评估方式

评估方式可以采用自评和有关单位组织评估相结合的方式，具体的评估方法主要有三种。

（1）现场打分。

例如学习型社区建设所需的基本设施等方面都是可以通过直接观察就可以立刻得出结果的，都属于现场打分范围。

（2）通过查阅资料打分。

这是要通过查阅大量的有关资料才能评估的。例如学习型社区建设的指标体系、方案设计、具体实施措施等方面的实际工作，都需要查阅大量的工作资料才能得出结果。此种方法打分可以同时检查学习型社区建设方面的实际工作情况和台账记录情况。

（3）民意调查。

学习型社区建设工作的出发点和落脚点都是群众满意不满意，所以评估中民意调查是至关重要的一个环节。

三、任务实训

（1）调研你所居住的社区学习型社区建设的基本情况；并在充分调研的基础上，结合实际，制订该社区学习型社区的建设方案并参与实施。要求具有可操作性、实效性、创新性。

（2）结合上述学习型社区建设的评估指标体系制定一份学习型社区建设的指标体系。

四、巩固提高

1. 知识回顾

（1）学习型社区的基本含义。
（2）学习型社区的特征。
（3）创建学习型社区的意义。
（4）学习型社区建设的操作流程及具体方法。

2. 课后阅读

认真学习学习型社区建设的相关政策、法规，深入领会其指导精神。

任务二　自治型社区建设

民主是社区建设的灵魂，自治是社区建设的方向。扩大社区民主，实行居民自治，是社区建设的根本。建设自治型社区是社区建设的重要内容之一。

一、基础知识

（一）自治型社区的基本含义

自治型社区是指实现自我管理、自我教育、自我服务、自我监督的社区。社区自治的内容和宗旨是：通过由社区居民民主选举产生的社区自治组织机构管理本社区事务，实现社区居民的自我管理、自我教育和自我服务，从而增强社区组织的凝聚力，带领社区居民发展各项事业，努力创建环境优美、治安良好、管理有序、服务完善、生活便利、人际关系和谐的新型现代化社区。

（二）社区自治要素

《城市居民委员会组织法》在第2条中明确规定："居民委员会是居民自我管理、自我教育、自我服务的基层群众性自治组织。"根据上述法律规定，社区自治应当包括以下六个要素。

1. 人事选免

社区居民委员会的组成人员必须由本居住地有选举权的社区成员大会或社区成员代表大会依法选举产生，同时，社区成员大会或社区成员代表大会还具有依法随时补选因故出缺的社区居民委员会组成人员，具有随时罢免、撤换不称职的社区居民委员会的组成人员的权利。任何组织、任何个人都无权干涉社区居民委员会的选举。

2. 财务管理

社区的财产受国家法律保护，任何单位和个人不得侵犯。社区有权拒绝不合理的财力和人力的摊派。社区兴办的公益事业，可以通过民主自愿的方式，向受益的社区成员筹集资金。政府拨付社区的办公经费，社区居民委员会有权按照规定自主使用。社区居民委员会兴办的社区服务产业所得的税后利润，社区居民委员会有权按照政府的有关规定，将其用于社区活动经费、社区工作者的补贴和社区服务事业扩大再生产的投入。社区的财务和财产应当按照国家有关规定建账和管理，并接受社区成员的自治监督。政府或社会有关单位需要社区协助完成其自治职能之外的工作，必须按照"费随事转"的原则，给予社区一定的劳务费用，社区方可协助完成，否则，社区有权拒绝。

3. 社区教育

社区运用社区成员喜闻乐见的形式，对社区成员开展遵纪守法和依法履行公民应尽义务的教育。组织社区成员开展社区精神文明建设，倡导邻里互助、尊老爱幼、破除迷信等社区文明新风。

4. 社区服务

社区可以根据社区成员的需要，通过兴办便民利民服务事业、建立志愿者协会组织、开展社区志愿者活动等形式，为社区成员提供各种生活服务。

5. 社区事物管理

社区的重大问题，必须经过社区成员大会或社区成员代表大会讨论决定，社区居民委员会对全体社区成员负责，定期向社区成员大会或社区成员代表大会报告工作，在社区议事协商委员会的监督协调下，完成社区成员代表大会的决定和决议。社区成员代表大会有权依法制定《社区自治章程》和各类《社区自治公约》，实行自我管理。

6. 协助政府工作

社区应运用自治的办法和方式，协助政府做好社区计划生育、治安、爱国卫生、优抚救济和青少年教育等项工作。

可以看出，社区居民委员会作为城市社区居民群众的自治组织，在社区自治的要素中发挥着决定性的作用，是搞好社区自治的关键环节。市、区财政每年应按时给社区居委会安排经费，解除社区居委会干部的后顾之忧。同时要对社区居委会进行规范化建设，明确社区居委会组织、制度、办公场所等的具体标准。在组织建设上，根据社区建设的需要，组织社区民主议事委员会，共商社区建设议事大计，搞好社区事物协调；在制度建设上，建立和完善民主议事、居务公开和民主监督等制度；在设施建设上，加大资金投入，为社区居民委员会创造必要的工作条件。

(三) 社区自治的职能

社区自治的职能，主要包括以下几个方面。

1. 自治职能

(1) 民主选举：社区居民委员会作为城市社区居民群众性自治组织，其组成人员由社区成员代表大会选举产生。

(2) 民主决策：社区的重大事项，由社区成员代表大会讨论决策，社区居民委员会负责执行。

(3) 民主管理：社区居民委员会负责执行社区成员代表大会的决议，对社区的公共事物进行具体管理，社区的办公经费和社区服务收入由社区居民委员会依据有关规定管理和支配。

(4) 民主监督：社区成员（包括社区居民、驻社区单位）对社区居民委员会的工作实行民主监督，对不称职的社区居民委员会成员，可以向社区成员代表大会提出撤换、罢免建议。

2. 协助职能

社区居民委员会除履行属于自治范畴的职责外，要协助人民政府或其派出机构做好与居民利益有关的工作。

3. 监督职能

社区居民委员会代表社区成员对政府的工作依法进行评议；对居住在社区内的党员干部的社会表现进行监督和评议；对物业公司的工作进行监督，组织业主对物业公司进行评议。

(四) 城市社区治理模式的发展

社区治理是指在一定区域范围内政府与社区组织、社区居民共同管理社区公共事务的活动。自治是城市社区治理模式的核心。

我国城市社区治理模式经历了三个阶段：行政型社区——政府主导型的治理模式；合作型社区——政府推动与社区自治结合型的治理模式；自治型社区——社区主导与政府支持型的治理模式。三种模式各有不同的特点和优劣，具体比较参见表8-1。

表8-1 社区治理模式的比较

模式 比较	行政型社区	合作型社区	自治型社区
类 型	政府主导	政府推动与社区自治结合	社区主导与政府支持
性 质	行政控制	半自治半行政	社区自治
关 系	社区依赖政府	社区与政府合作	社区独立自主
主 体	政府组织（社区居委会被纳入其中）	政府组织、自治组织、非政府组织	自治组织、社会组织
特 点	政府控制包办社区事务，承担所有责任和风险	政府组织与社区组织合作，共同发挥作用	社区组织承担社区公共事务管理与决策
运行方式	以条为主，行政隶属	条块结合，协同管理	以块为主，属地化管理
居民参与	主动性差，热情不高	热情普遍提高	参与热情高，范围广
自治能力	很弱	有所提高	较强

二、实务操作

基本流程：学习自治型社区建设的相关政策→调研自治型社区建设现状→自治型社区建设的策划与实施→自治型社区建设的评估。

（一）学习自治型社区建设的相关政策

方法提示：搜集、学习相关部门自治型社区建设的相关政策，领会其指导精神。

党的十六大报告指出："完善城市居民自治，建设管理有序、文明祥和的社区。"这是党对社区建设提出的新目标和新要求，也指出了自治型社区建设的方向。

各地结合实际制定的《社区自治章程》、《社区居民自治章程》等对于民主选举、民主决策、民主管理、民主监督做了明确的要求，明确了自治型社区建设的途径。

（二）调研自治型社区建设现状

方法提示：采用问卷调查、访谈、查阅文献资料等方法调研拟建设社区自治型社区建设情况，主要包括自治型社区建设的基本信息、自治型社区建设已经取得的成绩及存在的问题。

案例示范 8-4

西城街道草坝社区居民自治工作调研（节选）（二〇〇九年七月二十日）

西城街道办事处在草坝社区推进居民自治工作的实践与探索中，坚持划小管理单元，从社区环境、治安和居民需要解决的问题入手，推行网格化管理模式，充分调动居民参与和有效整合社区资源，探索常态化管理机制，促进了政府、社区、居民、企业、生态、社会等各方面关系的和谐。

一、社区居民自治建设措施

在草坝社区居民自治试点工作中，按照"123456"的思路有序推进居民自治，即一张自治网络图构建自治体系、两个约定明确居民自治内容、三个步骤有序推进居民自治、四项内容明确居民自治范畴、五大机制建立居民自治体系、六支队伍履行自治事务。

二、社区居民自治建设取得的成效

居民自治初见成效：环境整治见成效。大街小巷街面整洁，20个小区环境大为改观，小区居民环境意识增强了。社区治安秩序好转。邻里纠纷、家庭矛盾、上访诉求、治安事件等大小事都遵循不出社区的原则，在社区里得到了化解。社区干部活力增强。社区干部工作有了成就感，越干越想干，工作中有了自主权，所以工作上放得更开了，干部活力大大增强。

三、推进社区居民自治过程中存在的问题

（1）居民参与意识不强。
（2）社区居委会职权不到位。
（3）自治主体单一导致自治缺乏活力。
（4）社区行政化倾向没有从根本上解决。
（5）居民自治经费难解决。

（资料来源：节选自《西城街道草坝社区居民自治工作调研》
巴州区西城街道办事处网站）

（三）自治型社区建设的策划与实施

基本流程：构建自治型社区建设的指标体系→策划自治型社区的建设方案→实施具体的建设措施。

1. 构建自治型社区建设的指标体系

方法提示：根据自治型社区建设的现状以及相关政策的规定，构建切实可行的指标体系。自治型社区建设具体的指标体系参见表8-2。

表8-2 自治型社区建设的指标体系

指　　标	单　位	标　　准
社区自治组织健全率	%	100
社区自治组织工作开展规范化	是/否	是
社区居民自治意识逐步提高	是/否	是
社区居民参与率	%	>95
四大民主内容落实情况	%	100
社区自治组织自治能力逐步提高	是/否	是

自治型社区建设具体内容可以参考社区居委会建设指标体系。

2. 建立健全社区自治组织

具体内容参考社区自治组织建设。

3. 扩大社区民主，实现社区自治

方法提示：保障四项民主权利，探索民主参与新途径，发挥利益纽带的作用。

社区居民是社区的主人。社区自治不仅要发挥社区自治组织的作用，还要吸引广大社区居民主动参与，让居民群众直接行使自己的民主权利，管理基层公共事务和公益事业。居民参与是扩大社区民主，实行居民自治的条件。

第一，从社区民主政治的四项基本内容入手，切实保障和落实社区居民的民主权利。我国法律将社区民主规定为"民主选举、民主决策、民主管理、民主监督"。这四个"民主"既是社区民主的重要内容，也是社区居民参与社区公共事务、公益事业管理的基本形式。保障和落实社区居民的民主权利，必须从这四项基本内容入手。

第二，探索创造居民参与的新经验和新形式。首先在社区居委会的换届选举中，采取"直选"的方式。在候选人提名方式上，采取社区选举委员会、民间组织、选民个人和居民联合提名等开放式提名。还可以组织候选人运用多种形式向选民介绍自己，或者有领导地组织候选人在居民或居民代表中进行竞选演说。普遍采用差额选举的办法，使选民在最后的投票中仍然能够选择。其次，在民主决策、民主管理、民主监督方面要有新举措，例如建立"三会"（听证会、协调会、评议会）制度，实行财务、居务、事务"三公开"制度，建立"社区人民联络员"制度，制定《社区自治章程》和《居民自治公约》，建立民主评议机制，重大问题实行居民公决等。

第三，注重用利益纽带调动居民参与的积极性。共同利益是居民参与社区公共事务的动力，也是居民自治的物质基础。目前社区作为社会整合载体和公共利益运作平台的作用日益突出，要在满足全体社区居民日益增长的公共服务需要和多层次多样化生活需要上有新思路、新办法，并适应经济发展和全面建设小康社会的要求，逐步加大社区公共服务的覆盖面。

4. 落实居委会的基本权限

方法提示：确定权限类别→明确权限指向→明确权限内容。

权限是形成体制作用的基础，是社区自治的能力表现。参考国内城市居委会做法和杭州市社区居委会的经验，社区居委会能够行使的权力可归纳为民主管理权、自我服务权、教育保障权、协助管理权、民主监督权等（参见表8-3）。

表8-3 城市社区居委会的基本权限表

权限名称	权限指向	权限内容
民主管理权	民主管理权限是指社区居委会对社区内部的公共事务和对外部准入事务实施民主管理的权力	（1）自治权，这是最核心的民主管理权限； （2）执行权，执行社区居民会议或社区居民代表大会的决议、决定和上级指示文件精神或细则； （3）协调权，协调社区的内部和外部关系； （4）事务权，管理社区公共事务，发展社区公益事业； （5）财务权，管理社区的集体财产，管理和支配社区的办公经费、社区服务收入、社区得到的捐助款以及其他劳务收入，实行财务公开； （6）对外拒绝权，有权拒绝未经政府统一安排的非正常性工作，或有关部门和单位向社区进行的不合理摊派

(续表)

权限名称	权限指向	权限内容
自我服务权	自我服务权是指社区居委会组织社区居民开展自我服务的权力，包括自议定的服务权力和准入获取的服务权力	（1）项目兴办权，兴办社区便，服务网点，开展各种便民利民服务，开办社区服务站，为社区居民提供广泛的中介服务等； （2）协调组织权，组织社区志愿者队伍，为社区居民提供无偿或抵偿服务，组织居民开展邻里间的互帮互助； （3）准入制后获取的相当权限； （4）与公共服务衔接后获取的权力
教育保障权	教育保障权是指社区居委会对社区居民进行教育、提供保障的权力	（1）教育场所和资源拥有数； （2）宣传教育、宣传宪法、法律和国家的政策，教育社区居民履行依法应尽义务； （3）思教权，教育居民保护和改善生态环境、爱护公共财产，教育居民培养文明习惯； （4）维权权，维护社区居民的合法权益，保护老年人、未成年人和妇女合法权益等
协助管理权	协助管理权是指社区居委会协助政府对部分社会事务实施管理的权力	（1）医卫协管，辖区内的环境卫生管理，绿化养护，社区医疗卫生站的监督管理，计划生育管理和教育； （2）综治协管，外来人口管理，社区治安防控工作； （3）社保协管，离退休人员管理，优抚救济和最低生活保障，社区内下岗职工登记和再就业； （4）民政协管，适龄青年入伍政审工作，婚姻登记； （5）网点协管，个体服务网点的监督管理，协税护税； （6）房产协管，房屋出租、装修、危房监护等房产管理、参与住宅小区的竣工验收； （7）推送协管，文明单位和文明市民的评选等
民主监督权	民主监督权是指社区居委会对党委和政府及其工作部门的工作，以及社会服务机构的服务情况实施监督的权力	（1）对政府部门监督，对各级党委和政府及其职能部门、街道办事处的工作实行监督； （2）对公用事业监督，对供气、供电、供暖、电视、电信、卫生服务、物业等公用事业单位和社会服务机构的工作人员的工作表现、服务业绩实行监督，对居住在社区内的党员干部的社会表现进行监督和评议，对上述单位和人员的工作提出批评、意见和建议等

注：本表参考了民政部基层政权和社区建设司组织编写的《社区居民自治与社会组织创新》一书，中国社会出版社 2009 年版。

5. 提高居委会的自治能力

方法提示：确定能力类型→明确能力的具体表现。

社区自治能力的打造提升，是城市社区建设、管理的前提条件，也是居委会体制创新的重要基础和动因。在社区自治框架基本明晰的情况下，自治能力无疑是社区组织和居民最为关注的问题（参见表 8-4）。

表 8-4 城市社区居委会的十大自治能力表

能力名称	能力表现
社会动员能力	能否动员居民积极参加社区建设和发展，是社区居委会的重要职责，也是其体制创新能力的体现
民主协商能力	在具体的工作实践中，逐渐摸索出一个新的体制，即以民主为原则，设立居委会的议事协商和商谈机构，以提升自治组织的民主参与能力

（续表）

能力名称	能力表现
团队素质能力	为了适应新管理体制变化，各街道需要调整居委会成员的年龄、文化和专业能力结构，逐步把建立实训基地、推进专业资格评定等全面提上议事日程，并努力使其制度化、长效化
中介组织能力	政府出台相关政策，扶持社会中介机构。这些组织机构在各自的职能范围内设立很多种服务项目，从而提增对社区自治的服务能力供给；而居民群众也自发地建立楼道自治会组织，以更好地实现四个自我
综合管理能力	居委会努力从社区建设和管理的需要出发，将居委会、居民、业主委员会、物业公司等四方面结合为一个整体，从而形成综合力量，共同管理社区事务
资源整合能力	从构建一个协调、稳定、健康的社区的要求出发，社区建设和管理需要将所在地的各类单位组织纳入其中，并努力发挥作用，从而使社区建设和管理各方面资源得到有效发挥
财政支持能力	政府不断加大对社区建设的投入，要求区和街道减轻居委会的负担，为社区管理建立良性循环的财力机制；各区、街道都努力在街道的财政支持中，尽量提高对居委会的财政拨款
党的核心能力	通过建立楼道党支部和党小组，加强党对社区建设的领导，增强执政党在基层的能力
民主监督能力	各街道和居委会把民主决策和沟通民意纳入政治和行政过程之中，实行"居务公开"、"财务公开"，强化居委会成员的法治意识和民主意识，提高自我约束能力，同时还强化群众的监督意识
居民自治能力	随着居民民主意识的增强，以及社会民主化程度的提高，居民选举由间接选举走向直接选举；直接选举中，又有海选、荐选等多种形式

注：本表参考了民政部基层政权和社区建设司组织编写的《社区居民自治与社会组织创新》一书，中国社会出版社2009年版。

6. 加大资金的支持力度

方法提示：做好项目资金预算→寻求资金支持。

市委、市政府要在政策上、财政上给予支持。政策支持方面，例如突出对民间社团组织的支持，包括在税收、用地、用房、用工、办证等方面给予社区发展项目一定的政策倾斜。财政支持方面，主要包括工作经费和项目经费支持：工作经费主要包括党建工作，居委会工作，两站（室）工作，共建、公益性岗位补贴，配套用房建设，服务业发展扶持，企业退休人员自管小组活动，失业人员管理服务，其他专项经费；项目经费主要是对非营利性的社区福利性和公益性服务项目给予必要的财政补贴，以鼓励和吸引社会力量参与社区发展，促进社区福利性和公益性事业的持续、均衡发展。

7. 推进居委会的体制创新

社区居委会体制是议行合一的，并设置若干委员会来分担居委会的具体工作，实施其对多头工作的分线管理。类似社区工作站的形成并不能理解为是议行分设，而是细化工作的实施单位（参见表8-5）。

表 8-5　全国城市社区居委会体制创新特色一览表

城　市	体制名称	体制创新要点
青岛四方区	五体一制四配	(1) 以社区服务、社区卫生、社区文化、社区治安、社区环境为主要内容，以组织网络、干部作风、民主政治、财力机制建设为保证，实施组织配套、教育配套、经济配套、网络配套； (2) 政治积极推行敞开式办公，实行"首问责任制"
武汉江汉区	一式三制	(1) 实施社区建设目标模式，居民自治实现机制、政府管理体制、社区建设运行机制； (2) 实现政府管理重心下移，居委会自治功能回归； (3) 建立了社区党组织与社区自治组织互动式民主决策制度，通过门栋自治制度，居民"公决"制度与居民论坛议事制度； (4) 明确街道、职能部门与社区居委会的关系是"指导与协调、服务与监督"的关系； (5) 形成政府依法行政和社区依法自治的互动机制，创建了服务承诺制，双向出示制，多种形式的功能互补机制和多层次民主评议和考核监督机制
哈尔滨南岗区	"社企合作"模式	(1) "信息共享，队伍共享，设施共享，调动社区内各种社会主体共同承担社会服务和保障"； (2) 引"名企"进社区，以政企合作的方式实现优势互补
海口振东区	标准化建设模式	(1) 将居委会工作分为自治事务和委办事务两方面； (2) 推动居委会标准化建设
沈阳沈河区	民主自治外部保障体系	(1) 制定社区法规，实现社区体制与人民代表大会体制的对接，每个社区选举产生一位有"准人大代表"资格和权力的社区人民联络员； (2) 制定四项规则以保障社区内部民主自治规范体系有序运行
沈阳和平区	"政转社"模式	(1) 建立以社区代理服务为基础的三级社区服务网络，各部门实行政务公开制； (2) 推行政府对社区的"公示制"、"承诺制"，全面开展"社区评议政府"活动； (3) 建立公共行政社会化服务体系
北京西城区	西城区模式	(1) 通过法律与经济手段提升社区自治与管理； (2) 各职能部门联合办公，直接面对社区的具体问题进行工作； (3) 充分赋予社区成员知情权、建议权和评议权
湖北枝江市	七口堰"四结合"模式	(1) 将社区的调整划分和社区组织建设结合； (2) 将推进社区体制改革与建立社区服务设施网络结合； (3) 将加强社区建设与转变政府职能、理顺关系结合； (4) 将加强社区工作者队伍建设与工作制度建设结合
辽宁大连市	"六个一投资"模式	即通过财政拨付、区财政配备、街道承担、社区筹社会赞助、开发企业让利等渠道保证充足的建设资金
山西长治太行东街	"互动"模式	(1) 用物业管理机制将社区建设推向市场，使社区由指令型向利益型转变； (2) 建立了政府推动，社区联动，双向互动，内部驱动，典型带动等"五动"运行机制
江苏句容市	"三位一体"模式	(1) 采用"行政全主导，社区服务，物业管理"三位一体的管理机制； (2) 有机地统一了行政、事业、企业的关系，调动了党政部门、群众团体、企事业单位、社会中介机构的参与性、积极性

8. 遵循社区自治规范

方法提示：掌握规范，遵循规范。

社区自治，应当同时遵循以下四个规范。

（1）依法自治。

社区作为国家基层社会的群众自治组织，依法自治是必然的选择，而且是社区自治的首要前提。只有依法自治，社区才具有法律地位和法律保障。社区实行依法自治的规范应当包括以下两个方面的内容：①社区必须在国家法律法规允许的范围内开展社区自治活动；②社区应当根据国家的有关法规，通过社区成员大会或社区成员代表大会，采取制定社区自治章程、社区管理制度、社区公约等形式，体现国家的法律意志，实现依法自治。

（2）党领导下的自治。

中国共产党是我国社会主义革命和建设事业的领导核心，是我国各族人民利益的忠实代表。社区作为我国社会主义革命和建设的组成部分，作为我国基层社会管理和社会生活的组成部分，只有坚持党的领导，才能保持正确的发展方向。我们把坚持党的领导作为社区自治的主要规范，并非意味着党包揽一切，而是指党对社区建设的政治领导。

（3）政府领导下的自治。

国家管理社会生活是通过各级政府对社会各种组织的行政领导或行政指导实现的。我国的各级政府是履行党的为人民服务宗旨的政府，城区政府是《中华人民共和国城市居民委员会组织法》（简称《居委会组织法》）明确赋予其指导、协调和帮助社区实现自治职能的政府。同时，《居委会组织法》也赋予了居委会协助政府做好社会治安、优抚救济、爱国卫生、计划生育和青少年教育等项工作的职能。因此，政府需要社区协助完成基层社会管理的任务，社区也必须接受政府的指导、协调和帮助，这是法律所确定的政府与社区的相互关系。

（4）社会参与下的自治。

全社会参与和监督社区建设，是社区建设发展的内在动力和不竭源泉。社区自治实行社区参与的规范，主要包括以下三个方面：

① 党和政府要通过制定相应政策法规，倡导盘活存量资产，激活增量资产，面向社会，鼓励进行资源共享，规范社区的共建行为；

② 要充分发挥社区议事协商委员会的作用，按照区域社区建设联席会的工作机制，建立本社区成员共驻共建的"社区公约"，形成社区共建运行机制；

③ 社区建设的根本目的是坚持以人为本的宗旨，优化社会环境，造福人民群众。要注重发挥社区成员的优势和特长，鼓励所有社区成员各尽其能，采取智力、技能、财力、物力、资源共享等多种形式，实现其在社区建设中的自身价值和社会价值，为社区建设贡献力量。

（四）社区居委会建设的评估

方法提示：确定评估主体→确定评估内容→确定评估标准→确定评估方式。

自治型社区建设的评估应以自治型建设的指标体系为主要内容，以公开、公正、求真务实为原则，确保评估全面、客观、真实。

具体的评估程序、评估主体和方法等可以参考学习型社区建设的评估事项。

三、任务实训

调研某一具体社区自治型社区的建设现状，在此基础上为其设计一套建设方案。

四、巩固提高

1. 知识回顾

（1）自治型社区的基本定义、特点。
（2）自治型社区的要素和职能。
（3）自治型社区建设的基本流程。
（4）自治型社区建设的具体实施措施。

2. 课后阅读

桃源居社区服务型自治模式建设

深圳宝安桃源居社区占地面积 1.16 平方公里，总建筑面积 180 万平方米，规划总人口 5 万人，现已入住 4.2 万人，2008 年结束开发，2009 年全面进入政府引导、居民自治的社区治理期。

桃源居社区是在深圳航空东区五座荒山野岭间开始规划建设的，由于地处偏僻且紧邻深圳最大的垃圾填埋场，政府公共服务难以到位，先期入住的小区一度陷入缺水、缺电、垃圾污染严重以及社区治安混乱的困境。

早期，在政府公共服务缺位的情况下，桃源居社区的居民抛弃"等靠要"思想，积极"参政议政"，通过创办民间非政府组织，建立社区居民自我治理制度，加强基层民主协商，在社区建设和管理方面进行了一些富有创造性的探索。社区先后获联合国授予"全球理想人居"、"国际花园社区"和"全球商业示范社区奖"，并被中央有关部委分别授予"平安家庭社区"、"学习型社区"、"绿色社区"、"健康示范社区"，被广东省委省政府授予"平安和谐红旗社区"，成为深圳市惟一一个获得这一殊荣的社区。其公共管理与服务项目获住房和城乡建设部"中国人居环境范例奖"，被民政部授予"全国和谐社区"荣誉称号，并且获得联合国"国际适宜人类居住社区建设范例奖"。

在这个社区里，人们过着平安祥和的幸福生活。社区自建成以来，一直保持"居民无犯罪"、"邻里无法律纠纷"、"无黄、赌、毒"及"未成年人犯罪"、"无重大安全事故"、"无失业、无低保"等"十无"成果。

作为一个拥有 5 万居民的社区，桃源居的功能定位准确、规划平衡、开发有序、管理自治。桃源居就像一个和谐融洽的大家庭，各种不同类型的社区居民都能得到相应的服务。

第一，桃源居开发了 18 万平方米商业面积，解决了 12% 的本社区居民就业。

第二，已入驻的业主，有 30% 是重复置业，即一次置业为居住，二次置业为投资，拥有稳定的收入。

第三，社区居家养老服务，使老人既享受到与家人共住的天伦之乐，又能得到社区专门为老人设置的养老设施和服务，让老人真正过上"老有所养、老有所乐、老有所学、老有所成"的幸福生活。

第四，社区 20~45 岁的妇女，可免费享有在社区女子大学一书多证的成人教育权益（即一个大学毕业证，一个职业培训证和一个素质培训证）。

第五，社区实现了学校教育、社区教育与家庭教育三对接体系，即孩子可在清华学校学知识，在社区儿童中心学特长，在社区儿童泛会所接受情感教育，独生子女可以在群聚的玩乐中健康成长。

第六，社区虽无低保和失业者，但对一些尚未达到低保条件的特困户，社区则给予一定的救助和再就业培训。

"桃源居社区服务型自治模式"有九大特征，实现了四大创新。

九大特征：

一是社区服务与社区管理高度融合。以服务促管理，寓管理于服务之中，通过一系列的组织、制度创新，把服务机制与管理机制融为一体，编织成无所不及的高效服务网络。

二是社区服务以社区居民的需求为导向。在以人为本理念的指导下，桃源居社区分别针对社区不同人群的不同需求建立了各种各样的兴趣活动组织。

三是社区服务的主体多元化。桃源居社区的一个很重要的特点，就是一改以往的由政府单一主导的状况，形成了社区服务的主体多元化。他们建立了一个"六位一体"的一元化管理机制，在这个机制里，政府的公共服务、企业的市场服务和居民的自我服务等相互交融的多元化服务格局已经形成，构建了一体化、专业化的社会福利体系。

四是社区服务资金的多渠道筹集。这主要是体现在桃源居社区所总结的"五个一点"，即政府承担一点、物业管理费补贴一点、开发商赞助一点、社区经营组织赢利补贴一点、政府管理下的社区义工组织奉献一点。

五是社区服务与管理精英的培养。社区精英是社区资本中不可或缺的人力资本。桃源居以社区公益事业发展中心和其他各种NGO为载体，通过外出参观考察、学习培训，尤其是在实践中学习等方式，积极培养社区的精英，使社区走上了充满活力的可持续发展之路。

六是社区服务的福利化。桃源居社区把社区公共服务直接转变为居民的福利，给社区居民个人提供特定需要的满足，这种做法避免了过去的福利货币化模式带来的服务效率损失和服务质量下降的弊端，极大地提高了社区居民的实际福利水平。

七是社区服务与社区自治相结合。这种结合的特点就是通过居民普遍参与业主委员会选举，维护业主自治的权利；通过组建各种社区组织，提高居民的组织化程度；通过广泛的社区服务，扩大居民普遍的社区参与。

八是社区服务以政府治理的要求为引导。桃源居社区自觉配合政府对社区的有效治理开展社区服务，通过建立社区服务体系，对接政府公共服务体系；建立社区公益慈善体系，对接政府的公共福利体系；建立社区NGO，对接党和政府的社区领导与管理体制。

九是社区服务架构与社区治理结构的统一。桃源居社区"六位一体"的服务和治理模式在这方面提供了很好的经验，通过党组织、业主委员会、公益中心等六个方面组合了六位一体的组织结构，将社区服务架构与社区治理结构统一起来，大大提高了服务效率和治理效率，实现了服务和治理的"双赢"。

四大创新：

社区服务和福利体系的创新——桃源居社区服务和管理走的是一条由下而上的路子，其核心内容是居民自治、企业补位、政府到位。在社区服务体系建立初期，社区居民自发组织起来，开展自助自治形式的自我服务，但这种服务带有临时性质，是不可持续的；开发商对社区的介入，带来了必需的资金，建设了必需的公益设施，促进了必需的社区资本和社区 NGO 的生长。尤其是开发商在政府的指导和支持下，按照产权归政府、建设责任和经营权由政府授权归开发商的原则，代行社区公共服务职能，最后由社区公益事业中心和社区 NGO 接掌这些公益资产后，桃源居社区的服务体系日趋稳定和成熟。

区经济组织是社区服务的支撑——在桃源居社区服务格局中，政府机构扮演着协调管理的角色，而社区非营利的经济组织——社区公益事业发展中心则扮演着为居民提供各种服务的角色。该中心对桃源居社区公益资产进行市场化的经营，收入全部用于社区的公益、福利和慈善救助事业，成为不断满足社区居民服务和福利需求的活水源头。去年底，开发商又捐资 1 亿元设立了桃源居基金会，为社区建设和服务输血，保障社区服务的稳定和可持续发展。

社区民间组织是社区服务的主体——桃源居社区之所以能够为居民提供周到的服务，一个很重要的原因，就是社区组织在社区服务和社会福利过程中发挥了非常重要的作用。这些社区组织包括公益事业发展中心，以及下属的老年协会、社区邻里中心、社区儿童教育中心、桃源居志愿者服务中心等社区 NGO。这些为满足社区不同群体的不同需要而成立的社区组织，既是相应服务的主要提供者，同时也是社区居民表达意愿、反映诉求、化解矛盾、规范行为的重要平台和有效机制。

社区福利是社区服务的目标与成效——在桃源居社区，广义上的社区福利体系分为三个层次：第一是针对所有居民开展的社区福利，例如社区教育、卫生、文化、保险、交通等；第二是针对社区里人数众多的老人、孩子、居家妇女等特定群体而开展的社区福利，例如老人会所、老年大学、老年文化艺术团、桃源农庄、儿童教育中心、女子学校等；第三是针对义工、社工的福利体系。在桃源居社区有一个颇具特色的组织——"桃源人家"志愿服务中心，这个组织通过一种公益积分的机制，鼓励社区居民积极参与社区服务，同时也享受优惠使用社区文体设施、优先享受社区就业、二次置业优惠等社区所提供的服务。

（资料来源：羊城晚报地方版，2009 年 12 月 1 日）

任务三　服务型社区建设

社区服务是社区建设和管理的基本任务，也是衡量社区发展水平的重要标志。建设服务型社区，是建设和发展中国特色社会主义社区的本质要求，是对社区党组织、居民自治组织以及社区其他组织角色和职能的科学定位。

一、基础知识

1. 服务型社区的基本含义

社区服务强调社会服务的社区化，这是社会服务体系改革的重大举措，曾对社区建设起到了重要的作用。随着社区服务范围的扩大、功能的齐全以及居民物质和精神生活需求的不断增大，急切需要从整体社区区域功能上进行服务整合，形成服务网络和社区服务联动，使之成为一种社区功能的形态，这就是服务型社区，强调服务的社区整体性和联动性，成为建设现代和谐社区的重要内容之一。

2. 服务型社区建设的原则

（1）以人为本，服务居民的原则。

以满足社区居民的物质文化需要为社区服务业的出发点和归宿，把解决社区居民尤其是困难群众的基本物质文化的需求作为首要任务，把满足社区成员普遍而又迫切的需要作为拓展社区服务业的重点工作，把促进社区居民的全面发展作为社区服务业的重要目标。

（2）社区服务社会化的原则。

努力将社区服务、社会大服务、大市场链接起来，实现投资主体多元化、服务对象公众化、服务方式多样化、服务队伍专业化。

（3）福利性与经营性相结合的原则。

调整服务结构，重点发展贴近居民需求的生活服务项目，鼓励和支持企业或其他社会团体及个人参与经营适合市场化经营的服务项目。

（4）因地制宜，分类扶持的原则。

从各街道、社区的实际情况出发，既要注重整体推进社区服务业，又要突出解决薄弱环节和重点问题。同时区分社区服务业的不同类型，给予不同的扶持政策和扶持方式。

二、实务操作

基本流程：学习服务型社区建设的相关政策→调研服务型社区建设现状→服务型社区建设的策划与实施→服务型社区建设的评估。

（一）学习服务型社区建设的相关政策

方法提示：搜集、学习相关部门服务型社区建设的相关政策，领会其指导精神。

1985年，民政部门就开始积极推动社区服务工作；1986年，为配合国家经济体制改革和社会保障制度建设，民政部率先倡导在城市基层开展以民政对象为服务主体的社区服务活动。此后，社区服务工作迅速在全国展开。1987年，在全国城市社区服务工作座谈会上，提出建立具有中国特色的社区服务系统，全国多个城市的社区服务工作由此逐步开展；1989年，《城市居民委员会组织法》第一次将"社区服务"的概念以法律条文的形式固定下来；1993年，国家颁发《关于加快发展社区服务业的意见》，提出要加快建立健全社会保障体系和社会化服务体系，以及推动社区服务业全面、快速地发展的目标、任务和措施，标志着社区服务业作为一种特殊的产业进入新的发展阶段；1995年12月，民政部制定《全国社区服务示范城区标准》，随之在全国列出了一系列示范城区，社区服务网络新格局逐步形成。《国务院关于加强和改进社区服务工作的意见》（国发〔2006〕14号）对服务型社区建设提出了指导性意见。

党的十七大报告指出："要健全基层党组织领导的充满活力的基层群众自治机制，扩大基层群众自治范围，完善民主管理制度，把城乡社区建设成为管理有序、服务完善、文明祥和的社会生活共同体。"实现这一目标，关键是把为民服务作为社区一切工作的出发点和落脚点。

（二）调研服务型社区建设现状

方法提示：采用问卷调查、实地访谈、查阅文献资料等方法调研拟建设服务型社区的情况，主要包括服务型社区的基本信息、服务型社区建设已经取得的成绩以及存在的问题。

案例示范 8-5

桃源社区构建服务型社区的调查（节选）

近年来，盘龙区鼓楼街道桃源社区党总支多措并举建设服务型社区，打造"小社区大服务"品牌，为推动和促进社区全面建设，构建文明和谐社区探索新路。

一、社区基本情况

桃源社区毗邻昆明市北京路、青年路和人民中路，辖区面积 0.25 平方公里，社区建城区呈东西走向，东起昆明市北京路，西至盘龙江中段；南起人民中路，北至圆通大桥。除居住着四千多户一万一千多人的社区居民，还有外来暂住人口 113 户一千多人。社区内有法人单位 191 家，国家机关、学校、金融单位等 31 个。同时，还有产业单位 111 家，个体经营户 501 户。

二、桃源社区党总支围绕服务群众开展社区党建工作的理念和基本做法

1. 选好配强"当家人"。选好"一个人"。即坚持以"有政治头脑、有服务意识、有办事能力、有创造精神"四项内容为标准，选好配强社区党总支（支部）书记这个"当家人"。社区在职的 7 名党总支（支部）书记，全部经过选举产生。

2. 服务群众才能拥有群众。2005 年前，桃源社区只有一个党支部 14 名党员，2006 年党支部升格为党总支，下辖 6 个党支部 74 名党员。为了赢得社区群众的支持和拥护，党总支将服务群众的工作摆上重要日程。

3. 从"坐诊"服务到"上门"服务。党总支先后建立了以社区干部、党员和法律志愿者为主，涵盖家政服务、法律援助等十多个方面的 9 支一百多人的志愿者队伍，及时为社区居民提供热情周到的服务。

4. 增强服务功能拓宽服务领域。"不能只满足于服务了，要追求服务好。"这是党总支抓服务群众工作的标准。他们分类设置了以社区工作者党员、离退休党员、流动党员、楼院党员、非公经济组织党员为主的 6 个党支部，在社区 200 栋楼房 48 个居民楼院中，划分出 25 个院坝，由党总支和党支部牵头抓总，以 25 个院坝组组长统筹协调抓落实。

三、当前社区发展与为民服务工作面临的矛盾和问题

一是社区人口增加和人员结构的多样化，使社区服务工作领域不断扩大。二是社区为民服务工作的责任逐渐加重。三是社区建设对社区为民服务工作的要求进一步提高。四是社区党建与社区建设快速发展还存在一些不适应。

（资料来源：昆明党的组织建设网站）

（三）服务型社区建设的策划与实施

基本流程：构建服务型社区建设的指标体系→策划服务型社区的建设方案→实施具体

的建设措施。

1. 构建服务型社区建设的指标体系和建设方案

方法提示：根据服务型社区建设的现状以及相关政策的规定，制定切实可行的指标体系。

服务型社区建设具体指标体系参见表8-6。

表8-6 服务型社区建设的指标体系

一级指标	二级指标	三级指标	单位	标准
便民服务	商业服务	购物中心	个	1
		超市	个	1
		银行	个	2
		制衣洗衣	个	2
		各类维修店摊	个	>4
	物业服务	保洁保证率	%	100
		维修保证率	%	100
		设施维修保证率	%	100
		绿地环境维护保证率	%	100
		小区黄土不露天达标率	%	100
		车辆停放标准化、规范化	%	100
		居民对物业服务满意率	%	>95
	家政服务	热线电话服务保证率	%	100
		家庭小时工作服务保证率	%	100
		家庭各类保洁服务保证率	%	100
		家庭保姆服务保证率	%	100
		家庭其他服务保证率	%	>95
	代理服务	代理事务	项	>10
		代理政务	项	>5
	其他服务	宾馆	个	>2
		写字楼	个	>2
		会议厅	个	>2
		餐馆	个	>6
福利服务	养老服务	医护上门服务保证率	%	100
		代理挂号取药服务保证率	%	100
		商品送货服务保证率	%	100
		送餐服务保证率	%	100
		保健与康复咨询服务保证率	%	100
		志愿者上门服务保证率	%	100
		老年旅游服务	次/年	>4
		老年协会	个	1
	助残服务	残疾人康复服务率	%	100
		残疾人服务服务率	%	>90
		残疾人就业服务率	%	>70

（续表）

一级指标	二级指标	三级指标	单 位	标　准
福利服务	助残服务	残疾人救助服务率	%	100
	优抚服务	对烈属服务	项	>4
		对伤残军人服务	项	>4
		对现役军人家属服务	项	>2
		对军队离退干部服务	项	>2
	儿童服务	寒暑假活动	项	>4
		健康咨询	%	100
		安全协助	%	100
		课余教育	项	>4
就业服务	技能培训	提供技能培训渠道	%	100
		指导就业培训	%	100
	岗位开发	与用人单位签订就业供求协议	家	>50
		再就业安置率	%	>95
社保服务	社会救助	失业生活困难救助及时率	%	100
		困难救助合理率	%	100
	社会管理	退休人员养老金发放率	%	100
		退休人员生活状况知晓率	%	100
卫生服务	社区预防	疫情报告及时	%	100
		计划免疫落实率	%	100
		疫情监控项目	项	>10
		餐饮业环境污染消除率	%	>99
	社区医疗	药品保证率	%	>90
		社区医疗事故率	%	0
		社区医疗交叉感染率	%	0
	社区保健	儿童保健服务项目	项	>6
		妇女保健服务项目	项	>6
		老年保健服务项目	项	>8
		精神保健服务项目	项	>4
	社区康复	康复咨询率	%	100
		康复训练	项	>4
		康复条件保证率	%	>80
	社区护理	家庭病床保证率	%	100
		医护占人口比重	%	3
		家庭护理指导率	%	100
安全服务	民事调解	民事调解率	%	100
		民事调解成功率	%	>95
	帮教工作	思想帮教有效果	%	>90
		解决帮教对象具体困难	%	>95
	防盗措施	联防组织健全率	%	100
		楼门对讲安装率	%	>95
		电子监控系统安装率	%	>70

(续表)

一级指标	二级指标	三级指标	单 位	标 准
安全服务	防火措施	防火知识宣传率	%	100
		防火设施齐全率	%	100
		防火器具操作知晓率	%	100
		电子防火报警系统安装率	%	>70
		消防通道畅通率	%	100
志愿服务	志愿队伍	党员先锋志愿者队伍	人	40
		青少年志愿者队伍	人	20
		巾帼志愿者队伍	人	30
		社区帮教志愿者队伍	人	20
		驻区单位志愿者队伍	人	20
		为老年服务志愿者队伍	人	30
		环保志愿者队伍	人	30
		文体活动志愿者队伍	人	40
		保安巡逻志愿者队伍	人	60
	服务方式	包户服务比率	%	>30
		包事服务比率	%	>30
		临时服务比率	%	>40
共建服务	社区对单位服务	服务单位比率	%	>95
		每年办实事	项	>10
	单位对社区服务	参与服务的单位比率	%	>70
		每年办实事	项	>10
文化服务 教育服务	具体指标内容可以参考社区文化建设和社区教育的指标体系			
服务评比	评比方式	居民代表评议	次/年	1
		业主委员会评议	次/年	1
	评比对象	先进个人	人	10
		卫生楼院	个	2
		文明单位	个	10
		安静小区	个	1
		五好家庭	个	100
		学习型家庭	个	100
		健康家庭	个	100
		和睦家庭	个	100
		绿色家庭	个	100
		敬老家庭	个	50
		科学教子家庭	个	50
		奉献家庭	个	50

注：此表中的部分内容参考了苑文新主编的《品牌社区》，中国经济出版社，2006年版。

在指标体系的指导下制订切实可行的建设方案。

2. 加大宣传力度，强化服务意识

方法提示：强化社区服务机构的服务意识→增进社区成员间互帮互助的服务意识。

一方面，加强社区服务机构的思想建设、组织建设、制度建设和作风建设，坚持以人为本、服务于民的原则，注重在实际工作中真抓实干，完善服务体系，改进服务方式，优化服务环境，不断提高服务质量和服务水平，为居民提供多层次、多样化、适应性的服务。另一方面，增进社区成员之间互帮互助的服务观念和服务意识，形成社区服务全员参与的格局。

3. 加强社区服务基础设施建设

方法提示：确定设施标准→加大投入建设。

具体的社区服务基础设施可以参照服务型社区建设指标体系的内容，每个社区根据自己的实际规模、设施现状确定下一步建设的具体标准。社区服务设施的建设需要很大的资金投入，仅靠社区的力量是无法操作的，需要政府相关部门的财政支持。

4. 丰富服务载体，拓宽服务领域

方法提示：了解居民需求→丰富载体，拓宽领域。

群众需求的阶段性、复杂性和多元性，使得服务型社区建设工作必须在创新思路、拓展空间、上档次、上台阶上狠下工夫。首先要把满足人民群众衣食住行的基本需求作为第一信号，关爱服务型社区由此而生；其次是要办好群众反映最强烈的事，建立健全居民民意收集机制，及时了解居民在物质、政治、精神文化、生活上的需求，不断丰富服务内涵。

拓宽服务领域，满足居民多层次需要。充分挖掘和合理利用社区资源，重点发展面向广大居民的各项便民、利民、护民、爱民服务，面向弱势群体的社会救助和福利服务，面向下岗失业人员的再就业和社会保障服务，面向辖区单位的社会化服务。

丰富社区服务载体。社区服务的有效开展需要适合的服务载体。例如柳州市柳南区社区"心晴了吧"，涉及计生内容、就业咨询、技能培训、社区文化、社区和谐建设等方面，聊顺了居民的心情，成为社区创新载体为民服务的一个样本。牡丹江市阳明区阳明街道办事处构建"十分钟连心服务圈"让人民群众得实惠。

案例示范 8-6

昆山市里库社区不断创新服务途径（节选）

里库社区不断创新服务途径，推出适应社区居民需求的服务载体和方式。一是便民利民服务。社区服务中心共建立"好阿姨"服务车等 12 个社区服务网点，向居民群众发放"社区便民服务卡"；社区工作者和各类服务电话向居民公布，社区群众和党员有难事，只要向相应的社区工作者或服务人员打个电话即能解决问题。二是下岗失业人员再就业服务。不只限于办理再就业优惠证手续上的服务，还联系、动员共建单位进行对口帮扶，提供就业岗位。三是各类社会救助服务。通过党员志愿者、党员结对帮扶、"特色家庭"等载体，面向老年人、残疾人、优抚对象等特殊群体，提供社会救助服务。四是法律进社区服务。玉山镇民建第一支部就设立在里库社区,充分发挥他们的人才优势,与社区签订"法律服务承诺书",在社区开展定期接访、咨询活动,举办法律知识讲座等,提高社区居民的法制意识。五是"五个必访"活动。社区党总支建立党员服务专项基金,开展党员、居民代表70岁生日必访、党员重病必访、亡故党员必访、困难大学新生家庭必访、生育必访这"五个必访"的活动,增强居民群众对社区的认同感、归属感。六是丰富社区文化建设载体。坚持文化创新、充分利用本地资源、加强基层文化队伍建设等,促进城市社区文化健康发展和日益繁荣。社区充分利用辖区内文化广场、公园等公共休闲娱乐场所,安装健身器材,以广场文化、楼院文化为载体,引导社区居民参与健康向上的文体活动,经常性地组织参与节日庆典活动和比赛。服务群众活动载体的多样化,拓宽了社区建设的视野,增强了社区的推进力、凝聚力。

(资料来源:田芝健、杨建春主编《科学发展观视野下的社区建设》,苏州大学出版社)

(四)服务型社区建设的评估

方法提示:确定评估主体→确定评估内容→确定评估标准→确定评估方式。

评估指标的确定,要以服务型社区建设的指标体系为主要内容,确保评估全面、客观、真实。

具体的评估程序和具体评估主体和方法等可以参考学习型社区建设的评估事项。

三、任务实训

(1)了解你所居住的社区服务型社区建设的做法和存在的问题。

(2)在充分调研的基础上,结合实际,为某一具体社区的服务型社区建设设计一套实施方案。要求具有可操作性、实效性、创新性。

四、巩固提高

1. 知识回顾

(1)服务型社区的基本含义。
(2)服务型社区建设的原则。
(3)服务型社区建设的基本流程。
(4)服务型社区建设每个环节的具体措施。

2. 经验借鉴

北京亚运村街道北辰东路服务型品牌社区行为准则。

事务服务,文化服务,卫生服务,政务服务,教育服务,
快捷全面。益神康健。一丝不苟。社区代办。成长发展。
居民有事,文化社团,消灭四害,代办项目,各种培训,
找居委会。歌舞不断。定期行动。由少至多。常年不断。
各种事务,体育社团,传染病源,亲自能办,增长技能,

项目八 新型社区建设

快捷办理。	天天训练。	控制极严。	不劳居民。	就业不难。
服务项目，	室内室外，	饮食卫生，	不能亲办，	生活知识，
不断增加。	设施齐全。	随机抽验。	咨询指点。	边学边用。
方便居民，	全民打造，	防疫措施，	沟通政府，	义务教育，
劳累一人。	社区乐园。	扎根居民。	提高效能。	全市争先。
环保服务，	物业服务，	救助服务，	宾馆服务，	医疗服务，
进入社区。	业主为天。	及时全面。	质量上乘。	卫生方便。
消灭油烟，	设施完好，	残有所助，	卫生一流，	吃药打针，
消除噪音。	永续运转。	弱有所扶。	保证安全。	不出区门。
保护绿地，	维修及时，	困有所济，	态度热情，	药品齐全，
保护水源。	上门服务。	老有所养。	不嫌麻烦。	渠道正宗。
物理化学，	环境卫生，	志愿服务，	代办服务，	消毒严格，
不存污染。	秩序井然。	种类齐全。	不断增添。	器具安全。
天蓝地绿，	收费合理，	社区为家，	宾至如归，	操作规范，
空气清新。	听任评聘。	人人归属。	常年满员。	居民心安。
安全服务，	会议服务，	养老服务，	商业服务，	办公服务，
万无一失。	严密周全。	社区开办。	门类齐全。	管理有序。
群防群治，	代办代管，	家庭病床，	诚信无欺，	防火防盗，
形成体系。	客户省心。	医护上门。	便利居民。	卫生确保。
科技创安，	条件准备，	送货送餐，	品种丰富，	各种设施，
手段齐全。	滴水不漏。	挂号取药。	物美价廉。	运转完好。
封闭管理，	全程服务，	接人陪游，	卫生可靠，	辅助服务，
专业保安。	秩序井然。	卫生包干。	商品环保。	项目齐全。
遵纪守法，	桌椅卫生，	全面服务，	方便老人，	商务环境，
随机检查。	地面洁净。	按需供应。	送货上门。	吸引客源。

（资料来源：苑文新主编《品牌社区》，中国经济出版社）

任务四 "绿色社区"建设

随着社会经济的发展，人类的环保潮流逐渐朝着社区的层面深入，各国纷纷寻找建立社区可持续发展模式。在我国，如何使环境保护进入文明社区建设管理体系，是我国社区发展的一个新课题。同时，近年来公民环保逐渐兴起，如何使之走进社区、走进生活，也是一个迫切需要解决的问题。

一、基础知识

（一）"绿色社区"的基本含义

"绿色社区"是指具备了一定的符合环保要求的硬件设施，建立了较完善的环境管理体系和公众参与机制的社区，在硬件和软件方面都有基本的绿色环保要求。

（二）"绿色社区"的基本标志

1. "绿色社区"的硬件标志

"绿色社区"的硬件是指社区里的各种环保设施，包括绿色建筑、社区绿化、垃圾分类、污水处理、节水、节能和新能源应用等应用措施。"绿色社区"是一个系统的全面的概念，根本含义在于对自然资源的较少损耗，以及对自然生态平衡较少的破坏。新建居民区应在建筑设计、建筑过程中考虑环保要求，使新建成的居民区一开始就具备绿色社区的硬件条件；已建居民区可以根据自己的情况实施垃圾分类，搞好社区绿化，使用节水龙头、节能灯等。

2. "绿色社区"的软件标志

"绿色社区"在软件方面主要包括一个由社区管理部门和社区参与的联席会，一套社区环境管理制度，一支起先锋骨干作用的环保志愿者队伍，一块普及环保科学知识的宣传阵地和一定数量的环保家庭。"绿色社区"的核心要素是社区环境管理体系，负责社区的环境管理和具体实施。

（三）"绿色社区"建设的目的

"绿色社区"建设的目的是通过政府与民间组织、公众的合作，把环境管理纳入社区管理，建立社区层面的公众参与机制，让环保走进每个人的生活，加强居民的环境意识和文明素质，推动大众对环保的参与。在建设"绿色社区"的过程中，通过各种活动，增强社区的凝聚力，创造出一种与环境友好、邻里亲密、和睦相处的社区氛围。

二、实务操作

基本流程：学习"绿色社区"建设的相关政策→调研"绿色社区"建设现状→"绿色社区"建设的策划与实施→"绿色社区"建设的评估。

（一）学习"绿色社区"建设的相关政策

方法提示：搜集、学习相关部门"绿色社区"建设的相关政策，领会其指导精神。

中共中央宣传部、国家环保总局、教育部在《2001—2005年全国环境宣传教育工作纲要》中指出：努力将保护环境、合理利用节约资源的意识和行动渗透到公众日常生活之中。倡导符合绿色文明的生活习惯、消费观念和环境价值观。在47个环境保护重点城市逐步开展创建"绿色社区"活动，培养公众良好的环境伦理道德规范，促进良好社会风尚形成。

党的十六大提出了全面建设小康社会的目标，实现"可持续发展能力不断增强，生态环境得到改善，资源利用效率显著提高，促进人与自然的和谐"，从而推动整个社会走上生产发展、生活富裕、生态良好的文明发展道路。优美的社区环境是实现小康目标的必要条件，是构建和谐社会的重要保证，是落实科学发展观的重要举措，也是社会主义精神文明建设的必然要求。

党的十七大报告指出："坚持节约资源和保护环境的基本国策，关系人民群众切身利益和中华民族生存发展。必须把建设资源节约型、环境友好型社会放在工业化、现代化发展战略的突出位置，落实到每个单位、每个家庭。要完善有利于节约能源资源和保护生态环境的法律和政策，加快形成可持续发展体制机制。"这为"绿色"环保型社区的建设提出了政策性的要求。

（二）调研"绿色社区"建设现状

方法提示：采用问卷调查、实地访谈、查阅文献资料等方法调研拟建设社区"绿色"环保型社区建设情况，主要包括"绿色"环保型社区建设的主要方面、"绿色"环保型社区建设已经取得的成绩以及工作中存在的问题。

案例示范 8-7

深圳市"绿色社区"建设现状

屋顶种花草、照明用太阳能、做饭用沼气、浇花用雨水……这些节能、环保项目在梅山苑、桃源居、下沙等循环经济示范社区随处可见，成为我市循环经济发展的一道独特风景线。随着循环社区的日益增多，不仅越来越多的深圳市民已享受到循环经济带来的好处，而且我市还正在制定相关标准，推进循环社区标准化建设。

梅山苑：汇聚80项节能环保技术

2005年8月，梅山苑开展以节能、节水、节地、节材、智能化、工厂化和环境保护为目标的住宅区循环经济项目综合利用，推广循环经济社区建设技术和经验，进而以点带面推动深圳市节能省地型住宅建设和循环经济发展。

在梅山苑小区，这里的生活污水经人工湿地处理后，变成小区景观灌溉用水；屋顶种"佛甲草"、太阳能路灯、太阳能供热、雨水回收利用、污水处理后可浇花。目前，示范基地已经运用的新技术有八十多项，建立了住宅区生活污水无害化处理、太阳能建筑一体化、屋顶经济作物种植等一批全市乃至全国尚属首创的社区循环经济示范项目，开辟了一条"住宅社区小环境带动外界大环境改善"的环保节能新路子。其中，安装在一栋楼前的壁挂式太阳能集热器，可以对这一栋楼的176户进行供热。

下沙："城中村"升级绿色社区

提起城中村，许多人会把它与"脏、乱、差"联系在一起。但走进下沙社区，你会发现惊人的变化。去年2月，下沙生态示范社区通过了广东省生态示范社区专家组考核验收，下沙社区被正式命名为省级生态示范社区，这也是全省第一个省级生态示范社区。

在下沙看到，下沙大道等主要街道两旁安装48盏节能美观的太阳能路灯，太阳能路灯采用独立、并网双向的系统，无论是白天光照较强时，还是晚间均能使用太阳能供电照明。现使用的高效太阳能路灯，亮度与原来路灯相同，仅耗电0.3度，节电90%。目前区政府又投入近100万元，将下沙社区所有的路灯全部改为太阳能路灯。

（资料来源：安庆环保网，节选自《深圳推广梅山苑等"绿色"社区创建经验》）

（三）"绿色社区"建设的策划与实施

基本流程：构建指标体系→策划建设方案→实施具体的建设措施。

1. 构建"绿色"社区建设的指标体系和建设方案

方法提示：根据"绿色"社区建设的现状以及相关政策的规定，制定切实可行的指标体系。

在现阶段，创建"绿色社区"具体要做到"六个一"，即建立一个由政府各部门和社会各界参与的联席会，一个垃圾分类清运系统，一块有一定面积和较高水平的绿地，一支起先锋骨干作用的绿色志愿者队伍，一个普及环保科学知识的宣传阵地，以及一定数量的绿色文明家庭。

在此基础上可制订切实可行的建设方案。

2. 制订"绿色社区"创建计划

方法提示：前期准备→识别社区的环境因素→制订创建计划。

基于社区目前的实际情况和预期今后的发展方向，结合国家和地方的环境保护法律法规及其他要求，制订出短期（半年至一年）和中长期（三年至五年）的"绿色社区"创建工作计划，并通过召开居民代表大会、张贴公告栏等方式公开征求社区居民的意见和建议，加以修订和完善。制订出的计划和执行方案要有科学性和可行性，是下一步实施"绿色社区"创建计划的依据。

不同条件的社区制订计划的着重点有所不同。例如新建社区硬件基础条件较好，就可把"绿色社区"创建工作重点放在环境文化建设和引导居民的绿色生活方式上。

3. 成立"绿色社区"创建组织机构

方法提示：成立领导机构→成立执行机构→组建绿色志愿者队伍→人员的学习和培训→创建档案。

成立"绿色社区"创建组织机构是"绿色社区"创建的前提。合理的人员组成、明确的职责分工和充分的资源是"绿色社区"创建持久开展的有力保障。

机构人员应掌握相关的国家和地方的环境保护法律法规及其他要求，有较高的环保意识和一定的环保知识，具备敬业精神，并重视自身的能力建设。

（1）成立"绿色社区"创建领导机构。

以街道为牵头单位，成立"某某绿色社区创建委员会"、"某某绿色社区创建联席会"或"某某绿色社区创建领导小组"等名称的领导机构，领导职务由街道办事处负责人担任，成员可来自街道办事处的社区办、文明办、城建科、宣传部、妇联等职能部门，对应的社区居（家）委会、社区物业公司以及当地环保部门、环卫部门、区内和周边学校、环保民间组织和驻社区单位等，有条件的地方也可请媒体、学术机构的代表参加。另外，还可聘用环保积极分子担任义务的"绿色社区督导员"，协助领导机构开展工作。

（2）成立"绿色社区"创建执行机构。

以社区为单位，根据社区管理模式的不同，执行机构可由居（家）委会或物业管理公司牵头，也可由居（家）委会和物业管理公司共同牵头。成员应来自居（家）委会、物业公司、居民代表、区内和周边学校、驻社区单位等。

(3) 组建绿色志愿者队伍。

组建一支绿色志愿者队伍，规模可大可小，根据实际需要而定，成员包括离退休人员、学生、在职人员等热心环保的人士；也可组建成几支绿色志愿者队伍，例如红领巾小分队、巾帼小分队、夕阳红小分队等。

(4) "绿色社区"组织机构人员的学习和培训。

组织机构人员应定期参加学习和培训，例如在创建前，主要人员应先通过学习和培训，了解"绿色社区"的含义和如何来创建，保证"绿色社区"创建的顺利进行，而不能只停留在绿化社区的理解层面上。接受培训的形式可多样化，例如上课接受培训、自学环保知识、实地参观考察、参加环保会议等，关键是要注重培训效果，要有必要的考核。

(5) 建立"绿色社区"创建档案。

档案创建要以实际工作为基础，记录下"绿色社区"创建的真实情况，建立起齐全、规范的"绿色社区"创建档案。要有当地环境状况、环境污染源状况、居民用电和用水量、绿地面积等原始记录，还包括创建工作的会议记录、活动介绍和阶段性工作总结等。形式上包括文字、图片和音像资料等。

4. "绿色社区"硬件的建设

(1) 绿色建筑。

采用环保建材和环保涂料，在采光、房体保温、通风等方面都符合环保要求。在西方，人们采用世界卫生组织"健康住宅"的标准，这些标准包括：室内二氧化碳浓度低于1 000PPM，粉尘浓度低于 $0.15mg/m^3$；室内气温保持在 17～27℃，湿度全年保持在 40%～70%；噪声级小于 50dB；日照确保 3 小时以上等。因此新建的绿色社区从项目建设开始，就应该将规划设计、建设施工、选材用料到售后服务均引入 ISO14001 国际环境管理体系作为行动的准则。房屋布局合理，有开阔的视野、通透和开放的空间。

(2) 社区绿化。

小区绿化覆盖面积占小区总面积的 30%，采用多种绿化方式（例如立体绿化、屋顶绿化等）。具体内容可参考"社区绿化建设"。

(3) 能源结构。

"绿色社区"要使用环保的清洁能源，替代容易造成污染的非环保能源；要节约使用能源，能源尽量循环利用，这是创建"绿色社区"的一个重要内容。首先，在能源的构成方面，一方面居民的日常生活要尽量使用环保的清洁能源，减少或替代容易造成污染的非环保能源；另一方面，要尽量使用可再生和可分解的能源，减少对不可再生能源的使用。其次，在使用能源的过程中，要注意节约，尤其是注意节约用水和用电，尽量使能源能够循环利用，使单位能源的效能达到最大化。

(4) 废物处理。

方法提示：正确区分，建立垃圾分类设施。

"绿色社区"在废物处理方面的要求是：设置生物垃圾处理机、分类垃圾桶，大的居民区可以建立社区自己的垃圾分类回收清运系统，对生活废弃物进行科学、环保的处理。垃圾分类作为绿色社区的内容之一，既是硬件建设的重要部分，需要设置分类垃圾桶、生物垃圾处理机等，又是环境教育的软件工程，需要每户居民的参与。

第一，正确区分各类垃圾。

如今中国生活垃圾一般可分为四大类：可回收垃圾、厨余垃圾、有害垃圾和其他垃圾。

目前常用的垃圾处理方法主要有：综合利用、卫生填埋、焚烧和堆肥。

第二，建立垃圾分类基本设施。

① 协调和调整政府有关部门的职能，制定垃圾分类处理企业的资质标准和管理办法，制定垃圾分类标准，制定有关垃圾分类回收的法律、法规，包括监督法规，建立由政府统筹，企业加盟的产业化运作机制。

② 建立供垃圾分拣的专门场地（亦可用产业化方法解决），购置专门的垃圾分类清运专业车辆，统一分类回收容器的颜色和标识，在社区设置足够的分类垃圾桶。在有条件的社区购置生物垃圾处理设备，在社区投入使用，对生物垃圾进行源头处理，使垃圾减量见到实效。

③ 有物业管理的社区应备有垃圾分类专用袋，方便居民购买，分类袋上可印有垃圾分类宣传口号和分类垃圾的种类。

5. "绿色社区"软件的建设

方法提示：构建环境管理体系→构建环境监督体系→构建社区服务体系。

（1）构建环境管理体系。

环境管理体系不必独立于社区管理机构而另外设立，应将环境管理纳入居委会日常管理工作中，有明确的目标和职责，有必要的机构、人员、资金、设施保证，有环保宣传和具体环保行动，有自查、纠正和改进机制。

第一，建立联席会。联席会是"绿色社区"环境管理体系的核心，负责社区的环境管理和具体实施。根据其管理主体的特点，联席会可大致分为三种模式：第一，政府有关部门、民间组织与物业公司共同参与的社区环境管理；第二，以居委会为主的社区环境管理；第三，以物业公司、业主委员会为主的社区环境管理。"绿色社区"的创建中，联席会的形式可以多种多样，关键是要建立起社区层面的环境管理体系和公民参与机制。

第二，开展社区的环境教育和环境管理活动。联席会建立后，应该和社区居委会、社区志愿者队伍一起，开展社区的环境教育和环境管理活动，例如发放绿色家庭环保表、进行"绿色社区"培训、组织一系列的环保活动、定期举行家庭环保竞赛、评选绿色家庭、召开"绿色社区"联谊会，分享交流经验等。

第三，"绿色社区"的环境管理体系还应该包括一系列的规章制度。建立和健全规章制度是创建"绿色社区"活动顺利开展的根本保证。规章制度要简明扼要、切实可行。

（2）构建环境监督体系。

环境监督体系应该以联席会为核心，以社区志愿者队伍和社会有关部门为辅助，社区居民全员参与。联席会是环境监督体系的核心，负责环境监督机制的建立和贯彻实施，引导和监督社区居民的环保行为，听取、收集并有专人处理居民群众的环保建议和意见。社区志愿者队伍和社会有关部门，例如精神文明办、环保局、环卫局、街道办事处、民间环保组织等，也是环境监督体系的重要组成部分，可以引导和监督社区居民的环保行为，听取和收集社区居民的意见和建议，并反馈给联席会。社区居民既是社区环保行为的主体，也是社区环境监督体系的主体。

（3）构建社区服务体系。

社区环保志愿者是社区服务体系的主体。环保志愿者积极组织和参与各种环保活动，是社区环保的骨干力量。并负有带头争做绿色家庭，以及带动其他家庭的责任。在"绿色社区"建设实践中，宣传教育孩子，孩子带动家庭，家庭影响社区，已被证明是一条环境教育的有效途径。组织孩子志愿者队伍，还可与校园环保结合起来，社区附近的中、小学可以和社区联起手来，学校的环境教育与环境教育实践可以走进社区，社区开展环保活动也可请学校来参加。

社区服务体系还应该包括一系列的社区服务活动。社区环保志愿者要组织和参加社区绿色行动，开展社区"绿色生活实践"活动，倡导现代绿色的生活方式，提高社区居民的文明素养；通过展览讲解，向居民普及环保知识；实现生物垃圾、非生物垃圾等分类投放；为家家户户安装节水龙头；倡导使用节能灯等。社区绿色行动一旦确定，就应不折不扣地实施，做到言必行，行必果。项目选择和安排不要贪多求全，应坚持先主后次、先易后难的原则。每个项目应分别指派专人负责，制订详细实施方案，明确分工和责任、权限，依靠社区绿色志愿者，动员广大居民积极参与。社区绿色行动要持之以恒，形成环保传统。

6. 开展形式多样的绿色环保活动

方法提示：确定活动类型→开展具体活动。

绿色社区的最主要目的，是使公民能够认识和行使自己的环保权利和责任，而这需要依托一系列的环保活动才能得以实现。绿色社区的环保活动可围绕公民环保权利与责任的四个方面来进行。

（1）关心环境质量。

例如在社区宣传栏公布空气质量、水、植被、垃圾等综合情况；组织居民参观环境展览、垃圾填埋场、污水处理厂，了解空气、水源水质的监测情况等。

（2）监督环境执法。

定期公布政府的环境法规及最新修订信息，公布环保部门的执法热线；安排环境法规的教育培训，创造社区公众能够参加与监督执法的条件。绿色社区的居民作为一个生活于共同的生态环境、有着共同环境权益的群体，是帮助和监督环境执法最基层的力量。他们既可以举报有法不依的违法者，又可以监督执法不严的执法者，从而将公众参与环境执法监督落到实处，同时，居民在这个过程中也逐渐学会用法律来调停解决一切环境问题引起的争端。

（3）参与政策建议。

定期组织公民听证会，让居民了解和讨论有关的环保政策。创造政府与民众在环境问题上的沟通机制和交流渠道，使社区居民（无论是科学家、教师、企业家、学生还是家庭主妇）有了直接的具体渠道，表达他们对环境问题的见解、建议，反映各方信息和意见，并使国家环保局已出台的"公众听证会"等制度有了最基层的载体。

（4）选择绿色生活。

开展绿色生活方式的教育，了解环保与生活质量的关系，组织自愿实施绿色生活方式的各种活动。例如安装节能灯、节水龙头和多种节水设施，实行垃圾分类、选购绿色食品和绿色用品、选择大众交通、拒吃野生动物和拒用野生动物制品等。同时，使得彼此隔离的家庭之间经常为共同的环保事务而合作交流，增进邻里感情，增强社区凝聚力。

具体的活动可以参照环境保护活动。

7. 创建"绿色家庭"

方法提示：宣传到位，奖惩分明。

绿色家庭是积极参与社区环保活动，带头实施绿色生活方式的家庭。通过这些家庭影响并带动其他家庭选择绿色生活方式，使更多的家庭加入到绿色家庭的行列里。绿色社区的每个家庭都应该通过选择绿色生活来参与环保。

第一，对于"绿色家庭"的创建要宣传到位。

相关部门可以通过宣传栏、橱窗、广播、标签、倡议书、先进事迹报告等方式向社区居民宣传"绿色家庭"创建的意义与基本标准，目的是让大家明确"绿色家庭"的重要性与必要性。向每个家庭倡导一种"绿色"的生活方式，例如节约用水、减少水污染、节约用电、争做公交族或自行车族、使用再生纸、使用绿色产品、食用绿色食品、少用一次性制品、做好垃圾分类回收、爱护动物、保护自然、参加植树护林等环保活动等。

案例示范 8-8

"节能减排家庭社区行动"倡议书

尊敬的市民们：

地球是我们共同的家园，环境与我们的生活息息相关。在推进经济又好又快发展的今天，合理使用自然资源，减少各种人为排放对环境的危害，保护我们的共同家园，已经成为全社会的共同责任。家庭是社会的细胞，社区是社会的基层组织，是推动节能减排的重要依靠力量。因此，我们向全体市民发出"节能减排家庭社区行动"的倡议。

一、做节能减排、保护环境的倡导者。我们要牢固树立"节能减排、保护环境"意识，弘扬中华民族勤俭节约的传统美德，学习节水、节电、节能知识，养成良好的生活习惯，建立健康、文明、简约、环保的生活方式，努力营造节约能源、合理消费、健康生活的良好氛围。

二、做节能减排、保护环境的志愿者。我们每个家庭特别是妇女姐妹们在自己行动的同时，争当节能环保宣传员，向家人、邻里和朋友宣传节约资源、保护环境的重要性，宣传节能环保知识，影响带动更多的人自觉节约能源，减少污染；要争当节能环保监督员，对发生在身边的浪费资源、污染环境现象，敢说敢管，互相监督，协力保护资源、环境。

三、做节能减排、保护环境的实践者。我们要从现在做起，从每一个家庭做起，从点滴小事做起，做好"家庭节能六件事"，即"使用节水器具，使用节能电器，使用无磷洗衣粉，使用菜篮子、布袋子，拒绝过度包装，注意一水多用"。

节能减排、保护环境功在当代、利在千秋，让我们立即行动起来，积极投身"节能减排家庭社区行动"，树立文明、健康的生活新理念，倡导简约、和谐的社会新风尚，用爱心关注环境变化，用热情传播环保观念，用行动肩负环保重任，为共建温馨家园，实现海岛花园城市做出应有的贡献。

市妇联、市经贸委、市环保局、市文明办、市创卫办
2008年4月9日

（资料来源：舟山市环境保护局网站）

第二，在"绿色家庭"创建中要奖惩分明。

"绿色社区"的建设离不开每个家庭的努力，在"绿色家庭"创建过程中要做到奖惩分明。对于在创建过程中表现突出的家庭要给予一定的奖励，以起到鼓励和榜样示范的作用，对于破坏环境、不遵守绿色公约的家庭或个人也应给予批评或者适当的处罚，并帮助他们共同进步。

案例示范 8-9

北京市顺义区"绿色家庭"表彰

2009 年 10 月 16 日，顺义区和谐家庭、绿色家庭表彰大会在顺义会议中心举行，全区 110 户和谐家庭、503 户绿色家庭受到了隆重表彰。

为了调动群众参与的积极性，全区和谐家庭、绿色家庭创建活动奖励表彰的规模和力度也不断加大，目前已形成了区、镇、村自上而下的表彰奖励机制。例如李桥镇在评选中实施季度检查、季度评比、季度奖励的方法，表彰 3 221 户和谐文明家庭，2008 年 5 月—2009 年 6 月底兑现奖励 160.79 万元；天竺镇对当选的镇级和谐家庭，在给予 1000 元物质奖励的基础上，新农合再次报销提高 10 个百分点，子女考入大学的除享受相关奖励外，另奖励 5 000 元；杨镇每年对镇级和谐家庭、绿色家庭进行隆重表彰，今年还为 40 户标兵户送去洗衣机，为 105 户和谐家庭、绿色家庭送去微波炉；马坡镇为引导村民积极参与环境整治，还为每户家庭配备了塑料桶、铁桶和编织袋，对做好垃圾分类、无乱堆乱放、私搭乱建的家庭分别给予奖励和表彰。对村级绿色家庭给予 200 元奖励，对评为镇级和谐家庭、绿色家庭的，颁发证书奖牌并再次给予 500 元奖励。这些措施都进一步增强了本地区家庭创建和谐家庭、绿色家庭的自觉性和积极性。

（资料来源：节选自《扮靓家园 共建和谐——北京市顺义和谐家庭、绿色家庭创建工作纪实》，中国妇女报）

（四）"绿色社区"建设的评估

方法提示：确定评估主体→确定评估内容→确定评估标准→确定评估方式。

"绿色社区"建设的评估指标应以"绿色社区"建设的指标体系为主要内容。2005 年初国家环保总局出台了绿色社区评价指标体系，为指导全国绿色社区建设指明了奋斗目标。指标体系包括居民对社区环境状况满意率大于 80%，各种污染源全部实现达标排放，严格遵守环境保护的法律法规，无违反环保法律法规的行为，没有环境纠纷或纠纷问题得到了合理解决等基本条件，还包括有健全的环境管理和监督机制、防治社区环境污染、社区环境整洁优美、积极开展环境宣传教育、居民环境意识高等六方面的内容。

1. 社区环境状况满意度调查

通过了解居民对社区环境的满意度，建立完善的监督机制，确保"绿色社区"创建得以有效开展。执行机构可通过发问卷、随机询问等方式，经常调查了解居民对社区环境的满意度，以便有针对性地加以改进。

2. 领导机构对"绿色社区"创建的定期评估

"绿色社区"的创建领导机构要按一定的时间间隔实施评估，及时总结上一阶段工作，对不足之处加以改进，并完善下一阶段的工作计划，确保"绿色社区"创建的有效性和持续性。

具体的评估程序、评估主体和方法等可以参考学习型社区建设的评估事项。

三、任务实训

调研某一具体社区的"绿色社区"建设情况，并为该社区制订"绿色社区"建设的实施计划与方案。

四、巩固提高

1. 知识回顾

（1）"绿色社区"的基本含义。
（2）"绿色社区"的基本标志。
（3）"绿色社区"建设的基本流程。
（4）"绿色社区"建设每个环节的具体措施。

2. 拓展阅读

绿色社区标准：
（1）建立环境管理和监督体系，推动小区环保；
（2）组织绿色志愿者大队，开展环保活动；
（3）设有环保橱窗等宣传设施，定期更新内容；
（4）建立垃圾分类回收系统，保持社区清洁；
（5）节约能源，尽量使用节能电器和节能灯等；
（6）节约用水，达到区或市级节水标准；
（7）绿色面积须达到一定比例，护养绿色植物的工作落实到家庭；
（8）保持小区环境安宁，将噪声污染降到最低；
（9）绿色社区同时须符合文明社区标准。

绿色社区居民环保公约：
（1）节约用水，一水多用，随手关紧水龙头；
（2）慎用洗涤品，选用无磷洗衣粉，减少水污染；
（3）节约用电，少开空调，尽量使用节能灯和无氟电器；
（4）以自行车族、公交族为荣，支持发展大众交通；
（5）珍惜纸张，少用贺卡，使用再生纸，保护树木；
（6）尽量选购绿色产品、绿色食物，倡导绿色消费；
（7）不制造影响他人的噪声，维护安宁环境；
（8）少用一次性制品，减少垃圾灾难；
（9）分类投放垃圾，回收地球资源；

（10）不吃野生动物，拒用野生动物制品；
（11）积极参加植绿护绿等保护自然的活动；
（12）依法监督他人的不环保行为。

任务五　数字型社区建设

数字型社区是由数字地球、数字城市引申出来的，是数字城市的基本单位之一，是数字城市建设的基本内容。数字型社区不仅是在小区中提供"以人为本"的高科技手段的智能化服务与管理的智能小区，更重要的是数字型社区强调的功能是数字城市的一部分，它的建设目标是在未来的数字化信息社会里，实现人类共同的"无距离、无时差"的信息资源共享。

一、基础知识

（一）数字型社区的基本含义

"数字型社区"又称为"数字化社区"。"数字化"本义是指信息数字化，"数字化社区"是指实现了信息数字化的社区，也就是应用现代信息通信技术，尤其是因特网技术，构筑社区政务、社区管理、社区服务、小区及家庭生活等各个方面的信息技术应用平台和通道，并与现实社区系统有机地联系起来，使与社区有关的各个成员在沟通信息时更加便捷，而且能够更加充分有效地开发、共享和利用社区信息资源，最终达到提高社区成员生活质量和促进社会全面进步的目的。

（二）数字型社区的特征与建设原则

1. 生存空间的网络化与社区"资源共享"原则

这里的网络化不仅仅包括技术方面的网络之间的互通互联，而是强调基于这种物质载体上的城市社会、政治、经济和生活形态的网络化互动关系，这就从客观上要求数字型社区必须实现资源共享，以满足人们现代生活的需要，为居民提供开放的信息化环境。

2. 基础设施的智能化与社区"高效管理"原则

一般来说，数字型社区包括多层次信息平台。但信息平台的建设不是目标，而是手段，是为实现居民生产方式和生活方式的便捷化，包括为以虚拟企业为核心的便捷制造、以虚拟政府为主的便捷政务以及城市居民的便捷生活提供智能化的设施支撑。

3. 信息传播的便捷性与社区互动参与原则

信息化发展的主要特征就是其传播的便捷、快速，并对城市社会、政治、经济、文化、日常生活等各个层面的深刻影响或改变。这种信息传播的便捷性决定了数字型社区的互动参与原则。也就是说，城市信息化发展的基本目标就是要让生活在社区中的每一个居民都有权利与能力参与管理社区事务、社会事务，从而彻底改变其在社会诸方面的生存状态。

4. 信息化建设的系统性与社区循序渐进原则

数字型社区建设是一项系统工程，因此必须要遵循循序渐进的原则。同时，由于我国各地的差异性比较大，所以，数字型社区建设要坚持实事求是，一切从实际出发，突出地方特色，从居民群众迫切要求解决和热切关注的问题入手，有计划、有步骤地实现数字型社区建设的发展目标。

二、实务操作

基本流程：学习数字型社区建设的相关政策→调研数字型社区建设现状→数字型社区建设的策划与实施→数字型社区建设的评估。

（一）学习数字型社区建设的相关政策

方法提示：搜集、学习相关部门数字型社区建设的相关政策，领会其指导精神。

最早提出数字型社区概念的是美国负责科技的前副总统戈尔，他于 1998 年 1 月提出"数字地球"的概念后，于同年 9 月在华盛顿的 Broopeings Institution 作了题为"为了健康，建设更加美好的舒适的生活小区"的报告，在报告中勾画了由数字化、网络化和智能化组成的全信息化的小区。

在我国，1994 年建设部正式提出了小康住宅的概念，并且推出了小康住宅的建设标准，不久国家科委与建设部又共同推进"2000 年小康型城乡住宅科技产业工程"，以科技为先导，提高城乡居民住宅的功能与质量，改善居住环境，此后又提出智能化社区的建设构想。

（二）调研数字型社区建设现状

方法提示：采用问卷调查、实地访谈、文献资料等方法调研拟建设社区的数字型社区建设情况，主要包括数字型社区的基本信息、数字型社区建设已经取得的成绩及存在的问题。

目前我国的数字型社区在建设模式方面已经有了典型的做法，主要有以下几种模式。

1. 北京模式——政府统一投资管理

在我国，北京的社区信息化建设开展得最早。2002 年，北京石景山区通过区、街、居联网工程，建立了区、街道、居委会三级网络，提供了畅通的信息与管理服务，这是北京市最早提出的社区信息化的新模式，并在此基础上不断探索，形成了以政府带动街道、社区的信息化建设的新局面。由北京市政府投资建设的社区公共服务平台的建立是北京市数字型社区建设的一个里程碑，是北京市政府为民办实事项目和首都信息化建设重点应用系统工程，建有覆盖市、区、街 175 个社区服务中心和 2 400 个社区居委会的网站群。这个平台是由市、区、街、居社区服务中心（站）做支撑，以社区服务信息网络系统连接，各级社区服务组织和服务商参与，为政府、企业和居民提供相关公共服务和便民利民服务的工作体系。平台包括两个主要业务系统，即社区服务系统和社区管理系统。

2. 上海模式——政府推动与市场运作相结合

2001 年，上海市开始在卢湾区五里桥街道等单位开展社区信息化建设试点，这是上海市数字型社区建设的起点；2003年，由上海市政府主导，上海市信息委委托上海新致软件开发公司正式推出"社区政务管理系统工作平台"。上海新致软件公司在总结了上海市4个区8个街道社区信息化试点工作经验，并调研走访了38个街道的基础上，针对各街道实施过程中的共性及必须解决的问题开发了"社区政务管理系统（工作平台）"软件，这套软件就是试点阶段上海市社区管理的统一平台，通过规范的定义和汇总人口、计生、民政、劳动等信息资料建立了"基础信息资源数据"库，并提供基本的数据维护模块，从而实现了数据的共享以及在市区两级政府、各职能部门的数据上传。在基础信息资源库基础上，平台为街道及下属各居委会提供了完成基本管理工作的"基本功能模块"，包括对社区党务、民政、劳动、计生、城建、综治、司法等基础业务信息资源数据的录入、修改、删除、查询统计等维护管理，以及业务基本流程管理功能和内部行政管理功能（WEBOA）。平台的开放性结构让街道用户可以根据自己的需求进行二次开发，任意增加个性化特色功能或扩展数据库信息，并可与社区公共信息服务平台无缝联接，通过对街道各信息资源的整合，以及街道业务的梳理、简化和优化，社区政务管理系统促进了各类政务信息的互通互联，也为各街道的信息化工作明确了方向，避免了重复投资和无谓的浪费。

3. 杭州模式——政府搭台，企业运作

杭州社区信息化建设走的是一条政府搭台、企业投资并运作管理的商业化道路，形成了以呼叫中心为社区信息化网络数据中心和全市便民服务中心平台，结合街道社区管理软件系统和家居信息终端的社区信息化模式。通过社区网络平台的建设、社区管理的信息化、96345便民服务热线的开通，杭州电信与政府及街道、社区共同合作，充分发挥其在信息服务领域的优势，联合产业链，积极推进社区信息化建设。2004年，杭州电信公司实施完成了杭州第一个区级政府单位——杭州市上城区的社区信息化网络工程建设，标志着杭州的社区信息化工作开始脱离街道试点的前期模式（探索期），进入了全面推广的发展期。

4. 广州模式——政府与基层通力合作

广州以开发和推广社区管理软件、社区综合应用平台、社区综合业务系统为主线，以整合资源、协调行动、多方共赢为目标，对社区信息化建设进行了艰难的探索，最终形成了"条块结合，业务协同"的社区信息化建设模式。所谓"条块结合，业务协同"，是指政府"条"一级、基层"块"一级通过政府信息平台实现对接，实现纵向上下级部门和横向各业务部门之间的业务联动、协同处理和数据交换。广州越秀区以社区信息化建设的"统一网络系统，统一系统平台"为目标，针对职能部门和基层单位在信息资源获取上各有优势的特点，双方共建数据库、共享资源，将社区综合应用平台重新定位为"条块结合，多方共赢"，利用综合业务系统，在社区服务中心实现为居民办实事的"一站式"服务（在一个服务窗口就可办理群众日常生活所涉及的多项业务）。

（三）数字型社区建设的实施

基本流程： 构建数字型社区建设的指标体系→策划数字型社区的建设方案→实施具体的建设措施。

1. 构建数字型社区建设的指标体系和建设方案

数字型社区建设的指标体系也就是数字型社区的基本构成内容，具体的可参考数字型社区的整体结构。在此基础上可制订切实可行的建设方案。

2. 建设网络基础设施

方法提示： 掌握数字型社区的整体结构→建设网络基础设施。

数字型社区建设的核心是建设以信息网、监控网和电信网为中心的社区网络系统，数字型社区通过高效、便捷、安全的网络系统实现信息的高度集成与共享，实现环境监控和机电设备的自动化、智能化监控。

数字型社区建设要全面掌握数字型社区的整体结构（如图8-2所示）。

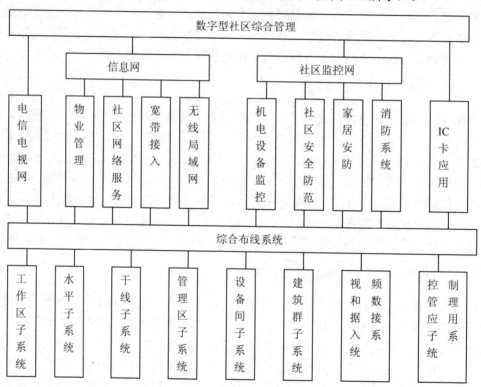

图8-2 数字型社区的整体结构

（1）数字型社区综合管理。

综合管理既是数字型社区的理想结果，又要求建立网络化的统一管理平台。综合管理平台实质是与信息网、监控网、电话电视网融为一体的局域网，为了连接 Internet 应采用 TCP/IP 协议，局域网通过防火墙与 Internet 相连，具有良好的网络安全功能。

① 信息网：综合管理网的一部分，由信息网数据库服务器、通信服务器、各种显示器和其他网络构件组成，从功能上分为物业管理、社区网络服务和 Internet 服务三部分。

a. 物业管理。数字型社区的物业管理通过网络实现以下基本功能：网络化住户登记与住户信息管理，网络化房屋维修申请、计划与实施管理，物业管理电子公告，物业信息查询与综合服务。

b. 社区网络服务。数字型社区的社区服务通过社区网络实现以下基本功能：社区论坛，社区网络教育，社区网络图书馆，社区电子政务，社区电子商务，网络医疗保健服务，视频点播，网络（IP）电话。

c. Internet 服务。数字型社区享有充分便利的 Internet 服务，具有以下功能：Internet 宽带接入，远程监控，网上购物，远程教育，电子政务，电子商务，网络信息服务。

② 社区监控网：数字型社区通过监控网可对社区机电设备进行自动化智能化监控，实现社区机电设备优化运行，实现社区充分全面的安全防控。通过监控网实现家庭电器和家庭安防系统的智能监控。

a. 设备监控。数字型社区的环境和机电设备监控通过监控网实现，应有以下主要功能：暖通空调监控，给排水监控，电力供应监控，公共区照明，背景音乐与紧急广播，一卡通系统。

b. 社区安全防控。数字型社区的安全防控通过监控网来实现，应具有一体化联动综合防控功能：视频监控，入侵报警，周界防控，出入口控制，门禁系统，停车场管理，巡更系统，楼宇对讲。

c. 智能家居。数字型社区通过计算机网络实现智能家居，功能有：家庭电器智能监控，智能家庭安防系统，三表远抄。

d. 消防系统。数字型社区通过监控网实现对社区火灾自动报警和消防联动，对消防态势进行实时监控。

③ 电话、电视网：数字型社区的电话、电视网是社区局域网的一部分，通过电话、电视网实现社区现代化的电话、电视服务。

a. 语音通信。通过电话网实现社区普通话音通信和数字话音通信（IP 电话），完善的数字型社区应提供社区内廉价的数字电话服务。

b. 电视服务。数字型社区通过电视网提供完善的电视服务，包括：有线电视服务，卫星电视服务，数字电视服务。

（2）综合布线系统。

综合布线系统是数字型社区的网络传输平台，既使音、视频和数据通信设备、交换设备和其他信息管理系统彼此相连，又使这些设备能与外部通信网络连接。

综合布线系统应满足下列主要应用要求：社区局域网计算机与社区服务中心数据处理和数据通信业务；与外部通信网及国际互联网连接，进行数据通信；连接语音与图像传输设备，例如电话交换设备、视频会议、紧急广播和背景音乐设备等。

综合布线系统包括下列子系统：工作区子系统；水平子系统；管理子系统；干线子系统；设备间子系统（主配线架）以及楼群子系统。

以上网络设施的建设，需要依托电信、铁通等网络部门的支持与配合来共同完成。

3. 建立区、街道、社区三级网络系统

方法提示：建构计算机网络平台→充实网络内容。

第一，构建计算机网络平台。区、街道、社区三级网络的基本内容应该是有区别的，这就需要根据本管辖范围内的实际情况、实际工作任务选定网络模板，构建网络平台。

案例示范 8-10

北京市房山区民政局网站主页部分截图

北京市房山区城关街道网站主页部分截图

项目八　新型社区建设　　243

北京市房山区城关社区公共服务信息网主页部分截图

荆州市荆州区东城街道办事处荆东社区网主页部分截图

第二，需要在建构的网络平台上不断充实更新内容。具体的区、街道、社区三级网络系统主要有以下内容：社区政务信息化建设，社区管理信息化建设，社区服务信息化建设，小区信息化建设和家庭信息化建设。

社区政务信息化建设的主要功能包括事务管理、会议管理、邮件管理、信访管理、档案管理、资料管理等办公管理方面和党政管理、人口管理、社团管理、资源管理、教育管理等业务管理方面，主要服务对象是街道办事处内部的公务工作人员；社区管理信息化建设的主要功能包括信息服务、民政工作、劳动就业、计划生育、警署工作、事务申请、法律援助、社区服务、兵役工作等；社区服务信息化的建设，一方面，社区服务部门可以有效地管理自身的信息资源，应答来自社区居民的信息咨询，另一方面，也可以及时地将向社区公开的信息资源发布到网上，在网上接受来自社区居民的意见和建议；小区信息化的服务对象主要是居住在小区内的居民以及物业公司等。

4. 相关人员网络知识培训

"数字型社区"的建设需要一批具备一定计算机基础知识的高素质社区工作人员，应对社区工作人员进行培训，使他们能够胜任"数字型社区"的工作，为社区居民提供高效优质的数字化服务。

（四）数字型社区建设的评估

方法提示：确定评估主体→确定评估内容→确定评估标准→确定评估方式。

评估指标的确定，要以数字型社区建设方案的指标体系为主要内容，确保评估全面、客观、真实，以公开、公正、求真务实为原则，达到扬长避短、完善提高的目的。

具体的评估程序、评估主体和方法等可以参考学习型社区建设的评估事项。

三、任务实训

（1）了解你所居住的社区数字型社区建设的做法。

（2）在充分调研的基础上，结合实际，为该社区的数字型社区建设设计一套建设方案。要求具有可操作性、实效性、创新性。

四、巩固提高

1. 知识回顾

（1）数字型社区的基本含义。
（2）数字型社区的特点。
（3）数字型社区的组成。
（4）数字型社区建设的操作流程及具体方法。

2. 经验借鉴

打造数字化社区 实施网络化服务（节选）
——鲸园街道办事处数字型社区建设掠影

鲸园街道办事处地处威海市委、市政府驻地，辖区面积 11.6 平方公里，现有常住人口 7.5 万人，流动人口 2 万人，党员 1 560 人。下辖 10 个城区居委会、4 个转非居委会，常驻辖区的党、政、军机关和企事业单位 210 家，个体工商户五千余户，私营企业 720 家。办事处先后荣获"全国社区服务示范街道"、"全国和谐邻里建设示范街道"、"全国社区教育示范街道"、"全国社区共建共享先进街道"、"全国百佳学习型社区"、"全国绿色社区"、"全国群众体育先进单位"、"山东省居民委员会建设先进街道"、"山东省社区建设示范街道"、"山东省和谐社区建设示范街道"、"平安山东建设先进单位"等荣誉称号。

一、以社区网站为载体，积极探索社区管理新模式

一是立足现实，创新工作。辖区居民具有文化素质高的特点，在电脑网络飞速发展的今天，办事处依托社区电脑普及率高的有利条件，紧紧抓住社区网站这一有效载体，积极探索社区管理新模式，使社区管理更完善、服务更快捷。

二是重视投入，搭建平台。2008年初，办事处投资二十余万元，建立了社区服务综合信息平台。平台分为内网、外网两种形式，内网用于政务协同办公管理，推行无纸化办公；外网涵盖二十多项便民服务栏目，面向居民提供各种社区服务。据不完全统计，目前浏览量近20万人次、发帖三千多篇。

二、以社区管理为抓手，全力拓展数字型社区新领域

一是加强领导，落实责任。为切实加强数字化社区管理，办事处成立了工作领导小组，由党委书记负总责，副书记靠前抓，组织、宣传、妇联等部门领导协同抓。与此同时，各居委会也分别成立了由居委会主任、副主任、居委会工作人员组成的社区领导小组，负责编辑、采写稿件，形成了齐抓共管的工作格局。

二是建立队伍，培训技能。办事处邀请了网络、版面策划和新闻编辑、采访类的专家对全处机关、企业、居委会的一百多名工作人员分三批进行社区综合信息服务平台各模块的使用方法与操作流程知识培训，每次培训结束后都进行考试，并记入个人档案。办事处还指定专门人员随时管理监控网站内容，确保健康、合法，保证质量。

三是精心设计，体现特色。社区综合信息服务平台辟有政务公开、社区党建、社区服务、文化教育、招商中心、社区动态、居民委员会建设等政务公开栏目，包含以便民、利民为主要内容的社区服务系统，例如家政服务、法律服务、房屋租售、医疗保健等；还包含以咨询、投诉为主要内容的行政事务受理系统，例如办事指南、社区公告、百姓心声等。另外，还有部分实用娱乐项目，例如生活百事通、健康导航、生活娱乐版块等。同时，各居委会配备了专用数码相机，将社区活动照片随时上传共享，使页面变得更加生动，更加贴近生活，有效提高了网络的点击率和平台的可读性。

四是建章立制，完善体制。自社区服务综合信息平台运行以来，办事处始终不断完善平台体制。目前，办事处已制定了详细的《信息资源建设计划》、《信息采编制度》、《数字型社区管理办法》及《平台信息员队伍管理办法》等制度。同时制定了信息报送情况通报制度，定期将报送信息情况进行通报，并纳入对各个部门、居委会和相关工作人员的考核之中，作为年终评优的一项重要指标。

三、以社区和谐为根本，努力搭建政群沟通新桥梁

一是贴近实际，促进阳光行政。利用信息平台把政务信息、政策规定、经济形势等内容在网上告诉居民，搭建起时效性强的政务信息平台，增强政府透明度，实现了政务行为"阳光"操作，体现了还政于民。并将各部门的机构设置、管理权限、主要职责、办事依据、办事程序在网上公诸于众，使政府工作更加"阳光"。

二是贴近生活，提高办事效率。办事处通过信息平台把与居民日常生活密切相关的便民服务热线（5096699）公布在网上，该热线设有10部分机，辖区居民如果有家电维修、开锁、搬家、疏通下水道、家政服务、鲜花蛋糕服务及政策咨询等需求，都可以拨打热线，

接线员将根据居民的实际情况，或将热线转接到其所在的居委会，或转接到其住所附近的商家，为居民提供24小时服务。

三是贴近群众，密切干群关系。建立数字型社区服务平台后，居民能够及时全面地了解最新的工作动态，增进社区居民间的感情，提高了整体凝聚力，居民能够主动参与社区服务。

四是贴近民意，维护社会稳定。居民通过"百姓心声"栏目直接与办事处、居委会进行对话交流，参与社区管理和社区事务讨论，有效扩大了社区民主。办事处领导和社区居委会的主任每天都上网了解居民反映的问题，讨论并回答居民提出的各种问题，方便帮助解决实际问题。

五是贴近工作，实现无纸办公。为了进一步提高工作效率，办事处还专门与所属居委会建立起数字化协同办公系统，各部门、居委会充分利用办公系统，开展好日常工作，搞好文件的传送与接收工作，节省了大量的人力、物力、财力，提高了办事效率，推动了机关工作不断上档升级。

六是贴近应用，实现网上互动。应用了网络视频会议系统，进行有效管理、互动学习和交流，使办事处领导在办公室就能对各部门、辖区居委会进行即时管理，使党员群众足不出村（居）便可定期接受各类培训讲座。目前办事处已通过视频会议系统举行10多次网络视频工作会议，举办了疑难解答、法律法规咨询等20多次视频远程培训。

七是贴近基层，促进党建工作。在平台上开办了社区党建之窗，设立了宣传党组织集体的战斗堡垒榜和宣传党员先进个人的先锋模范榜栏目。办事处还投资10多万元，在社区服务中心成立了远教网吧，配置了18台电脑。社区网站开辟远教专栏，实现了远程教育终端入户，党员在家中就可以学习远程教育内容。

八是贴近教育，提高居民素质。通过在数字型社区平台开办两会专题、和谐社区、社区广角、人物专访、社区公告等栏目，宣传党的政策法规、上级党委和政府最新的文件精神、社区里的新人新事，让大家及时了解社区新事，更好地融入和谐社会建设当中。通过与医疗专家、大学教授联合开办专家讲座、网上课堂，从医疗保健、文化知识方面入手，提高居民文化素质和生活质量，促进和谐社会发展。

作为对"数字型社区"建设的补充，办事处考虑到辖区有的老党员不会上网，有的党员出行不太方便等问题，便发动10个城区居委会办起社区简报。通过开办两会专题、和谐社区、党建之窗、社区广角、社区公告等栏目，宣传党的政策法规、社区里的新人新事。广大党员可以阅读报纸，获知党和国家的重大活动和各种指示精神，了解社区中开展的各种党建学习活动，广大党员在家中就可以找到学习内容，提高了学习效率。

今后，办事处将继续以"数字鲸园"为依托，通过信息技术，创新管理手段，丰富服务内容，提高服务水平，探索建立与市场经济相适应的信息化运行机制，全力推进鲸园综合信息化建设进程，开创信息平台多元化、网络化、产业化发展的新局面，把社区建设推向一个新的水平。

（资料来源：威海环翠外宣网）

参考文献

[1] 王玉兰、唐忠新：社区管理实务[M]，北京：北京大学出版社，2009.
[2] 郭强：中国社区建设报告2007[M]，北京：中国时代经济出版社，2008.
[3] 郑杭生：中国社会发展研究报告2008[M]，北京：中国人民大学出版社，2008.
[4] 蒋奇：社区建设与管理[M]，北京：北京大学出版社，2008.
[5] 詹成付：社区居民自治与社会组织创新[M]，北京：中国社会出版社，2009.
[6] 翁卫军：建设现代和谐社区[M]，北京：中国社会出版社，2006.
[7] 民政部民间组织管理局：社会组织建设与管理[M]，北京：中国社会出版社，2008.
[8] 杨军、李启英、周宇宏：首都和谐社区建设典型案例评析[M]，北京：经济科学出版社，2009.
[9] 于雷、史铁尔：社区建设理论与实务[M]，北京：中国轻工业出版社，2006.
[10] 曹随：社区形象塑造[M]，北京：经济管理出版社，2004.
[11] 唐忠新：现代城市社区建设概论[M]，上海：上海交通大学出版社，2008.
[12] 黄全德、宋珊萍：社区文化活动组织手册[M]，北京：社会科学出版社，2004.
[13] 乔治·S·布莱尔著，伊佩庄、张雅竹编译：社区权力与公民参与[M]，北京：社会科学出版社，2003.
[14] 黄立营：城市社区文化建设论纲[M]，徐州：中国矿业大学出版社，2004.
[15] 于燕燕：社区自治与政府职能转变[M]，北京：社会科学出版社，2005.
[16] 田芝健、杨建春：科学发展观视野下的社区建设[M]，苏州：苏州大学出版社，2009.
[17] 姜振华：社区参与与城市社会资本的培育[M]，北京：社会科学出版社，2008.
[18] 曾煜：社会保障战略目标下的工会参与[M]，北京：中国社会出版社，2008.
[19] 常铁威：新社区论[M]，北京：中国社会出版社，2005.
[20] 刘静林、张蕾：社区服务[M]，北京：中国社会出版社，2008.
[21] 詹成付：加强和改进社区服务工作读本[M]，北京：中国社会出版社，2007.
[22] 王先胜：城市社区服务综述[M]，北京：中国社会出版社，2005.
[23] 解亚红：走向整合——中国城市社区卫生服务创新探索[M]，北京：中国社会出版社，2008.
[24] 民政部基层政权和社区建设司：全国和谐社区建设理论与实践——地方创新[M]，北京：中国社会出版社，2009.
[25] 胡玲珑、洪裕军：社区工作100法[M]，北京：中国社会出版社，2005.
[26] 贾征、刘化杰：社区治安与综合治理[M]，北京：中国社会出版社，2005.
[27] 民政部基层政权和社区建设司：全国和谐社区建设理论与实践——社区体制创新[M]，北京：中国社会出版社，2009.
[28] 谭新娇：社区设计[M]，北京：中国社会出版社，2002.
[29] 翁卫军、杨张乔：建设现代和谐社区[M]，北京：中国社会出版社，2006.
[30] 周向红、张小明译：老年人社区照顾的跨国比较[M]，北京：中国社会出版社，2002.
[31] 戚学森：社会工作文选[M]，北京：中国社会出版社，总第三辑2007.
[32] 葛炳瑶：社区矫正导论[M]，杭州：浙江大学出版社，2009.
[33] 民政部基层政权和社区建设司：全国和谐社区建设理论与实践——社区服务创新[M]，北京：中国社会出版社，2009.

[34] 江苏省民政厅：江苏省城乡社区建设文件选编[M]（2002年—2009年）

[35] 本书编委会：走向和谐——苏州城乡社区建设新探索[M]，北京：中国社会出版社，2009.

[36] 民政部基层政权和社区建设司：全国和谐社区建设示范创建工作读本[M]，北京：中国社会出版社，2009.

[37] 苑文新、曹随：品牌社区[M]，北京：中国经济出版社，2006.

[38] 于燕燕：中国社区建设大全[M]，北京：新华出版社，2001.